Jutta Kneißel, Heinz Partikel (Hrsg.)
Arbeitssicherheit heute

Qualifizierte Mitbestimmung
in Theorie und Praxis

Herausgegeben von Rudolf Judith, Friedrich Kübel, Eugen Loderer,
Hans Schröder, Heinz Oskar Vetter

Editorial

Wirtschaftliche Mitbestimmung ist eine der wichtigsten gesellschaftspolitischen
Aufgaben unserer Zeit.

In der arbeitsteiligen und hochtechnisierten Arbeitswelt genießt der Mensch nur
dann Gleichberechtigung, wenn seine wirtschaftlichen Mitbestimmungsrechte gesichert sind. Die Arbeitswelt wird nur dann umfassend menschenwürdig gestaltbar
sein, wenn die Vertreter der Arbeitnehmerinteressen mit den gleichen Rechten
wie die Vertreter der Kapitalinteressen die Unternehmensentscheidung kontrollieren. Es ist Aufgabe der Gewerkschaftsbewegung, nach dem Sieg der politischen
Demokratie in unserem Land auch die wirtschaftliche Demokratie zu verwirklichen.

Nach 1945 konnte im Kohlebergbau und in der Eisen- und Stahlindustrie die qualifizierte Mitbestimmung durchgesetzt werden. Seit 1951 ist diese Form der wirtschaftlichen Mitbestimmung in der Bundesrepublik Deutschland gesetzlich geregelt. Für die Gewerkschaften im DGB ist die qualifizierte Mitbestimmung im
Montanbereich stets ein Modell für die Gesamtwirtschaft gewesen, sie bleibt weiterhin die konkrete Forderung der Gewerkschaften nach Demokratisierung der
Wirtschaft.

Diese Buchreihe stellt sich zur Aufgabe, die Idee und den Erfahrungsschatz der
qualifizierten Mitbestimmung zu dokumentieren und damit einen Beitrag zu leisten für die demokratische Fortentwicklung von Wirtschaft und Gesellschaft.

Die Herausgeber

Jutta Kneißel, Heinz Partikel (Hrsg.)

Arbeitssicherheit heute

Von der Bekämpfung der Unfallgefahren
bis zur Arbeitsgestaltung

Bund-Verlag

Gedruckt mit Unterstützung der Hans-Böckler-Stiftung

CIP-Kurztitelaufnahme der Deutschen Bibliothek

Arbeitssicherheit heute: Von d. Bekämpfung d.
Unfallgefahren bis zur Arbeitsgestaltung /
Jutta Kneißel ; Heinz Partikel (Hrsg.).
Köln: Bund-Verlag, 1984.
  (Qualifizierte Mitbestimmung in Theorie und Praxis; 9)
  ISBN 3-7663-0836-X

NE: Kneißel, Jutta [Hrsg.]; GT

© 1984 by Bund-Verlag GmbH, Köln
Lektorat: Gunther Heyder
Herstellung: Heinz Biermann
Druck: Georg Wagner, Nördlingen
ISBN 3-7663-0836 x
Printed in Germany 1984

Inhalt

Rüdiger Röbke
Planungsergonomie – dargestellt am Beispiel des Neubaus
einer Hochofenanlage

Friedrich Kübel
Veränderung von Arbeitsplätzen aufgrund der Erfassung betrieblicher
Gesundheitsrisiken

Hartmut Thiemecke
Betrieblicher Arbeitsschutz beim Umgang mit gefährlichen Arbeitsstoffen

Karl-Heinz Janzen

Einleitung

Mitbestimmung der Arbeitnehmer in Betrieben und Unternehmen ist kein Selbstzweck, sondern ein Mittel zur Erhaltung und Schaffung von Arbeitsplätzen und menschenwürdigen Arbeitsbedingungen. Von besonderer Bedeutung ist für die Arbeitnehmer in diesem Zusammenhang die Erhaltung von Gesundheit und Arbeitskraft. Es stellt sich somit auch die Frage nach den konkreten Ergebnissen der qualifizierten Mitbestimmung im Unternehmen, wie der Mitbestimmung des Betriebsrates im Rahmen des Betriebsverfassungsgesetzes und der Rolle des Arbeitsdirektors in mitbestimmten Unternehmen im Hinblick auf die Gestaltung der Arbeit.

An den Aufgaben Arbeitssicherheit, betrieblicher Gesundheitsschutz, Eingliederung von Behinderten in die Arbeitswelt und der menschengerechten Gestaltung neuer Produktionsstätten soll veranschaulicht werden, in welcher Weise Mitbestimmungsrechte genutzt werden und zu welchen Ergebnissen sie führen können.

Die in diesem Buch veröffentlichten Beiträge machen deutlich, daß es zahlreiche Ansatzpunkte für eine Unternehmens- und Betriebspolitik gibt, die sich die Humanisierung des Arbeitslebens ebenso zum Ziel gesetzt hat, wie qualitative und quantitative Produktionsergebnisse.

Allen Beiträgen ist gemeinsam, daß es letztlich immer darum geht, Anforderungen zur menschengerechten Gestaltung der Arbeit gleichrangig bei Entscheidungen einzubeziehen. Deutlich wird dabei gleichzeitig, daß der Erfolg in bezug auf die Humanisierung der Arbeit um so größer ist, je früher solche Ziele in die Planungs- und Entscheidungsprozesse einbezogen und durchgesetzt werden.

Über den Grad der Gefährdung von Arbeitnehmern entscheiden im Unternehmen zu allererst die Stabsabteilungen und die Unternehmensleitungen und nicht so sehr die in der Meister- und Vorarbeiterebene tätigen Verantwortlichen, die die Politik der Unternehmensleitung zu vertreten haben.

Die hier veröffentlichten exemplarischen Berichte sollen auch aufzeigen, wie in mitbestimmten Unternehmen und Betrieben alte und neue Arbeitsschutzvorschriften realisiert werden. Schließlich wird die Arbeitswelt nur dann menschlicher, wenn die sich aus Schutzvorschriften ergebenden Pflichten verwirklicht werden.

Nach den Bestimmungen des Betriebsverfassungsgesetzes sollen Arbeitgeber und Betriebsrat dafür sorgen, daß die gesicherten arbeitswissenschaftlichen Erkenntnisse über die menschengerechte Gestaltung der Arbeit bei der Planung von technischen Anlagen, Arbeitsverfahren, Arbeitsabläufen und Arbeitsplätzen verwirklicht werden. Dieser gesetzliche Auftrag ist eine Herausforderung für alle Beteiligten. Daß die Verwirklichung solcher fundamentalen Rechtsvorschriften keine einfache Aufgabe ist, liegt in der komplexen Aufgabe begründet. Auch dafür wird ein beachtenswertes Beispiel dargestellt.

Jeder Bericht spricht für sich. In der Zielsetzung sind sich alle Autoren einig. Es geht hier um Arbeitsbedingungen, die die Gesundheit nicht bedrohen und das Wohlbefinden der Arbeitnehmer erhöhen. Jeder Schritt zu diesem Ziel ist ein Baustein für eine menschlichere Arbeitswelt.

Mitbestimmung wird von den Arbeitnehmern noch überzeugender gefordert und durchgesetzt werden, wenn sie selbst am eigenen Leib verspüren, daß sie sich auch unmittelbar am Arbeitsplatz auf die Erhaltung der Gesundheit positiv auswirkt.

Wir danken den Autoren für ihre Unterstützung und hoffen, bald über weitere Beispiele berichten zu können.

Rolf Becker

Programmierte Arbeitssicherheit

Überarbeitete Fassung des Heftes 15 der Schriftenreihe Arbeitssicherheit
der Industriegewerkschaft Metall

Die hier wiedergegebenen Gedankengänge sollen eine praxisorientierte Hilfestellung für die Verwirklichung des Arbeitsschutzes in den einzelnen Unternehmen geben, insbesondere für Mittel- und Kleinunternehmen.

Eine derartige Hilfestellung ist notwendig, weil einerseits auf dem Gebiet des Arbeitsschutzes eine fast »unübersehbare« Anzahl von gesetzlichen Vorgaben besteht und andererseits in den Unternehmen z. B. organisatorische oder personelle Voraussetzungen für die Realisierung des Arbeitsschutzes nur zum Teil – trotz des Arbeitssicherheitsgesetzes – vorhanden sind. Die Gründe hierfür sind mannigfach, und es muß grundsätzlich davon ausgegangen werden, daß es an gutem Willen zur Unfallverhütung nicht fehlt.

Vor diesem Hintergrund soll hier *ein* Weg aufgezeigt werden, wie in diesem geschilderten Spannungsfeld zielgerichtet und unter Berücksichtigung des wirtschaftlich Vertretbaren eine Sicherheitsarbeit geleistet werden kann, die sowohl die Gefahren für Leben und Gesundheit reduziert bzw. ausschaltet, als auch dem rechtlichen Aspekt genügt.

1. Integration der Arbeitssicherheit in die Unternehmenspolitik

1.1 Grundsatzbetrachtung

Fragen der Arbeitssicherheit sind oft sehr komplexer Art. Die Begründung hierfür liegt in der zentralen Aufgabenstellung dieses Sachgebietes:
Arbeitssicherheit ist der ursachenorientierte Schutz der Beschäftigten vor arbeitsbedingten Gefahren für Leben und Gesundheit.
Die Tatsache, daß die arbeitsbedingten Verletzungs- und Gesundheitsgefahren sowohl durch technische und organisatorische, als auch durch physiologische, psychologische oder soziologische Umstände bedingt werden, macht deutlich, daß vom Grundsatz her die vielschichtigen Probleme der Arbeitssicherheit nur in Teamarbeit der entsprechenden Disziplinen wirksam gelöst werden können.
In diesem Zusammenhang muß auch die Abhängigkeit zwischen dem Gefahrenschutz und der allgemeinen Funktionssicherheit der Anlagen gesehen werden.

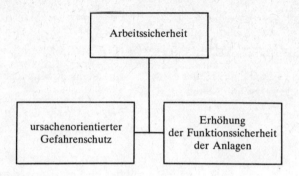

Im vorliegenden Text werden vorrangig die Aufgabenstellungen auf technischem und organisatorischem Gebiet behandelt. Beide Faktoren sind gleichwertig und untrennbar miteinander verbunden, da sowohl bei Eintritt eines Unfalles, als auch bei Eintritt eines Schadensfalles eine Störung des normalen Betriebsablaufes eintritt.

Folglich ist die Arbeitssicherheit zu erhöhen, wenn nicht nur die vorhandenen Unfallgefahren, sondern auch die vorhandenen Schwachstellen systematisch ermittelt und abgebaut werden, da aufgrund der bestehenden Wechselbeziehung *unzuverlässige Technik auch größere Gefahren in sich birgt.*

Diese Vielschichtigkeit der Arbeitssicherheitsprobleme führt zwangsläufig dazu, daß alle als notwendig erkannten Einzelmaßnahmen aufeinander abzustimmen – zu programmieren – sind, wenn ihre Durchführung rationell und ihre Wirkung optimal sein soll.

1.2 Was ist programmierte Arbeitssicherheit?

Unter programmierter Arbeitssicherheit versteht man allgemein
die gezielte und rationelle Durchführung aller – speziell auf ein Unternehmen bezogenen und aufeinander abgestimmten – Maßnahmen, die den Beschäftigten einerseits am Arbeitsplatz vor Verletzungen und Beeinträchtigungen der Gesundheit schützen und andererseits dem Willen des Gesetzgebers genügen.

Für die Praxis heißt das, daß gemeinsam von Unternehmensleitung und Betriebsräten

a) die zielgebundenen Einzelaufgaben im Grundsatz fixiert und zu einem geschlossenen Programm zusammengestellt werden;

b) die Wege zur optimalen Lösung der Einzelaufgaben im Hinblick auf die unternehmensspezifischen Gegebenheiten gefunden und festgelegt werden;

c) die zur Programmdurchführung notwendigen Voraussetzungen geschaffen werden und

d) die Programmdurchführung konsequent betrieben wird.

Die Aufgabe der Betriebsräte ist es, bei der Festlegung eines derartigen Programms (Sicherheitsprogramm) darauf zu achten, daß den folgenden Grundforderungen entsprochen wird:
– Die Programmdurchführung muß es erlauben, daß sich alle Mitarbeiter aktiv an der Sicherheitsarbeit beteiligen;
– die auf der Grundlage des Programms notwendig werdenden Maßnahmen erhalten keine »besondere« Wertigkeit, sondern sind so in den täglichen Betriebsablauf zu integrieren, daß sie gleichrangig neben produktions- und erhaltungstechnisch bedingten Maßnahmen stehen;
– bei der Programmdurchführung ist auf Methodiken zurückzugreifen, die es ermöglichen, Unfallhäufigkeiten und Unfallwahrscheinlichkeiten systematisch zu ermitteln und abzubauen.

1.3 Arbeitssicherheit als Bestandteil der Unternehmenspolitik

Für jedes Unternehmen, gleich welcher Größenordnung und welcher Branche, besteht neben der heute selbstverständlichen humanitären auch eine zwingende rechtliche Verpflichtung zur Arbeitssicherheit.

Es kann also davon ausgegangen werden, daß es heute kein Unternehmen mehr gibt, in dem die Arbeitssicherheit völlig vernachlässigt wird. Die Frage ist nur, von welcher Qualität und Quantität die Bemühungen auf diesem Gebiet im Einzelfalle sind. Es besteht jedoch kein Zweifel daran, daß sich allgemein ein Trend zur Qualitätsverbesserung – zur programmierten Arbeitssicherheit – abzeichnet. Diese Entwicklung ist unter anderem auch dadurch begründet, daß hohe Unfallzahlen zwangsläufig hohe Unfallkosten zur Folge haben, die in der betrieblichen Kostenrechnung aufgefangen werden müssen. Hierdurch entsteht nicht selten ein Wettbewerbsnachteil für das einzelne Unternehmen; mit anderen Worten heißt das, daß durch programmierte Arbeitssicherheit die betriebliche Kostenrechnung positiv beeinflußt werden kann.

Dieser Erkenntnis folgend, ist es für ein modern geführtes Unternehmen unerläßlich, nicht nur aus humanitärer und rechtlicher, sondern auch aus betriebswirtschaftlicher Sicht bei allen zu treffenden Dispositionen die Arbeitssicherheitsbelange voll zu berücksichtigen.

– Arbeitsschutz unterliegt als Sachgebiet im Sinne der Fachkunde einer ständigen Weiterentwicklung, so daß unternehmensseitig eine jederzeitige Deckungsgleichheit zwischen eigener Arbeitsschutzpolitik und Stand der Fachkunde zu gewährleisten ist.

– Arbeitsschutz kann nicht nur auf der Grundlage der gesetzlichen Mindestanforderungen sinnvoll umgesetzt werden, sondern es muß unter Berücksichtigung der unternehmensspezifischen Gegebenheiten oftmals eine Anreicherung durch gesonderte Einzelmaßnahmen erfolgen.

2. Voraussetzungen

2.1 Aufgabengebiete

Der Begriff »Arbeitsschutz« ist an keiner Stelle eindeutig definiert und abgegrenzt. Analysiert man das vorhandene Regelwerk, so kann man jedoch das Gesamtgebiet in folgende Einzelaufgabenfelder teilen[1]:
- Technische Sicherheit,
- Verkehrs- und Transportsicherheit,
- Unfallmeldewesen und Statistik,
- Arbeitsmedizin,
- Ergonomie,
- Körperschutz,
- Information, Schulung und Werbung,
- vorbeugender Brandschutz,
- abwehrender Brandschutz,
- Planung,
- Einzel- und Schwerpunktuntersuchung,
- Beratungs- und Überwachungsaufgaben,
- Umweltschutz.

Eine derartige Gliederung nach rein formalen Gesichtspunkten bietet einen Ansatzpunkt, um die Aufgaben im Hinblick auf Inhalt und Umfang zu organisieren.

Inhaltlich wird hier neben dem gesetzgeberischen Planungsauftrag und dem Auftrag zum Umweltschutz sowohl der technische, als auch der soziale Aspekt des Arbeitsschutzes im Sinne von Vorbeugung vorrangig erfaßt. Da in jedem Unternehmen Fachkunde für das Abdecken dieser Aufgabenfelder zur Verfügung steht und wirksam angewendet werden muß, sollten zunächst zwischen Betriebsleitung und Betriebsrat folgende Fragestellungen eindeutig abgeklärt werden:

1. In welchem Umfange sind diese Aufgaben unternehmensbezogen wahrzunehmen?

2. Für welche Einzelaufgaben sollte Fremdhilfe (wie z. B. überbetriebliche Dienste, städt. Feuerwehren) in Anspruch genommen werden?

3. Wem sind die Aufgaben innerhalb des Unternehmens verantwortlich zu übertragen? (Hierbei sollte versucht werden, die bereits vorhandene Organisationsstruktur weitestgehend zu nutzen.)

Für Kleinunternehmen, die nicht unter den Geltungsbereich des Arbeitssicherheitsgesetzes bzw. der diesem Gesetz nachgeschalteten Vorschriften fallen, scheint es unabdingbar zu sein, daß der Unternehmer selbst sich die Qualifikation einer

---

1 Die Grobrasterung stellt keine Wertigkeit der Einzelaufgabengebiete dar.

Sicherheitsfachkraft aneignet. Die Begründung hierfür liegt in der Tatsache, daß für die Umsetzung der Arbeitsschutzinhalte – insbesondere auch unter der Achtung des rechtlichen Aspektes – die Größe eines Unternehmens und somit die Anzahl der beschäftigten Mitarbeiter keine Rolle spielt.

2.2 Bestandsaufnahme

Vor Einführung eines Sicherheitsprogramms stellt sich zunächst für die Unternehmensleitung als vordringlich die Aufgabe, eine Bestandsaufnahme der bisher geleisteten Sicherheitsarbeit vorzunehmen, das heißt, daß festzustellen ist, in welchem Umfang und mit welcher Qualität die vorhandenen Gefahren bereits kontrollierbar sind.

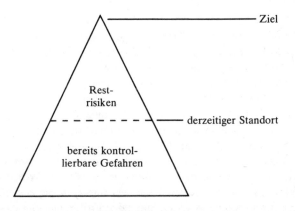

Zu diesem Zweck sind die nachstehenden Kernfragen eingehend zu untersuchen und objektiv zu beantworten:

	Nicht realisiert	Zum Teil realisiert	Realisiert
1. Werden Gefahren systematisch ermittelt und abgebaut?			
2. Wird das Unfallgeschehen systematisch überwacht und ausgewertet?			
3. Werden Sicherheitsanforderungen und gewonnene Erkenntnisse für Planungen genutzt?			
4. Werden alle Mitarbeitergruppen aktiv an der Sicherheitsarbeit beteiligt?			
5. Werden die anstehenden Unfallkosten, insbesondere die fallabhängigen Unfalleinzelkosten, erfaßt?			

Eine negative Beantwortung dieser Fragen weist darauf hin, daß die bisherige Arbeit nicht ausreichend war, da
– unsystematisch und zufallsabhängig vorgegangen wird,
– keine vorbeugenden Maßnahmen ergriffen werden,
– Arbeitssicherheit nicht als Gemeinschaftsaufgabe praktiziert wird und somit vorhandene Kapazitäten ungenutzt bleiben und
– die wirtschaftliche Bedeutung der Arbeitssicherheit für das Unternehmen unerkannt bleibt.

Es ist daher der sicherlich allseits bestehende gute Wille zur Durchführung eines gezielten und nachhaltigen Arbeitsschutzes in Form eines Sicherheitsprogramms zu kanalisieren.

2.3 Organisatorische Voraussetzungen

Ist aufgrund der durchgeführten Bestandsaufnahme sichtbar geworden, daß die Anstrengungen auf dem Gebiet der Arbeitssicherheit intensiviert werden müssen, so stellt der Entschluß zur programmierten Arbeitssicherheit eine Verpflichtung für alle Mitarbeitergruppen des Unternehmens dar, bei der Durchführung des festgelegten Programms aktiv mitzuwirken.

Dieser Verpflichtung kann auf der Grundlage eines Sicherheitsprogramms um so eher nachgekommen werden, da alle Aufgaben im einzelnen fixiert sind und ihr Durchführungsstand jederzeit nachprüfbar ist. Somit erhält der vielzitierte Satz, »Arbeitssicherheit ist eine Gemeinschaftsaufgabe«, eine reale Ausgangsbasis und ist nicht, wie oftmals festzustellen, nur ein bloßes Lippenbekenntnis.

In Unternehmen, in denen bereits programmierte Arbeitssicherheit praktiziert wird, hat es sich als zweckmäßig herausgestellt, die zeitliche Durchführung der einzelnen Programmpunkte unter Berücksichtigung der Verantwortlichkeit in einem Stufenplan festzulegen, der auf die unternehmensspezifischen Möglichkeiten abgestimmt ist. Das Schaubild auf Seite 17 zeigt beispielhaft eine Möglichkeit auf, wie ein derartiger Stufenplan aussehen kann.

Weiterhin ist es notwendig, die einzelnen Programmpunkte hinsichtlich ihrer Durchführungsqualität ständig zu überwachen, um gegebenenfalls bei Vorliegen entsprechender Erfahrungswerte mit Hilfe von Durchführungsänderungen die Programminhalte optimaler zu gestalten. Dieser Notwendigkeit kann zum Beispiel dadurch entsprochen werden, daß in einem fest zu vereinbarenden Turnus von der Unternehmensleitung Situationsberichte zum Sicherheitsprogramm vorgelegt werden. Diese Situationsberichte dienen der Unternehmensleitung als Entscheidungshilfe dafür, welche weiteren Einzelaufgaben im Rahmen des Sicherheitsprogramms für einen überschaubaren Zeitraum gemeinsam in Angriff genommen werden können. (Die Anlage 1 enthält eine Ausführungsmöglichkeit für Situationsberichte.)

Stufenplan zum Sicherheitsprogramm   Stand

Unternehmen _____   _____

| | Programmpunkt | Durchführungszeiten | | | | | | Verantwortlich für Durchführung |
		Okt.	Nov.	Dez.	Jan.	Febr.	März	
1	Einführung der Statistik	████	████	████	████			Abt. AS
2	Schulung der Führungskräfte		████	████	████			Abt. AS
3	Ernennung der Sicherheitsbeauftragten			████	████			Abt. AS
4	Vorlage eines Situationsberichtes					████		Herr Y.
5								
6								
7								

_____   _____

Unternehmensleitung   Betriebsrat

Eine weitere entscheidende Voraussetzung für die Durchführung programmierter Sicherheit ist die Sicherstellung des äußeren und inneren Informationsflusses, da hierdurch die Möglichkeit geschaffen wird, das Sicherheitsprogramm ständig dem neuesten Wissensstand anzupassen.

Wege zur Erfüllung dieser Voraussetzungen sind

– äußere: ständige sachbezogene Zusammenarbeit und Erfahrungsaustausch mit behördlichen Stellen, Fachverbänden, vergleichbaren Unternehmen usw.;

– innere: Ausschußtätigkeit, Schulungsveranstaltungen, Arbeitsplatzkurzgespräche usw.

2.4 Ausschüsse

Grundsätzlich sind zwei Ausschüsse unerläßlich für die Durchführung eines Sicherheitsprogramms, nämlich

a) der Hauptsicherheitsausschuß (im Gesetz über »Betriebsärzte, Sicherheitsingenieure und andere Sicherheitsfachkräfte« als »Arbeitsschutzausschuß« bezeichnet) und

b) der Sicherheitsausschuß des Betriebsrates.

Der Hauptsicherheitsausschuß ist gemäß den Bestimmungen des § 11 des Arbeitssicherheitsgesetzes zusammengesetzt. Er bestimmt und koordiniert die Sicherheitspolitik des Unternehmens. Dieser Ausschuß sollte mindestens quartalsmäßig zusammentreffen. (Anlage 2 enthält als Beispiel eine Geschäftsordnung, die eine sinnvolle Ausschußtätigkeit erlaubt.)

Der Sicherheitsausschuß des Betriebsrates setzt sich aus Betriebsratsmitgliedern zusammen, die sich auf dem Gebiet der Arbeitssicherheit und Arbeitsmedizin Kenntnisse angeeignet haben. Dieser Ausschuß hat unter anderem die Aufgabe, die entsprechenden Zielsetzungen des Betriebsverfassungsgesetzes in die Betriebspraxis umzusetzen. Das heißt folgerichtig, bei der Erstellung des Sicherheitsprogramms mitzuarbeiten und an der programmgemäßen Durchführung der sich ergebenden Einzelmaßnahmen hinsichtlich des vereinbarten zeitlichen Ablaufs, des Umfangs und Inhalts mitzuwirken.

Neben den beiden genannten Ausschüssen ist es – je nach Größe und Art des Unternehmens – denkbar, daß weitere Ausschußgremien notwendig sind. In diesem Zusammenhang sei beispielsweise die Berufung eines Jugendsicherheitsausschusses genannt. Der Jugendsicherheitsausschuß tritt quartalsmäßig zusammen; ihm gehören Vertreter der Auszubildenden, der Unternehmensleitung und des Betriebsrates an. Die Bildung eines derartigen Ausschusses geht von den Überlegungen aus, daß die Auszubildenden ihre Sicherheitsaufgabe unter fachgerechter Anleitung selbstverantwortlich lösen und die Auszubildenden von heute die Führungskräfte und Sicherheitsbeauftragten von morgen sind.

2.5 Personelle Voraussetzungen

Wie bereits ausgeführt, können die Unfallursachen im einzelnen im technischen, organisatorischen, psychologischen, physiologischen und soziologischen Bereich liegen. Daher ist es notwendig, daß für die sachgerechte Lösung der einzelnen Arbeitssicherheitsaufgaben entsprechende Fachkräfte zur Verfügung stehen.

Grundsätzlich gilt, daß

die Anzahl der benötigten Fachkräfte vom Umfang der im Sicherheitsprogramm vereinbarten Einzelaufgaben abhängt und

der Ausbildungsstand der Fachkräfte sich in der Qualität der zu leistenden Sicherheitsarbeit niederschlägt.

Eine weitere wichtige Voraussetzung zur Durchführung programmierter Arbeitssicherheit besteht darin, daß die Koordinierung aller mit dem Sicherheitsprogramm im Zusammenhang stehenden Maßnahmen an einer Stelle erfolgt, um so zu verhindern, daß die mannigfachen und zum Teil zeit- und kostenintensiven Einzelbemühungen nicht »Stückwerk« bleiben. Eine rationelle und wirksame Sicherheitsarbeit ist nur dann zu erwarten, wenn alle zur Verfügung stehenden Mittel und Möglichkeiten in ihrer Gesamtheit zusammengefaßt und ausgeschöpft werden.

Die Frage, ob die personellen Voraussetzungen für die Durchführung programmierter Arbeitssicherheit ausreichend oder verbesserungswürdig sind, läßt sich nicht pauschal beantworten, da hier unter anderem Faktoren wie die Größe oder die Gefährdungsstruktur des einzelnen Unternehmens eine wichtige Rolle spielen. In der Praxis hat sich jedoch als gangbarer Weg erwiesen, die mit Hilfe der bereits erwähnten Situationsberichte festgestellten inhaltlichen und zeitlichen Abweichungen vom Sicherheitsprogramm im Einzelfall dahingehend zu untersuchen, ob sie sich durch eine zahlenmäßige Aufstockung der Fachkräfte oder durch höhere Anforderungen an die Qualifikation der Fachkräfte korrigieren lassen.

In diesem Zusammenhang sollten jedoch noch folgende Hinweise aufgegriffen werden:

a) In vielen Unternehmen wird die Hilfe der technischen Aufsichtsbeamten nicht oder nur geringfügig in Anspruch genommen, obwohl hier ein großes Potential an Fachkunde vorhanden ist und damit eine qualifizierte Beratung und Unterstützung erwartet werden kann. Folgerichtig sollten Mittel- und Kleinunternehmen diese Hilfeleistung der Berufsgenossenschaften mehr als bisher im Sinne von kooperativer Zusammenarbeit in Anspruch nehmen.

b) Es sollte in den Unternehmen, in denen gemäß Arbeitssicherheitsgesetz zulässigerweise teilzeitbeschäftigte Sicherheitsfachkräfte tätig sind, geprüft werden, ob es nicht – über die Mindestforderung des Gesetzgebers hinausgehend – rationeller und zweckorientierter ist, von der Teilzeit- auf Vollzeitbeschäftigung umzustellen.

c) In den Unternehmen, die aufgrund ihrer geringen Mitarbeiterstärke nicht unter den Geltungsbereich des Arbeitssicherheitsgesetzes bzw. der hierzu nachgeschalteten Unfallverhütungsvorschriften fallen, muß im Sinne der Sache – obwohl keine unmittelbare gesetzliche Verpflichtung vorliegt – sich der Unternehmer selbst die Fachkunde aneignen. Aufgrund entsprechender Untersuchungen können derzeitig bestehende personelle Engpässe für die Umsetzung des Arbeitsschutzes weitestgehend kompensiert werden, wenn die Funktion des Sicherheitsbeauftragten gemäß § 719 RVO praxisbezogener genutzt wird, d. h., daß in vielen Unternehmen die Chance verkannt wird, durch zuverlässige und fachlich gut ausgebildete Sicherheitsbeauftragte auch seriöse Entscheidungshilfen zur Wahrnehmung der Führungsaufgaben zu erhalten.

3. Programminhalte

3.1 Systematik

Eine sachgerechte Sicherheitsarbeit ist nur dann zu erreichen, wenn das Erkennen und der Abbau von Unfallhäufigkeiten (rückschauend) und Unfallwahrscheinlichkeiten (vorausschauend) systematisch erfolgt. Diese Feststellung beinhaltet, daß von der oftmals praktizierten »gefühlsbetonten« Sicherheitsarbeit abgerückt werden muß und dafür mit Hilfe von in der Praxis bewährten Methodiken zu arbeiten ist, die unter anderem Zufallseinflüsse weitestgehend ausschließen.

Derartige Methodiken, die die Hauptelemente der betrieblichen Sicherheitsarbeit darstellen, sind zum Beispiel

Betriebsüberprüfung,

Einzeluntersuchung,

Inspektion,

Gefährdungsanalyse,

Langzeituntersuchung.

Betriebsüberprüfung: Diese Überprüfung, die sofort bei Erkennen einer negativen Entwicklung des Unfall- und Schadensfallgeschehens durchgeführt wird, dient der Entscheidung darüber, ob eine und welche tiefer greifende Untersuchung notwendig ist.

Einzeluntersuchung: Einzeluntersuchungen werden durch Eintritt eines Einzelereignisses (Unfall, Schadensfall) oder durch erhaltene Hinweise ausgelöst.

Inspektion: Für die Durchführung einer Inspektion ist ein fest umrissener Auftrag vorzugeben. Inspektionen finden immer dann Anwendung, wenn aus dem Unfallgeschehen gewonnene Erkenntnisse oder Änderungen in den gesetzlichen Bestimmungen in die Praxis umgesetzt werden müssen. Als geeignete Hilfsmittel zur Durchführung von Inspektionen haben sich Check- und Prüflisten als zweckmäßig erwiesen (siehe Anlagen 3 und 4).

Gefährdungsanalyse: Mit Hilfe von Gefährdungsanalysen ist es möglich, unfallbelastete Tätigkeiten oder Arbeitsplätze komplex zu untersuchen, so daß nach Analysenabschluß nicht nur die Ursache für die bisherige Unfallhäufigkeit, sondern auch die bisher noch nicht wirksam gewordenen Gefahren ermittelt sind.

Langzeituntersuchung: Eine Langzeituntersuchung ist immer dann durchzuführen, wenn sich innerhalb eines Bereichs keine Schwerpunktbildung zeigt, jedoch der Bereich insgesamt unfallbelastet ist. Langzeituntersuchungen haben zum Ziel, das Unfallgeschehen auf Serienmäßigkeit zu untersuchen, das heißt, es ist durch Fortschreibung von Unfallursachen zu ermitteln, ob im Gesamtunfallgeschehen bestimmte Ursachen wiederholt auftreten.

Für die genannten Methodiken, also für die gesamte betriebliche Sicherheitsarbeit, hat folgender Grundsatz Gültigkeit:

Alle Arbeitsergebnisse sind dahingehend zu untersuchen, ob sie innerhalb des Unternehmens auch für andere Bereiche, Arbeitsplätze oder Tätigkeiten, die bislang noch nicht auffällig wurden, nutzbar gemacht werden können (Querschnittsbetrachtung).

Auslösekriterien	Methodiken				
	Betriebsüberprüfung	Einzeluntersuchung	Inspektion	Gefährdungsanalyse	Langzeituntersuchung
Erkennen einer negativen Trendentwicklung in der Statistik	■				
Neue Erkenntnisse oder Änderungen in den gesetzlichen Bestimmungen				■	
Eintritt eines Einzelereignisses oder erhaltenen Hinweisen		■	■		
Unfallbelastete Arbeitsplätze oder Tätigkeiten				■	
Unfallbelastete Bereiche oder Schwerpunktsbildung					■
Überprüfung, ob Arbeitsereignisse übertragbar sind	■	■	■	■	■

Unter der Voraussetzung, daß das Unfall- und Schadensfallgeschehen ständig überwacht wird (unter anderem Aufgabe der Statistik), ist es möglich, die genannten Methodiken entsprechenden Auflösekriterien zuzuordnen und somit – wie die obenstehende tabellarische Übersicht zeigt – einen wirksamen Mechanismus zu schaffen, der automatisch »greift«, wenn die Kriterien erkennbar werden[2].

2 Die in dieser Übersicht dargestellte Wechselbeziehung zwischen Auslösekriterien und Methodiken ist grundsätzlicher Art, das heißt, daß im Bedarfsfalle durchaus mehrere Methodiken gleichzeitig zur Durchführung kommen können.

An dieser Stelle sei in vereinfachter Form mit Hilfe der auf Seite 23 abgedruckten Darstellung auf das Grundprinzip hingewiesen, durch das alle genannten Methodiken gekennzeichnet sind.

3.2 Beispiel eines Sicherheitsprogramms

3.2.1 Hauptaufgaben

Im Sicherheitsprogramm sind Einzelmaßnahmen festgelegt, mit denen die Arbeit der Führungskräfte, Sicherhcitsfachkräfte und Sicherheitsbeauftragten auf Schwerpunkte konzentriert werden, die sich sowohl aus der Bewertung des Unfallgeschehens, als auch im Hinblick auf Unfallwahrscheinlichkeiten ergeben.

A. Feststellung von Gefährdungsschwerpunkten

Ein Schwerpunkt kann gekennzeichnet sein durch
– Häufigkeit von Unfällen bzw. Erkrankungen,
– Schwere der Unfälle bzw. der Erkrankungen,
– Hinweise auf Unfallwahrscheinlichkeiten.
Im Sinne der direkten (vorbeugenden) Gefährdungsermittlung bildet die sicherheitstechnische Bearbeitung von Investitionsvorhaben einen ständigen Arbeitsschwerpunkt.

1. Unfallstatistik (siehe Anlage 3)
Zielsetzung: Mit Hilfe einer Informations- und Arbeitsstatistik sind personen-, orts-, zeit- und sachbedingte Auffälligkeiten als Entscheidungshilfen für Maßnahmen zu ermitteln.
Durchführungshinweise: Unter Nutzung der Datenverarbeitung Erfassung aller unfallbedingten Verletzungen zur Findung von Arbeitsschwerpunkten.
Monatliche Berichterstattung an Führungskräfte und Betriebsrat.
Erstellung eines Ergebnisberichtes im 5-Jahres-Turnus.

2. Unfallmeldewesen (siehe Anlage 4)
Zielsetzung: Verwaltungstechnische Abwicklung des Unfallgeschehens mit Behörden.
Durchführungshinweis: Organisation des innerbetrieblichen Meldesystems zur Einhaltung der gesetzlich vorgeschriebenen Meldefrist.

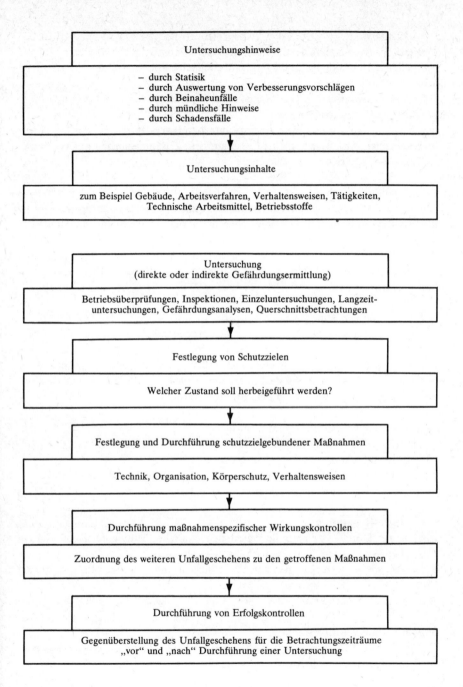

Untersuchungshinweise

- durch Statisik
- durch Auswertung von Verbesserungsvorschlägen
- durch Beinaheunfälle
- durch mündliche Hinweise
- durch Schadensfälle

Untersuchungsinhalte

zum Beispiel Gebäude, Arbeitsverfahren, Verhaltensweisen, Tätigkeiten, Technische Arbeitsmittel, Betriebsstoffe

Untersuchung
(direkte oder indirekte Gefährdungsermittlung)

Betriebsüberprüfungen, Inspektionen, Einzeluntersuchungen, Langzeituntersuchungen, Gefährdungsanalysen, Querschnittsbetrachtungen

Festlegung von Schutzzielen

Welcher Zustand soll herbeigeführt werden?

Festlegung und Durchführung schutzzielgebundener Maßnahmen

Technik, Organisation, Körperschutz, Verhaltensweisen

Durchführung maßnahmenspezifischer Wirkungskontrollen

Zuordnung des weiteren Unfallgeschehens zu den getroffenen Maßnahmen

Durchführung von Erfolgskontrollen

Gegenüberstellung des Unfallgeschehens für die Betrachtungszeiträume „vor" und „nach" Durchführung einer Untersuchung

3. Unfallanalyse

Zielsetzung: Auswertung der Information des betriebs-/anlagenbezogenen Unfallgeschehens als Grundlage für die Durchführung schwerpunktorientierter »Betrieblicher Arbeitssicherheitsprogramme«.

Durchführungshinweise: Diese statistischen Sonderauswertungen erfolgen mit Hilfe der Datenverarbeitung.

Die gewonnenen Erkenntnisse sind so aufzubereiten, daß die Festlegung eines »Betrieblichen Arbeitssicherheitsprogrammes« in Zusammenarbeit mit Betriebsleitungen und Betriebsrat möglich ist.

4. Verletztengespräche

Zielsetzung: Verletztengespräche dienen dem Ziel, Hintergrundinformationen – insbesondere in bezug auf Unfallursachen und mögliche Maßnahmen – zu erhalten.

Durchführungshinweis: Diese Gespräche werden von den Sicherheitsfachkräften, dem Sicherheitsbeauftragten und dem Verletzten nach Wiederaufnahme der Arbeit geführt.

5. Auswertung von Hinweisen

Zielsetzung: Hinweise aller Art sind für die vorbeugende Unfallverhütung (direkter Weg der Gefährdungsermittlung) zu nutzen.

Durchführungshinweis: Voraussetzung ist, daß alle Hinweise und Anregungen der Mitarbeiter, alle spezifischen Verbesserungsvorschläge und externen Informationen systematisch gesammelt und ausgewertet werden.

6. Auswertung von Verbesserungsvorschlägen

Zielsetzung: Auswertung und Begutachtung der Verbesserungsvorschläge mit sicherheitstechnischem Inhalt.

Durchführungshinweis: Stellungnahme auf der Grundlage der Richtlinie »Betriebliches Vorschlagwesen«.

7. Geplante Reparaturen

Zielsetzung: Durch systematische sicherheitstechnische Planung der Reparaturen sollen Gefährdungsmöglichkeiten erkannt werden.

Durchführungshinweis: Integrierung der Sicherheitsanforderungen für Großreparaturen. Als Arbeitsunterlage sind Arbeitsablaufpläne zu benutzen. Größere Integration der Sicherheitsanforderungen in die vorbeugende Instandhaltung.

8. Bearbeitung von Investitionen

Zielsetzung: Durch systematische sicherheitstechnische Planung von Investitionen sollen Gefährdungsmöglichkeiten verhindert werden.

Durchführungshinweis: Mitarbeit in der Kommission zu § 90 Betriebsverfassungsgesetz sowie sicherheitstechnische Betreuung der Einzelobjekte vom Planungsstadium bis zur Inbetriebnahme.

9. Kostenbetrachtungen
Zielsetzung: Ermittlung der Unfall- und Sicherungskosten. Ermittlung der Unfalleinzelkosten im Stichprobenverfahren.
Durchführungshinweis: Zur Erfassung dieser Kosten müssen betriebliche Abgrenzungskonten eingerichtet werden, die sowohl die Erfassung der direkten und indirekten Unfallkosten als auch die Sicherungsaufwendungen ermöglichen.

B. Gefährdungsermittlung

Die räumlich und sachlich festgestellten Gefährdungsschwerpunkte sind auf ihre Einzelgefährdungen zu analysieren. Dies erfolgt durch einen Soll/Ist-Stand-Vergleich. Dabei ist zu unterscheiden zwischen Grundgefährdungen und variablen Gefährdungen. Der Gefährdungsermittlung dienen folgende Einzelmaßnahmen:

1. Einzeluntersuchungen
Zielsetzung: Ermittlung von variablen Gefährdungen sowie Grundgefährdungen.
Durchführungshinweis: Untersuchungen aller Unfallereignisse durch die Sicherheitsfachkräfte in Verbindung mit der Betriebsleitung und den Sicherheitsbeauftragten. Einzeluntersuchungen können aber auch unabhängig vom Unfallgeschehen durchgeführt werden. Es kann sich hierbei um die Untersuchung sicherheitstechnischer und um damit im Zusammenhang stehender ergonomischer Fragen handeln.

2. Gefährdungsanalysen
Zielsetzung: Mit Hilfe dieser Untersuchungsmethode werden unfallbelastete Arbeitsplätze oder Tätigkeiten über den direkten und indirekten Weg der Gefährdungsermittlung analysiert.
Durchführungshinweis: Diese zeitintensive Untersuchungsform erfolgt aufgrund besonderer Absprachen zwischen Betriebsleitung, Betriebsrat und Abteilung Arbeitssicherheit unter Mitarbeit der zuständigen Sicherheitsbeauftragten. Ein Beschluß sollte im jeweiligen Arbeitsschutzausschuß getroffen werden.

3. Inspektionen
Zielsetzung: Ermittlung von Grundgefährdungen.
Durchführungshinweis: Regelmäßige Betriebsinspektionen (Betriebsbegehungen)

durch die Sicherheitsfachkräfte in Verbindung mit den Betriebsleitungen, dem Betriebsrat und den Sicherheitsbeauftragten. Über das Ergebnis dieser Inspektionen werden die Werksleitungen unterrichtet.

Bei den darüber hinaus unregelmäßig stattfindenden Behördeninspektionen wird der Teilnehmerkreis mit den Betriebs-/Abteilungsleitungen gesondert festgelegt.

4. Reparaturüberwachung

Zielsetzung: Überwachung der Reparaturen unter Berücksichtigung der bei der vorbereitenden Planung festgelegten einzelnen Sicherheitsmaßnahmen. Sammeln und Auswerten von Erkenntnissen während der Reparaturdurchführung für weitere notwendige Sicherheitsmaßnahmen.

Durchführungshinweis: Inspektionen der Reparaturstellen durch die Sicherheitsfachkräfte auf der Grundlage der Reparaturpläne.

5. Fremdfirmenüberwachung

Zielsetzung: Sicherheitstechnische Überprüfung der Unternehmereinsatzstellen mit dem Ziel, die Einhaltung des Sicherheitsstandards zu gewährleisten.

Durchführungshinweis: Auf der Grundlage der Einkaufs- und Vergabebedingungen erfolgt die Fremdfirmenüberwachung in enger Zusammenarbeit mit den örtlich zuständigen Bauleitungen. Die Wahrnehmung der Koordinierungspflichten aus der Unfallverhütungsvorschrift VBG 1 § 6 bleibt hiervon unberührt.

6. Ermittlung arbeitsplatzbezogener Gefährdungsdaten

Zielsetzung: Feststellung der arbeitsplatzabhängigen grenzwertüberschreitenden Belastungen unter Verwendung von Sicherheitsnormen.

Durchführungshinweis: Ermittlung der Grenzwerte und der Arbeitsplätze, an denen Grenzwertüberschreitungen vorliegen, erfolgt gemeinsam mit den Betriebs- oder Abteilungsleitungen auf der Grundlage der »Arbeitsstättenverordnung«, der Verordnung über »Gefährliche Arbeitsstoffe« und des »Maschinenschutzgesetzes«.

C. Auswertung von Erkenntnissen und Durchführung von Maßnahmen

Den bekannten Gefährdungen können gezielte Maßnahmen zugeordnet werden. Die Prüfung erforderlicher Maßnahmen erfolgt nach folgenden Gesichtspunkten:

a) technische und organisatorische Maßnahmen;
b) Maßnahmen in bezug auf Körperschutz und
c) Maßnahmen zur Begründung des persönlichen Verhaltens.

Die Festlegung der Maßnahmen erfolgt grundsätzlich zwischen den zuständigen Betriebsleitungen, der Abteilung Arbeitssicherheit und dem Betriebsrat.

Als Einzelmaßnahmen zur Abdeckung von Grundgefährdungen und variablen Gefährdungen bieten sich generell an:

1. Körperschutz

Zielsetzung: Einsatz optimaler Körperschutzartikel an den Stellen, wo erkannte Gefährdungen weder mit technischen noch organisatorischen Mitteln abgebaut werden können.

Durchführungshinweis: Arbeitsplatz-/bereichsgebundene Festlegung der Körperschutzmittel auf der Grundlage des Körperschutzmittelkataloges und der dazugehörenden Bereitstellungsübersicht. Ursachenermittlung in bezug auf die Tragebereitschaft.

2. Schulungen (siehe Anlage 5)

Zielsetzung: Vermittlung von Fachwissen auf dem Gebiet der Sicherheitstechnik sowie Erläuterung der im Zusammenhang mit dem Sicherheitsprogramm stehenden Fragen.

Durchführungshinweis: Die Schulungen sind nach Zielgruppen zu gliedern. Über das interne Schulungsangebot hinaus sind auch die externen Schulungsmöglichkeiten so zu nutzen, daß auch Erkenntnisse anderer Unternehmen verarbeitet werden können.

3. Einweisung von Arbeitsplatzneulingen

Zielsetzung: Vermittlung aller notwendigen Informationen und Fertigkeiten, die zur unfallfreien Durchführung der neuen Tätigkeit erforderlich sind.

Durchführungshinweis: Die Einweisung ist in der Regel von einem Vertreter der Betriebsleitung, dem zuständigen Sicherheitsbeauftragten bzw. der zuständigen Sicherheitsfachkraft durchzuführen. Unter Arbeitsplatzneulingen sind auch die Mitarbeiter zu verstehen, die innerhalb des Unternehmens bzw. innerhalb eines Betriebes umgesetzt werden.

4. Auswertung von Belohnungsanträgen an die Berufsgenossenschaften

Zielsetzung: Ermittlung von sicherheitstechnischen Hinweisen auf Gefährdungen und Hebung des Sicherheitsbewußtseins der Mitarbeiter.

Durchführungshinweis: Stellungnahme zu den Belohnungsanträgen auf der Grundlage interner und externer Richtlinien.

5. Werbung

Zielsetzung: Vermittlung von Sachinformationen und Hebung des Sicherheitsbewußtseins der Mitarbeiter.

Durchführungshinweis: Nutzung der internen und externen Werbemöglichkeiten und -mittel.

6. Forschungs- und Entwicklungsaufgaben
Zielsetzung: Bearbeitung von sicherheitsspezifischen Problemstellungen.
Durchführungshinweis: Für die in diesem Zusammenhang notwendigen Koordinierungsaufgaben ist die Abteilung Arbeitssicherheit verantwortlich. Hinzu kommt die Bearbeitung derartiger Aufgabenstellungen durch zuständige Fachabteilungen des Unternehmens.

7. Einsatz der Sicherheitsbeauftragten
Zielsetzung: Im Unternehmen die Arbeitssicherheit als Gemeinschaftsaufgabe durchführen und dabei die VBG 1 als Grundlage beachten.
(Durchführungshinweise siehe Betriebsvereinbarung, Anlage 6.)

D. *Kontrolle der Maßnahmen*

Nachdem eine spezielle Maßnahme durchgeführt worden ist, muß hinsichtlich ihrer Wirksamkeit, d. h. dem damit verbundenen Erfolg, kontrolliert werden, ob sie auch an anderer Stelle angewendet werden kann. Diese Kontrollaufgaben werden wahrgenommen durch:

1. Wirkungskontrollen
Zielsetzung: Bewertung der realisierten Maßnahmen.
Durchführungshinweis: Durchführung mit Hilfe von Checklisten. Einsatzmöglichkeit für Sicherheitsbeauftragte.

2. Querschnittsbetrachtung
Zielsetzung: Konsequente Nutzung gewonnener sicherheitstechnischer Erkenntnisse und Arbeitsergebnisse für den gesamten Betreuungsbereich.
Durchführungshinweis: Durchführung über einen noch festzulegenden Verteilerschlüssel. Vorrangige Aufgabe der Sicherheitsfachkräfte und Einsatzmöglichkeit für Sicherheitsbeauftragte.

3.2.2 *Betriebliche Arbeitssicherheitsprogramme*

Die beschriebenen Einzelmaßnahmen können fallweise zu »Betrieblichen Arbeitssicherheitsprogrammen« zusammengestellt werden, die praxisnah auf die betrieblichen Erfordernisse bezogen sind. Dies kann erreicht werden durch Hinzufügen bzw. Herausnehmen von Einzelmaßnahmen aus dem Programm.
Vereinbart werden diese Programme jeweils zwischen zuständiger Betriebsleitung, Abteilung Arbeitssicherheit und Betriebsrat.

Die folgende Darstellung zeigt zusammenfassend alle Einzelmaßnahmen, aus denen sich ein „Betriebliches Arbeitssicherheitsprogramm" zusammensetzen kann.

Unfallstatistik Unfallmeldewesen Unfallanalyse Verletztengespräche Auswertung von Hinweisen Auswertung von Verbesserungsvorschlägen Geplante Reparaturen Bearbeitung von Investitionen Kostenbetrachtungen	Feststellung von Gefährdungsschwerpunkten
Einzeluntersuchungen Gefährdungsanalysen Inspektionen Reparaturüberwachung Fremdfirmenüberwachung Ermittlung arbeitsplatzbezogener Gefährdungsdaten	Gefährdungsermittlung
Körperschutz Schulungen Einweisung von Arbeitsplatzneulingen Auswertung von Belohnungsanträgen an die Berufsgenossenschaften Forschungs- und Entwicklungsaufgaben Werbung Einsatz von Sicherheitsbeauftragten	Auswertung von Erkenntnissen und Durchführung von Maßnahmen
Wirkungskontrollen Querschnittsbetrachtungen	Kontrolle der Maßnahmen

3.2.3 Durchführung und Organisation

Die Unternehmensleitung ist durch Gesetze für die Arbeitssicherheit und damit für die Verhütung von Arbeitsunfällen verantwortlich. Ein Teil dieser Verantwortung ist auf betriebliche Führungskräfte im Rahmen der Unfallverhütungsvorschriften delegiert.

Für die Durchführung des Sicherheitsprogrammes stehen die gemäß Arbeitssicherheitsgesetz eingesetzten Sicherheitsfachkräfte zur Verfügung.

Zur Erreichung des im Sicherheitsprogramm gesetzten Zieles arbeiten alle Fachabteilungen eng zusammen.

Darüber hinaus können von der Unternehmensleitung Ausschüsse eingesetzt werden, die die Voraussetzungen für die Durchführung des Sicherheitsprogrammes schaffen.

Eine Organisationsstruktur einschließlich der Einzelbeschreibungen ist im Schema auf Seite 31 dargestellt.

1. Arbeitskreis Ergonomie
Zielsetzung: Behandlung aller anstehenden ergonomischen Fragen auf zuständiger Vorstandsebene.
Durchführungshinweis: Siehe Geschäftsordnung (Anlage 2).

2. Kommission zu § 90 Betriebsverfassungsgesetz
Zielsetzung: Information durch die Unternehmensleitung über genehmigte Investitionsvorhaben.

3. Hauptarbeitsschutzausschuß
Zielsetzung: Behandlung aller grundsätzlichen Sicherheitsprobleme auf zuständiger Vorstandsebene sowie Realisierung des § 11 Arbeitssicherheitsgesetz.
Durchführungshinweis: Siehe Geschäftsordnung (Anlage 2).

4. Arbeitsschutzausschuß
Zielsetzung: Behandlung aller anstehenden Sicherheitsprobleme auf Werksebene im jeweils zuständigen Arbeitsschutzausschuß.
Durchführungshinweis: Siehe Geschäftsordnung (Anlage 2).

5. Jugendarbeitsschutzausschuß
Zielsetzung: Eigenverantwortliche Wahrnehmung von Sicherheitsaufgaben durch die Auszubildenden.
Durchführungshinweis: Siehe Geschäftsordnung (Anlage 2).

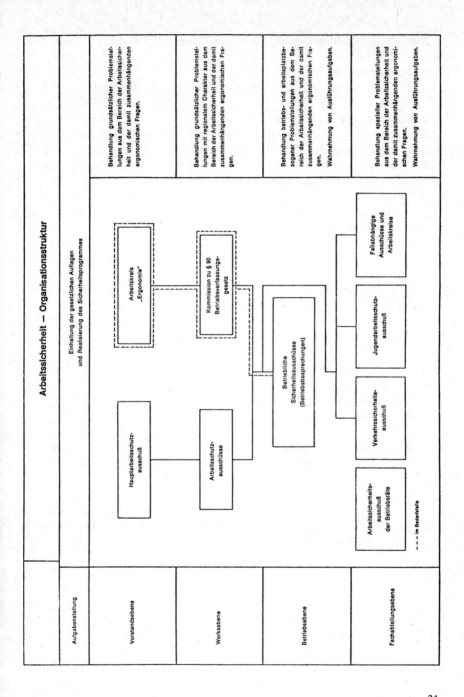

Arbeitssicherheit – Organisationsstruktur

Aufgabenstellung	Einhaltung der gesetzlichen Auflagen und Realisierung des Sicherheitsprogrammes
Vorstandsebene	Behandlung grundsätzlicher Problemstellungen aus dem Bereich der Arbeitssicherheit und der damit zusammenhängenden ergonomischen Fragen.
Werksebene	Behandlung grundsätzlicher Problemstellungen mit regionalem Charakter aus dem Bereich der Arbeitssicherheit und der damit zusammenhängenden ergonomischen Fragen.
Betriebsebene	Behandlung betriebs- und arbeitsplatzbezogener Problemstellungen aus dem Bereich der Arbeitssicherheit und der damit zusammenhängenden ergonomischen Fragen. Wahrnehmung von Ausführungsaufgaben.
Fachabteilungsebene	Behandlung spezieller Problemstellungen aus dem Bereich der Arbeitssicherheit und der damit zusammenhängenden ergonomischen Fragen. Wahrnehmung von Ausführungsaufgaben.

Hauptarbeitsschutzausschuß

Arbeitskreis „Ergonomie"

Arbeitsschutzausschüsse

Kommission zu § 90 Betriebsverfassungsgesetz

Betriebliche Sicherheitsausschüsse (Betriebsbesprechungen)

Arbeitssicherheitsausschuß der Betriebsräte

Verkehrssicherheitsausschuß

Jugendarbeitsschutzausschuß

Fallabhängige Ausschüsse und Arbeitskreise

– – – im Bedarfsfalle

6. Verkehrssicherheitsausschuß

Zielsetzung: Integration der Sicherheitsanforderungen in die Verkehrsplanung und Verkehrsabwicklung.

Durchführungshinweis: Siehe Geschäftsordnung (Anlage 2).

7. Arbeitsschutzausschuß des Betriebsrates

Zielsetzung: Wahrnehmung der Sicherheitsfragen durch den Betriebsrat.

Durchführungshinweis: Für die Aufgabenstellung und Arbeitsweise ist ausschließlich der Betriebsrat zuständig. Diesem Ausschuß stehen Mitarbeiter der Fachabteilungen beratend zur Verfügung.

8. Betriebs- und Sicherheitsbesprechungen

Zielsetzung: Betriebsbezogene Koordinierung aktueller Sicherheitsprobleme.

Durchführungshinweis: Diese Besprechungen sollten pro Betrieb im 6-Wochen-Turnus – jedoch mindestens einmal vierteljährlich – von der zuständigen Betriebsleitung durchgeführt werden.

9. Zusammenarbeit mit Fachabteilungen

Zielsetzung: Da die Arbeitssicherheit eine Gemeinschaftsaufgabe ist, kann eine rationelle Bearbeitung von anstehenden Sicherheitsproblemen oft nur durch Zusammenarbeit erreicht werden.

Durchführungshinweis: Wegen der Art der Einzelaufgaben muß die hierzu notwendige Zusammenarbeit verschiedener Fachabteilungen koordiniert werden, um eine »Mehrgleisigkeit« zu vermeiden. Für die Koordinierung ist die Abteilung Arbeitssicherheit verantwortlich.

10. Organisation der Abteilung Arbeitssicherheit

Zielsetzung: Die Abteilung Arbeitssicherheit ist so zu organisieren, daß sie die in den einschlägigen Gesetzen genannten und im Sicherheitsprogramm fixierten Aufgaben umsetzen kann.

Durchführungshinweis: Veröffentlichung eines Organisationsplanes, der es jedem Mitarbeiter ermöglicht, sich mit der räumlich und sachlich zuständigen Sicherheitsfachkraft in Verbindung zu setzen.

Anlage 1

Situationsbericht zum Sicherheitsprogramm (Auszug)

Entsprechend der beigefügten Übersicht zum Stand des Sicherheitsprogramms/ Oktober 19●● ergeben sich folgende Abweichungen:

1. Eine statistische Erfassung der Schadensfälle konnte nicht durchgeführt werden.
Begründung: Unterschätzung des benötigten Zeitaufwandes für die Schaffung organisatorischer Voraussetzungen.
Weiterführung: Nach den jetzt vorliegenden Erfahrungswerten erfolgt eine Ausweisung der Schadensfälle erstmalig in der Statistik Mai 19●●.

2. Die turnusmäßige Durchführung von Sicherheitsbesprechungen erfolgt nur teilweise.
Begründung: Es erwies sich als unzweckmäßig, turnusmäßig Besprechungen durchzuführen, ohne daß die teilnehmenden Sicherheitsbeauftragten zur Methodik »Durchführung von Inspektionen« geschult worden sind.
Weiterführung: Nach Abschluß der genannten Schulungen wird dieser Programmpunkt ab 1. Juli 19●● im 4-Wochen-Turnus realisiert.

Anlage 2

Betr.: Geschäftsordnung des Hauptsicherheitsausschusses (Arbeitsschutzausschuß)

Bezugnehmend auf den Punkt Nr. ●● »Hauptsicherheitsausschuß« des Sicherheitsprogramms, erhält folgende Geschäftsordnung für den oben bezeichneten Ausschuß Gültigkeit:

Aufgaben des Ausschusses
– Erörterung des Unfallgeschehens und Festlegung von Maßnahmen;
– Beratung einschlägiger Grundsatzfragen auf der Grundlage des Sicherheitsprogramms und Weiterleitung von Beschlüssen an den Vorstand;
– Ausarbeitung von Richtlinien für das Sachgebiet »Arbeitssicherheit« für Betriebsbesprechungen;
– Entgegennahme von Berichten über Betriebsbesprechungen und Stellungnahme sachverständiger Personen;
– Beratung besonderer Aktionen, die der Erhöhung der Arbeitssicherheit und dem Schutz der Gesundheit dienen.

Aufgaben des Geschäftsführers
Der Geschäftsführer ist verantwortlich für:
– die Festlegung des vierteljährlichen Sitzungstermins bzw. von außerordentlichen Zusammenkünften, und zwar nach Abstimmung mit dem Vorsitzenden oder seinem Stellvertreter;
– die rechtzeitige Zusammenstellung der Tagesordnung und Versendung der Einladungen sowie für die Vorbereitung der Arbeitsunterlagen (die Einladungen sind vom Vorsitzenden zu unterschreiben und müssen zusammen mit den Arbeitsunterlagen mindestens zwei Wochen vor der Sitzung den Mitgliedern zur Verfügung gestellt werden);
– die Protokollführung und die Verteilung der Protokolle,
– die Kontrolle der Durchführung der Beschlüsse, Informationen und Anregungen.
Die Protokolle sind nach Einsicht durch den Vorsitzenden an folgende Stellen zu verteilen:
– Vorstandsmitglieder,
– Betriebsrat (5 ×),
– Mitglieder des Hauptsicherheitsausschusses,
– Leiter der Ingenieurabteilung sowie des Werkstattbetriebes und der Kokerei.

Zusammensetzung des Ausschusses
Ständige Mitglieder des Ausschusses sind:
- Personaldirektor (Vorsitzender),
- Werksdirektor,
- Leiter des Werksärztlichen Dienstes,
- Vorsitzender des Betriebsrates,
- Vorsitzender des Betriebsrats-Sicherheitsausschusses,
- Leiter des Vertrauenskörpers (Sicherheitsbeauftragter),
- Hauptsicherheitsingenieur (Geschäftsführer).
Die Mitglieder und deren Vertreter sind namentlich zu benennen.

Anmerkung
Die Zusammensetzung des Arbeitsschutzausschusses ist durch mitbestimmungspflichtige Regelung (Betriebsvereinbarung) vorzunehmen. Festzulegen ist darin insbesondere die Zahl der Fachkräfte und Sicherheitsbeauftragten, die dem Ausschuß angehören sollen. Im Interesse der Arbeitsfähigkeit sollten dem Ausschuß nur ein Betriebsarzt, ein Sicherheitsfachmann und ein oder zwei Sicherheitsbeauftragte angehören.

Der Arbeitsschutzausschuß ist das zentrale Beratungsorgan für den Arbeitsschutz im Betrieb.

Aufgrund der Verantwortlichkeit des Arbeitgebers für die Arbeitssicherheit und das Mitbestimmungsrecht des Betriebsrates gemäß § 87.1.7 BetrVG können weder der Arbeitgeber noch der Betriebsrat im Arbeitsausschuß überstimmt werden. Kommt es in Fragen, die dem Mitbestimmungsrecht des Betriebsrates unterliegen, zu keiner Übereinstimmung zwischen Arbeitgeber und Betriebsrat, so ist die Entscheidung der Einigungsstelle nach § 76 BetrVG herbeizuführen. Im Arbeitsschutzausschuß sollten die betrieblichen Sicherheitsprogramme, Arbeitskonzepte der Betriebsärzte und Sicherheitsfachkräfte beraten und sanktioniert werden. Wichtigste Aufgabe des Arbeitsschutzausschusses ist die Formulierung der betrieblichen Arbeitssicherheitspolitik sowie deren Durchsetzung in Betrieben.

Anlage 3

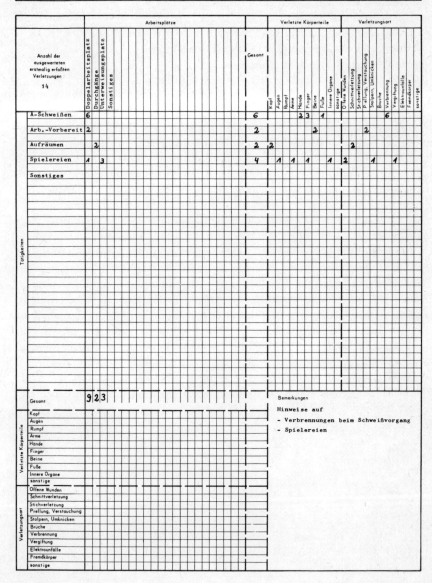

Blatt 4	Unfallauswertung bezogen auf Arbeitsplatz und Verletzungsart	Abt. Arbeitssicherheit
Betrieb: TAW	Betriebsteil: A-Schweißerei	Berichtszeitraum: April – Aug. 1973

Anzahl der ausgewerteten erstmalig erfaßten Verletzungen: 14

Tätigkeiten	Arbeitsplätze: Doppelarbeitsplatz	Durchgänge	Unterweisungsplatz	Sonstiges	Gesamt	Körperteile: Kopf	Augen	Rumpf	Arme	Hände	Finger	Beine	Füße	Innere Organe	sonstige	Verletzungsart: Offene Wunden	Schnittverletzung	Stichverletzung	Prellung, Verstauchung	Stolpern, Umknicken	Brüche	Verbrennung	Vergiftung	Elektrounfälle	Fremdkörper	sonstige
A-Schweißen	6				6					2	3	1										6				
Arb.-Vorbereit	2				2						2						2									
Aufräumen		2			2	2												2								
Spielereien	1		3		4	1	1	1			1					2		1			1					
Sonstiges																										
Gesamt	9	2	3																							

Bemerkungen

Hinweise auf

- Verbrennungen beim Schweißvorgang
- Spielereien

(Auswertungsraster „Verletzte Körperteile": Kopf, Augen, Rumpf, Arme, Hände, Finger, Beine, Füße, Innere Organe, sonstige — „Verletzungsart": Offene Wunden, Schnittverletzung, Stichverletzung, Prellung/Verstauchung, Stolpern, Umknicken, Brüche, Verbrennung, Vergiftung, Elektrounfälle, Fremdkörper, sonstige)

Abteilung Arbeitssicherheit

Informationsstatistik

Zeitraum: Geschäftsjahr:

	Monatsdurchschnitt	Okt.	Nov.	Dez.	Jan.	Febr.	März	April	Mai	Juni	Juli	Aug.	Sept.	Gesamt/∅
1	Gesamtbelegschaft													
2	Erstmalig erfaßte Verletzungen (0-n-Tage-Betriebsunfälle)													
3	1-3 Tage-Betriebsunfälle (Gesamtbelegschaft)													
4	4-n-Tage-Betriebsunfälle (Gesamtbelegschaft)													
5	4-n-Tage-Betriebsunfälle (Lohnbelegschaft)													
6	Betriebsunfälle mit tödlichem Ausgang **)													
7	Ausfallstunden der 4-n-Tage-Betriebsunfälle (Gesamt) **)													
8	Erstmalig entschädigte Betriebsunfälle													
9	Berufserkrankungen													
10	4-n-Tage-Wegeunfälle													
11	davon Wegeunfälle mit tödlichem Ausgang **)													
12	Verfahrene Arbeitsstunden (Lohnbelegschaft)													
13	Durchschnittl. Leistungsausfall in Tagen je Belegschaftsmitglied *)													
14	Unfallhäufigkeit *)													

*) relative Zahlen   **) vorläufige Zahlen
**) absolute Zahlen

Grafische Darstellung der Unfallhäufigkeit
4-n-Tage-Betriebsunfälle je 1 Mill. verfahrene Arbeitsstunden

$$\text{Unfallhäufigkeit} = \frac{\text{Zeile } 5 \times 10^6}{\text{Zeile } 12}$$

$$\text{Leistungsausfall} = \frac{\text{Ausfalltage der 4-n-Tage-Betriebsunfälle}}{\text{Gesamtbelegschaft}}$$

100
90
80
70
60
50
40
30

———— Lfd. Jahr   - - - - - - Vorjahr

Ausfalltage der 4-n-Tage-Betriebsunfälle

Gesamt Ausfalltage	
Seit Oktober	Durchschnitt

Verteilung der erstmalig erfaßten Verletzungen nach Ausfalltage-Gruppen

Ausfalltage-Gruppe (in Tagen)	Lfd. Monat	Seit Oktober	Durchschnitt
Ohne Ausfalltage			
1 – 3			
3 – 8			
9 – 12			
13 – 18			
19 – 45			
46 und mehr			
nicht einzuordnen, da Ausfallzeit noch nicht vorliegt			

Erstmalig erfaßte Verletzungen nach Körperteilen

Verletzter Körperteil	Lfd. Monat	Seit Oktober	Durchschnitt
Kopf			
Augen			
Rumpf			
Arm			
Hand			
Finger			
Bein			
Fuß			
Innere Organe			
sonstige			

Erstmalig erfaßte Verletzungen (1. Hilfe-Leistungen) nach Verletzungsarten

Verletzungsart	Lfd. Monat	Seit Oktober	Durchschnitt
Wunden			
Stichverletzungen			
Schnittverletzungen			
Prellungen			
Stolpern und Umknicken			
Brüche			
Verbrennungen			
Vergiftungen			
Elektrounfälle			
Fremdkörper			
sonstige			

Erstmalig erfaßte Verletzungen gegliedert nach Tragen von Körperschutzartikeln

Körperschutzartikel	Lfd. Monat	Seit Oktober	Durchschnitt
Entfällt			
Nicht benutzt			
Nicht wirksam			
Nicht verfügbar			
Nicht zweckentsprechende Benutzung			

Erstmalig erfaßte Verletzungen nach Mitarbeitergruppen

Mitarbeitergruppe	Lfd. Monat	Seit Oktober	Durchschnitt
Angestellte			
Facharbeiter			
Arbeiter			
Auszubildende			
Leihmann			

Erstmalig erfaßte Verletzungen nach Lebensaltergruppen

Lebensaltergruppe	Anzahl der Beschäftigten im Durchschnitt	Erstmalig erfaßte Verletzungen			
		Lfd. Monat		Seit Oktober	
		absolut	in % der Beschäftigen	absolut	in % der Beschäftigten
Unter 18 Jahre					
18 – 21 Jahre					
22 – 25 Jahre					
26 – 30 Jahre					
31 – 40 Jahre					
41 – 50 Jahre					
51 – 60 Jahre					
Über 60 Jahre					

Vergleich der erstmalig erfaßten Verletzungen zwischen Ausländergruppen und deutscher Belegschaft

Nationalität	Anzahl der Beschäftigten im Durchschnitt	Erstmalig erfaßte Verletzungen			
		Lfd. Monat		Seit Oktober	
		absolut	in % der Beschäftigten	absolut	in % der Beschäftigten
griechisch					
italienisch					
jugoslawisch					
marokkanisch					
niederländisch					
portugiesisch					
spanisch					
türkisch					
sonstige					
Ausländer ges.					
Deutsche ges.					

Anlage 4

Schematische Darstellung des Unfallmeldeweges

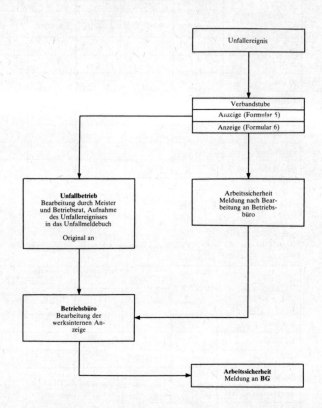

Schulungsplan (Auszug)

Schulungsvorhaben 1

Thema:	„Neue Unfallanzeige"
Zielgruppe:	Büroleiter, Meister, Sicherheitsbeauftragte
Referent:	Herr
Ort:	Großer Frühstücksraum
Termin(e):	7. 3., 14. 3., 21. 3., jeweils 15.00 bis 16.30 Uhr
Inhalt und Zielsetzung:	– Erläuterung des Unfallmeldeweges – Ausfüllen der Anzeige – Übung in der Beschreibung von Unfallhergängen

Schulungsvorhaben 2

Thema:	„Anbinden von Langmaterial"
Zielgruppe:	Anbinder der Adjustage
Referent:	Herr
Ort:	Großer Frühstücksraum und Kran A 26/Adjustage
Termin(e):	2. 5., 15.00 bis 16.30 Uhr
Inhalt und Zielsetzung:	– Beurteilungskriterien für Drahtseile und Ketten – Gemeinsame Auswertung der bisherigen Unfälle – Verständigung zwischen Kranführer und Anbinder durch Zeichengebung – Praktische Übungen

Schulungsvorhaben 3

Thema:	„Inspektionen in Werkstätten"
Zielgruppe:	Sicherheitsbeauftragte
Referent:	Herr
Ort:	Schulungsraum 1 und Mechanische Werkstatt
Termin(e):	18. 5., 9.00 bis 10.30 Uhr
Inhalt und Zielsetzung:	– Behandeln der Methodik – Gemeinsame Erarbeitung einer Checkliste – Praktische Anwendung durch Inspektion der Werkstattbeleuchtung – Auswertung der Inspektion

Anlage 6

Betriebsvereinbarung

Sicherheitsbeauftragte

Zwischen dem Vorstand _____
und den Betriebsräten der Firma _____
wird auf der Grundlage der §§ 719 und 720 der Reichsversicherungsordnung
(RVO) folgende Betriebsvereinbarung abgeschlossen:

1. Geltungsbereich
Die Betriebsvereinbarung »Sicherheitsbeauftragte« hat Gültigkeit für die
Werke/Betriebe

_____

_____

_____

_____

_____

2. Aufgabenstellung (s. a. VBG 1, § 9)
Zur Unterstützung der zuständigen Stellen einschließlich des Betriebsrates bei der
Durchführung des Unfallschutzes gemäß § 719 wird den Sicherheitsbeauftragten
die Mitarbeit an folgenden Arbeitsschutzaufgaben übertragen:
a) Weitergabe von Sicherheitsinformationen an die Mitarbeiter;
b) Einwirkung auf alle Mitarbeiter zum sicherheitsbewußten Verhalten und Handeln;
c) Beteiligung bei der Einweisung von Arbeitsplatzneulingen in Fragen des Arbeitsschutzes, jedoch ohne Weisungsbefugnis gegenüber den Mitarbeitern;
d) Unterstützung der Betriebsleitung bei der Durchführung der Unfallverhütungs-
aufgaben, die in ihren Betreuungsbereichen erforderlich werden;
e) Teilnahme an Betriebsbesprechungen, sofern diese Arbeitssicherheitsfragen
des Betriebes betreffen, sowie an Betriebsinspektionen der Berufsgenossenschaften und der Gewerbeaufsicht;
f) Beteiligung an Unfalluntersuchungen und erforderlichenfalls Erprobung von
Körperschutzartikeln in ihren Betrieben;
g) Meldung von im Betrieb auftretenden Mängeln und Schwierigkeiten, die einer
wirksamen Unfallverhütung entgegenstehen, an den zuständigen Vorgesetzten
oder die Werksleitung;
h) enge Zusammenarbeit mit dem Betriebsrat im Sinne der vorgenannten Aufgaben.

3. Voraussetzungen zur Aufgabendurchführung

3.1 Rechtsstellung

Die im § 775 RVO für die Durchführung der Unfallverhütung festgelegte Verantwortung des Unternehmers oder seiner Stellvertreter wird durch die Einsetzung der Sicherheitsbeauftragten nicht berührt.

3.2 Freistellung

Nach Abstimmung mit den zuständigen Vorgesetzten ist den Sicherheitsbeauftragten gemäß § 720 RVO die Zeit zu gewähren, die für ihre Ausbildung und die Durchführung der ihnen übertragenen Aufgaben erforderlich ist.

3.3 Arbeitsplatzbindung

Wird ein Sicherheitsbeauftragter auf einen anderen Arbeitsplatz umgesetzt, so sind die geltenden berufsgenossenschaftlichen Auflagen zu berücksichtigen.

3.4 Ausbildung und Information

Sicherheitsbeauftragte werden zur Teilnahme an entsprechenden Ausbildungsmaßnahmen der Berufsgenossenschaft von der Arbeit freigestellt, sofern nicht zwingende betriebliche Gründe dieser Freistellung entgegenstehen. Entsprechend der Aufgabenstellung der Sicherheitsbeauftragten erfolgt auch für werksinterne Schulungen eine Freistellung.

Gemäß § 8 VBG 1 ist der Unternehmer verpflichtet, den Sicherheitsbeauftragten die zur Durchführung ihrer Arbeit erforderlichen Informationen und Arbeitsunterlagen zur Verfügung zu stellen und ihnen darüber hinaus Gelegenheit zu geben, an den Betriebsinspektionen der technischen Aufsichtsbeamten der Berufsgenossenschaft teilzunehmen und ihnen etwaige Besichtigungsbefunde der technischen Aufsichtsbeamten zur Kenntnis zu geben.

3.5 Kenntlichmachung

Die eingesetzten Sicherheitsbeauftragten sind gegenüber der Belegschaft und auch der Berufsgenossenschaft auf deren Verlangen namhaft zu machen und augenfällig zu kennzeichnen.

3.6 Recht auf Beschwerde

Entdeckt der Sicherheitsbeauftragte Mängel, die die Arbeitssicherheit gefährden, so muß er den zuständigen Vorgesetzten oder die Abteilung Arbeitssicherheit darauf hinweisen.

Im Falle einer Behinderung bei der Ausführung der ihm gestellten Aufgaben oder bei wiederholten Verstößen gegen die Sicherheitsbestimmungen und -maßnahmen wendet er sich an die Abteilung Arbeitssicherheit oder die Werksleitung, damit von dort aus Abhilfe geschaffen wird.

Sein Recht auf Beschwerde beim Betriebsrat wird dadurch nicht eingeschränkt.

4. Bestellung der Sicherheitsbeauftragten

4.1 Eignung

Es sind nur geeignete Personen als Sicherheitsbeauftragte zu bestellen, die
a) über eine ausreichende Betriebserfahrung verfügen,
b) befähigt sind, die gestellten Aufgaben zu erfüllen.

4.2 Auswahl

Die Auswahl der Sicherheitsbeauftragten wird gemeinsam zwischen Werksleitung und Betriebsrat gemäß § 719 RVO vorgenommen.
Insbesondere ist hierbei zu berücksichtigen, daß
a) das Einverständnis und Interesse der ausgewählten Mitarbeiter vorliegen,
b) Mitarbeiter in Vorgesetztenfunktionen im Regelfall nicht als Sicherheitsbeauftragte bestellt werden,
c) in Betriebsabteilungen, in denen Frauen oder ausländische Mitarbeiter beschäftigt sind, diese Personengruppen durch Sicherheitsbeauftragte aus ihren Reihen bei der Unfallverhütungsarbeit entsprechend beteiligt sind.

4.3 Ernennung

Die Sicherheitsbeauftragten sind durch Ernennungsschreiben der Werksleitung zu bestellen, nachdem eine Belehrung hinsichtlich ihrer Rechte und Pflichten gemäß § 719, 720 RVO vorausgegangen ist.

4.4 Abberufung

Die Amtszeit der Sicherheitsbeauftragten ist zeitlich nicht begrenzt. Sie kann jedoch jederzeit vom Sicherheitsbeauftragten selbst oder aber nach Mitwirkung des Betriebsrates gemäß § 719 RVO vom Unternehmer beendet werden.

4.5 Anerkennung

Die Tätigkeit der Sicherheitsbeauftragten, für die sie im übrigen keinerlei Vergütungen erhalten, soll nach jeweils fünfjährigem Einsatz als Sicherheitsbeauftragter in einer gemeinsamen Feierstunde der Werksleitung und des Betriebsrates Anerkennung finden.

5. Allgemeine Durchführungsbestimmungen

5.1 Organisation und Koordinierung der aus dieser Betriebsvereinbarung resultierenden Verpflichtungen obliegen der Abteilung Arbeitssicherheit und gegebenenfalls dem Werksärztlichen Dienst. Die jeweiligen Maßnahmen sind mit dem Ausschuß für Arbeitssicherheit und Arbeitsmedizin abzustimmen (Arbeitschutzausschuß).
5.2 Zur Erläuterung ihrer Aufgaben ist den Sicherheitsbeauftragten ein Leitfaden zur Verfügung zu stellen, der die Rechte und Pflichten ihrer Funktion sowie die

Aufgabenstellung beinhaltet und darüber hinaus Anregungen zur Erhöhung der Arbeitssicherheit gibt.

5.3 Diese Betriebsvereinbarung gilt bis zum ●●●●●. Danach ist sie mit einer Frist von drei Monaten kündbar. Eine Nachwirkung ist ausgeschlossen.

5.4 Diese Betriebsvereinbarung ist allen Führungskräften und Sicherheitsbeauftragten auszuhändigen.

Unterschriften

Karl-Wilhelm Seebohm

Ein Sicherheitsprogramm der achtziger Jahre

Mit einer aktuellen Ergänzung von Bernhard Lohrum

Einführung

Unter dem Begriff eines Sicherheitsprogrammes werden heute die verschiedensten Aktivitäten auf dem Gebiet des Arbeitsschutzes verstanden. Gründe sind wohl darin zu sehen, daß sich der Arbeitsschutz mehr und mehr systematisch aufbaut, und daß von verschiedenen Unternehmen, Institutionen, Verbänden und Versicherern unterschiedliche Wege zur Verbesserung der Arbeitssicherheit beschritten werden. Das ist einerseits wegen der Vielfalt der Ansätze und Erfolgsmöglichkeiten sehr erfreulich, andererseits etwas verwirrend, da sich eben unter dem Begriff Sicherheitsprogramm sehr unterschiedliche Strategien und Maßnahmen – allerdings mit dem gleichen Ziel – verbergen.

Im beschriebenen Unternehmen wurde die systematische Sicherheitsarbeit, deren Anfang etwa im letzten Drittel der sechziger Jahre lag, von Beginn an als eine möglichst ganzheitliche Betrachtung aller Analysen, der daraus abzuleitenden Ziele und Maßnahmen einschließlich ihrer Wirkungs- und Erfolgskontrollen verstanden. In der zweiten Hälfte der sechziger Jahre mußten wir uns noch von der »Fliegenklatschenpolitik«, d. h. von unsystematischer Arbeit im Arbeitsschutz trennen. Dafür sprach eine Reihe von Gründen aus intensiven Untersuchungen vermeintlicher Unfallursachen, die intern und extern immer wieder zu hören oder nachzulesen waren, die aber nur in geringen Prozentsätzen tatsächlich einer Nachprüfung standhielten.

Der Ansatz der Sicherheitsarbeit konnte folgerichtig – aus dem Ursachenbild gewonnen – nur in der ganzheitlichen Betrachtung der Arbeitssysteme liegen. Diese Arbeitssysteme ließen sich anfangs im allgemeinen auf den Arbeitsplatz reduzieren. Für diese Sicherheitsarbeit mußten die personellen, sächlichen und organisatorischen Voraussetzungen zunächst geschaffen werden.

Dem besonderen Einsatz der Sicherheitsfachkräfte, gelegentlich unter Inkaufnahme von Kompetenzüberschreitungen durch die Wahrnehmung von Aufgaben von Führungskräften, und der konsequenten Verfolgung der beschrittenen Wege im Hinblick auf die rechtzeitige Einschaltung bei der Planung, dem Bau und der Erstellung von Gebäuden, Einrichtungen, Anlagen, Maschinen und deren Beschaffung sowie der Gestaltung von Arbeitsabläufen, der Einschaltung bei Leistungslohnabkommen usw., war es zu verdanken, daß die Unfallhäufigkeit im Unternehmen im Laufe von zehn Jahren um rund 50 Prozent verringert werden konnte. Die Ausgangssituation war allerdings, wenn man so will, günstig, da das Unternehmen in der Unfallhäufigkeit noch deutlich über dem Durchschnitt der Branche lag. Am Ende dieses Zehnjahreszeitraumes lag das Unternehmen dann um knapp 30 Prozent unter dem Durchschnitt der Branche, der sich in dieser Zeit ebenfalls, wenn auch deutlich geringfügiger, verändert hatte.

Das führte Ende der siebziger Jahre zu der Überlegung und der Erkenntnis, daß Arbeitssicherheit und die Erfolge auf diesem Gebiet genauso planbar seien, wie die Erreichung anderer Unternehmensziele. Dazu war es notwendig, genauso wie zur Erreichung der anderen Unternehmensziele, die Bedingungen festzuschreiben.

Waren die Ziele in den siebziger Jahren noch von Jahr zu Jahr festgelegt worden, so sollte nunmehr eine Planung langfristig über zehn Jahre erfolgen.

Gerade die Erfolge der vergangenen Jahre hatten gezeigt, daß wir aus einer kurz- und mittelfristigen Planung im Arbeitsschutz in den länger- und langfristigen Bereich kamen. Beispiele: die unternehmensinterne Schulung von Führungskräften, Sicherheitsbeauftragten und Sicherheitsfachkräften, Lärmminderungsmaßnahmen, arbeitsorganisatorische Maßnahmen aufgrund von Querschnittsvergleichen, Brandschutzmaßnahmen, Substitution gefährlicher Arbeitsstoffe, Lösung von Transportproblemen, Informations- und Werbemaßnahmen in abgestimmter Art. Der häufig immer noch punktuelle oder schwerpunktmäßige Ansatz von Untersuchungen und daraus abgeleiteten Maßnahmen hatte doch öfter als erwartet (aufgrund der nach den Unfallverhütungsvorschriften nur knappen zur Verfügung stehenden Einsatzzeiten) nicht zu dem »überspringenden« Funken geführt. Die Integration des Arbeitsschutzes war gut vorangeschritten, sie war aber noch nicht optimal.

Die Idee

Die Idee war es, aufgrund einer sorgfältigen Analyse aller Arbeitsschutzaktivitäten und ihrer Ergebnisse in den letzten zehn Jahren und der Beschreibung des erreichten Standes das Ziel im Arbeitsschutz für die achtziger Jahre zu beschreiben, die notwendigen Aktivitäten zu entwickeln und anzugeben, und die Bedingungen zur Erreichung der Ziele klar aufzuzeigen.

Die Analyse

Sie soll nicht in allen Einzelheiten beschrieben werden. Eine grobe Skizze ist jedoch zum Verständnis des abgeleiteten Programms notwendig. Sie ist auch erforderlich, um der Gefahr zu begegnen, das Sicherheitsprogramm der achtziger Jahre dieses Unternehmens ohne weiteres übernehmen zu wollen. Ein solches Programm muß auf den jeweiligen Bedingungen des erreichten Standes aufbauen. Der Verfasser hat sich deshalb entschlossen, die Analyse auszugsweise zu veröffentlichen, insbesondere den Teil der kritischen Bewertungen, aus denen später maßnahmenorientierte Schlußfolgerungen gezogen wurden.

1. Entwicklung des Arbeitsschutzes von 1970 bis 1979

1.1 Vorwort

Wenn in den folgenden statistischen Übersichten die Entwicklung der Unfälle und Berufskrankheiten im wesentlichen herangezogen wird, dann, weil diese Größen ständig auf aktuellem Stand gehalten werden und konkret faßbar sind. So stützen sich die folgenden Aussagen im wesentlichen auf dieses Zahlenmaterial.

1.2 Entwicklung der Arbeitssicherheit in den Jahren 1970 bis 1979, Bewertung ausschließlich anhand von Unfall- und Berufskrankheitenstatistik

1.2.1 Die Entwicklung der Unfallzahlen bei Krupp Südwestfalen zeigt seit 1970 eine rückläufige Tendenz:
– Nachgewiesene Erste-Hilfe-Leistungen von 4900 auf 2630 – Abnahme 46,33 Prozent;
– Meldepflichtige Betriebsunfälle von 1988 auf 846 – Abnahme 57,45 Prozent;
– Unfallhäufigkeit der meldepflichtigen Betriebsunfälle von 88,9 auf 48,5 – Abnahme 45,44 Prozent;
– Unfallhäufigkeit der meldepflichtigen Betriebsunfälle, nur auf die Lohnbelegschaft bezogen, von 108,1 auf 57,6 – Abnahme 46,72 Prozent (siehe Abb. 1).
– Zum Vergleich: Die Wirtschaftsvereinigung der Eisen- und Stahlindustrie weist für ihre Mitgliedsbetriebe, auf Lohnempfänger bezogen, aus: von 97,7 auf 77,9 – Abnahme 19,86 Prozent (siehe Abb. 1).
Den größten Erfolg hatte das Werk Werdohl von 1970 bis 1977 mit einer Senkung von 71 Prozent.
Im jetzigen KSW-Bereich konnte das Werk Niederschelden im Zeitraum 1970 bis 1979 die Unfallhäufigkeit um 60 Prozent senken und machte im Betrachtungszeitraum den deutlichsten Schritt nach vorne. Die zunehmend aufgeschlossene Zusammenarbeit von Führungskräften, Ergonomen, Betriebsrat, Werksärztlichem Dienst und Arbeitsschutz in den erfolgreichen Bereichen soll besonders hervorgehoben werden.

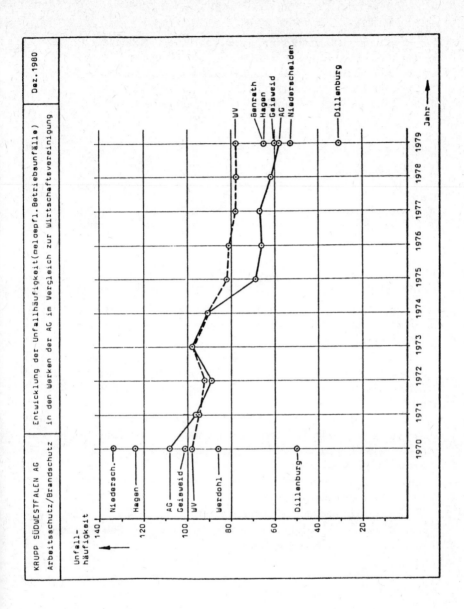

KRUPP SÜDWESTFALEN AG
Arbeitsschutz/Brandschutz

Entwicklung der Unfallhäufigkeit(meldepfl.Betriebsunfälle)
in den Werken der AG im Vergleich zur Wirtschaftsvereinigung

Dez.1980

Lag Krupp Südwestfalen 1970 noch deutlich über dem Schnitt der Branche, so konnte in den Folgejahren der Durchschnitt erreicht und ab 1975 eine deutliche Unterschreitung erzielt werden. Für das Werk Werdohl wurde in der Statistik ab 1978 das Werk Benrath fortgeschrieben.
In den einzelnen Werken war die Entwicklung unterschiedlich:

| | Unfallhäufigkeit Lohnempfänger | | |
	1970	1979	Differenz in %
AG	108,1	57,6	– 46,7
Werk Benrath/Werdohl	86,1	65,0	– 24,5
Werk Dillenburg	50,0	30,6	– 38,8
Werk Geisweid	101,2	59,7	– 41,0
Werksgruppe Hagen	123,7	65,4	– 47,1
Werk Niederschelden	133,8	53,2	– 60,3

1.2.2 Unterschiedliche Entwicklung innerhalb der einzelnen Werke

In den Werken war die Entwicklung ebenfalls unterschiedlich. Bereichen mit relativ konstant positiver Unfallentwicklung standen auch solche mit gegenteiliger Entwicklung gegenüber.

Durch technische Veränderungen, durch Leistungssteigerungen wurden fallweise Gefährdungszyklen verringert und damit das Verletzungsrisiko erhöht, während parallel durch Automatisierung und Mechanisierung alte Gefährdungen beseitigt wurden.

Neben den im Rahmen der Umstrukturierung gelegentlich auftretenden neuen Gefährdungen bestanden bei strengem Maßstab – trotz der erzielten Verbesserungen – betriebsweise unterschiedlich ausgeprägte Defizite bei
– Erst- und Wiederholungsunterweisungen,
– Kontrolle(-möglichkeiten) des Unterweisungserfolges,
– korrektivem Eingreifen vor Ort,
– Einbeziehung des gesamten Unfallgeschehens.

Daraus wurden betriebsbezogen in Zusammenarbeit mit der Betriebsleitung und dem Betriebsrat Maßnahmen abgeleitet.

1.2.3 Unfallbedingte Ausfallzeiten

Die unfallbedingten Ausfalltage und die Unfallschwererate (unfallbedingte Ausfallstunden je 1 Million verfahrene Arbeitsstunden) entwickelten sich ebenfalls positiv. Die Unfallschwererate sank von rund 15 200 auf rund 8 800, das entspricht einer Abnahme von 42 Prozent.

Waren 1970 noch täglich im Unternehmen 127 Belegschaftsmitglieder wegen der Folgen von Betriebsunfällen arbeitsunfähig, so waren es 1979 nur noch 62. Die Unfallhäufigkeit bei KSW lag 1979 um 47 Prozent unter dem Durchschnitt der Branche.

1.2.4 Herangezogene Daten

Es wurde bereits darauf hingewiesen, daß nur Verletzungen und angezeigte Berufskrankheiten in dieser Untersuchung herangezogen werden. Bekannt ist, daß berufsbedingte Erkrankungen in hohem Maße in der öffentlichen Diskussion stehen. Für den Betrachtungszeitraum liegen jedoch keine gesicherten Erkenntnisse für entsprechende quantitative Vergleiche von Erkrankungen vor. Ergonomische Maßnahmen wurden zur Verbesserung der Arbeitsbedingungen an staub-, lärm- und hitzebelasteten Arbeitsplätzen getroffen. Insbesondere die Arbeitsschwere konnte sowohl durch korrektive wie durch Neubaumaßnahmen in Stahl- und Walzwerken abgebaut werden. Indikatoren für hohe Arbeitsbelastungen waren in vielen Fällen auch hohe Unfallbelastungen. Mit einer ganzheitlichen Ursachenbetrachtung konnten Maßnahmen getroffen werden, die Risiken ebenfalls ganzheitlich abbauten.

1.3 Schwerpunkte der Aktivitäten im Arbeitsschutz in den siebziger Jahren

Nachfolgend werden die Schwerpunkte – in etwa dem Aufgabenkatalog für Sicherheitsfachkräfte des 1974 in Kraft getretenen Arbeitssicherheitsgesetzes folgend – möglichst kurz und zum Teil nur beispielhaft beschrieben.

1.3.1 Beratung und Überprüfung

Beratung und Überprüfung bei der Planung sind grundsätzlich durch die Beteiligung der Sicherheitsfachkräfte und des Betriebsrates in den Investitionsausschüssen geregelt. Die Mitwirkung bei der Planung erfolgt durch die Sicherheitsfachkräfte und den Betriebsrat schwerpunktmäßig, wobei Schwerpunkte durch die zu erwartenden Arbeitsschutzprobleme an oder durch Betriebsanlagen, die technischen Arbeitsmittel, die Arbeitsstoffe, durch Planer, Führungskräfte oder Sicherheitsfachkräfte gesetzt werden. Die Mitarbeit in den Ergonomieausschüssen und die Zusammenarbeit mit den Fachleuten für Ergonomie haben weitere Ansatzpunkte für die Beratung, aber auch die Kontrolle, gebracht.
Es kann festgestellt werden, daß die Zusammenarbeit bei Planungen zwischen

Anlagenwirtschaft, Betrieb, verschiedenen Fachbereichen und Betriebsrat sowie Arbeitsschutz sich im Laufe der Jahre aufgrund früherer Erfahrungen und zunehmender Kooperationsbereitschaft wesentlich verbessert hat. Diese Zusammenarbeit kann jedoch noch weiter verbessert werden durch häufigere Einschaltung in der Projektierungsphase, bei Einzelgesprächen (besonders mit Lieferanten) und bei der Besichtigung vergleichbarer Anlagen.

Die Überprüfung von Neuanlagen vor ihrer Inbetriebnahme war sichergestellt, die Beseitigung dabei festgestellter Mängel war – oft aus Kostengründen – noch zu langwierig.

Soweit es sich um Planungsvorhaben der Anlagenwirtschaft handelte, gilt die Feststellung auch für die Einführung von Arbeitsverfahren, natürlich auch für die Gestaltung der Arbeitsplätze, -abläufe und -umgebung und die Überprüfung von Arbeitsverfahren vor ihrer Einführung.

In diesem Gesamtkomplex ergaben sich wesentlich größere Schwierigkeiten, wenn Betriebe oder andere Fachbereiche an vorhandenen Anlagen oder Arbeitsplätzen Veränderungen vornahmen oder vornehmen wollten. Hier muß die Beteiligung der Sicherheitsfachkräfte noch verbindlicher in die Organisation eingefügt werden.

Unbefriedigend war die Beratung bei der Beschaffung von Arbeitsstoffen. Diese Vorgänge bedürfen einer (neuerlichen) Regelung.

Schwierigkeiten ergaben sich auch bei der Beschaffung technischer Arbeitsmittel durch die verschiedenen Bereiche. Nicht in jedem Falle ist eine Beratung und Abnahme durch Sicherheitsfachkräfte notwendig; jedoch stellten wir oft erst bei Betriebsbegehungen neue mangelhafte technische Arbeitsmittel fest.

Die Auswahl der Festlegung von Körperschutzmitteln war bereits weitgehend zufriedenstellend geregelt. Im Arbeitsschutzmittelkatalog (Bestandteil der Werksnorm), mit dessen Erstellung nach mehreren Anläufen 1975 begonnen wurde, sind die einzelnen Körperschutzmittel beschrieben, um Einkäufern und betrieblichen Führungskräften Entscheidungshilfen zu geben. Im zweiten Teil des Kataloges ist festgelegt, an welchen Arbeitsplätzen welcher Anspruch auf Körperschutzmittel besteht und – damit verbunden – welche Körperschutzmittel wo getragen werden müssen.

1.3.2 Die Kontrolle der Durchführung des Arbeitsschutzes vollzog sich:

– durch allgemeine Betriebsbegehungen von Sicherheitsfachkräften, zum Teil gemeinsam mit Betriebsleitung und/oder Sicherheitsbeauftragten;
– durch gezielte Betriebsinspektionen mit Betriebsleitung und zuständigem Sicherheitsbeauftragten;
– durch Abnahme von Anlagen;

– durch gezielte Betriebsbegehungen mit zuständigen Betriebsratsmitgliedern –
ca. zwei Stunden monatlich;
– durch spezielle Arbeitsplatz-, Arbeitsverfahrens- und Arbeitsablauf-Untersuchungen, die besonders auch der Prüfung der Arbeitsorganisation dienten.
Anlaß hierzu gaben schwere Unfälle, Unfallhäufungen oder direkt ermittelte Gefährdungshäufungen. Derartige Untersuchungen haben Ende der sechziger und Anfang der siebziger Jahre einschließlich der Untersuchung des Zusammenhanges zwischen verschiedenen vermuteten Einflußgrößen (z. B. Fluktuation, Unterbesetzung, Zeitdruck, Temperatur) und Unfallvorkommen nicht nur Schutzzielformulierungen deutlicher untermauern lassen, sondern auch konkret zu höherwertigen erfolgreichen Maßnahmen geführt.
Derartige Schwerpunktprogramme traten ab Mitte der siebziger Jahre in den Hintergrund, da bei der erreichten Unfallhäufigkeit die Unfälle stärker streuten und aufgrund verschiedener neuer Gesetze, Verordnungen, Unfallverhütungsvorschriften und Richtlinien umfangreiche andere Aktivitäten notwendig wurden.
Die Kontrolle vollzog sich außerdem:
– durch Bestandsaufnahmen bei Inkrafttreten neuer Arbeitsschutzvorschriften;
– durch Herausgabe von Checklisten für Meister, Vorarbeiter und Sicherheitsbeauftragte;
– durch Betriebsbegehungen mit außerbetrieblichen Stellen (Gewerbeaufsicht und Berufsgenossenschaft).

Anmerkung

Diese geschilderten Aktivitäten waren und sind von Werksgruppe zu Werksgruppe unterschiedlich; die Schwerpunkte und die Organisation differierten je nach den Erfordernissen der einzelnen Werke.
Aufgrund der durchgeführten Kontrollen und der Hinweise in den Betriebssicherheitsausschüssen wurden in den Werken Dillenburg, Geisweid, Niederschelden *schriftlich* festgehalten:

1971	2350
1975	3000
1979	2900

Mängel; in nahezu allen Fällen wurden entsprechende Maßnahmen vorgeschlagen. Wenn man berücksichtigt, daß das Verhältnis zwischen mündlich ausgesprochenen (keineswegs »banalen«) und schriftlich festgehaltenen Gefährdungen etwa 3:1 beträgt, so kann man auch die Größenordnung der beseitigten Gefährdungen ermessen. Die durch Checklisten ermittelten Gefährdungen sind nicht mitgezählt!
Die Situation war jedoch deshalb unbefriedigend, weil es sich bei diesen Gefährdungen im wesentlichen um solche Beanstandungen handelte, die im Betrieb selbst

gefunden und beseitigt werden mußten, beispielsweise Stolperstellen, abgerissene Schutzvorrichtungen, Geländer ohne Schutzwirkung, fehlende Schalterbezeichnungen, Unordnung.

Unter diesen Gefährdungen waren häufig Wiederholungsbeanstandungen. Der gezielte und optimierte Einsatz von Sicherheitsbeauftragten war daher wünschenswert. Auch das wurde Bestandteil des Sicherheitsprogramms. – Die Betriebsinspektionen sollten nicht länger Dienstleistungen des Arbeitsschutzes sein. Sie müssen selbstverständlicher Bestandteil der Aufgabe der betrieblichen Führungskräfte werden.

1.3.3 Die Untersuchung von Arbeitsunfällen und die Festlegung von Maßnahmen erfolgen:

a) Im Einzelfall mit Quervergleichen

Arbeitsunfälle wurden vom Betrieb – oft in Zusammenarbeit mit Sicherheitsfachkräften – untersucht und Maßnahmen besprochen und festgelegt. Quervergleiche zur Ermittlung gleichartiger Gefährdungen, die möglicherweise noch nicht zu Unfällen geführt haben, wurden – wenn möglich – durchgeführt.

Die Maßnahmenfestlegung endete aufgrund der noch oft anzutreffenden unvollständigen Ursachenermittlung häufig mit den Stereotypen: ». . . zur größeren Vorsicht ermahnt, . . . wurde belehrt«. Es fiel auf, daß häufiger nach Ursachen der Ursachen gefragt werden mußte.

Ein Beispiel:

Als wir nach einem Unfall, dessen Ursachenermittlung lautete:

»Zweistrangkette nicht benutzt«

und für den als Maßnahme angegeben war:

»Der Verletzte wurde belehrt, eine Zweistrangkette zu benutzen«,

bei der Ursachenermittlung nachfragten, warum die Zweistrangkette nicht benutzt wurde, stellte sich heraus, daß keine vorhanden war.

Außerdem müssen, wenn belehrt, unterwiesen wird, auch andere auf diesem Arbeitsplatz Beschäftigte unterwiesen werden. Auch das kann ein Teil der in der UVV 1 geforderten regelmäßigen Unterweisung sein. Das festgelegte erwartete Verhalten muß erbringbar sein, das heißt z. B. zumutbar, die Ablaufgeschwindigkeit des Ereignisses darf nicht höher als die Reaktionsgeschwindigkeit des Menschen sein. Sicheres Verhalten muß zur guten Gewohnheit werden, Anerkennung hilft.

Schließlich muß gerade bei Wiederholungsunfällen immer wieder angestrebt werden, Schutzziele höherer Wirksamkeit durch entsprechende Maßnahmen zu erreichen. Dieser Grundsatz gilt generell, natürlich aber auch bei Einzelereignissen.

56

b) In Schwerpunktbereichen, ermittelt durch EDV-Auswertungen

Wenn Unfallschwerpunkte festgestellt wurden, wurden für solche Bereiche Programme aufgestellt und gemeinsam mit dem Betrieb und den Fachabteilungen durchgeführt. Dies galt auch bei der Feststellung von Gefährdungsschwerpunkten, die direkt, also ohne Heranziehen von Arbeitsunfällen oder Berufskrankheiten, ermittelt wurden.

1.3.4 Verhaltensbeeinflussung und Schulung

Darauf hinzuwirken und mitzuwirken, daß Arbeitsunfälle vermieden werden, schreibt das Arbeitssicherheitsgesetz vor. Nachfolgend wird unterschieden in Schulungs- und Trainingsmaßnahmen für Führungskräfte, Sicherheitsbeauftragte und die Belegschaft allgemein.

a) Ingenieure und Ingenieurassistenten

Ingenieurassistenten arbeiten in der ersten Woche ihrer Tätigkeit bereits seit den sechziger Jahren im Arbeitsschutz. Zukünftig sollen neu eingestellte betriebliche Führungskräfte zu einem Informationsgespräch den Arbeitsschutz aufsuchen.

b) Meister und Vorarbeiter

Seit Ende der sechziger Jahre können Meister und Vorarbeiter nur ernannt werden, wenn der Arbeitsschutz zustimmt.

1979 war erreicht, daß dieser Personenkreis bis zu zwei Tage im Arbeitsschutz weitgehend einheitlich auf seine späteren Aufgaben vorbereitet wurde. Die Entscheidung und Beurteilung durch den Arbeitsschutz wurde so sicherer.

Dieses Programm bedarf jedoch noch einer umfassenden Trainerunterlage und soll um einen dritten Tag erweitert werden.

In Meister- und Vorarbeitergesprächen war der Arbeitsschutz regelmäßig beteiligt, etwa im Zweijahresabstand mit je einem Tag.

c) Sicherheitsbeauftragte

Für Sicherheitsbeauftragte gilt das Vorschulungsprogramm für Meister und Vorarbeiter sinngemäß.

Darüber hinaus wurde nach längerer Vorbereitung 1977 mit dem Training für Sicherheitsbeauftragte in zweitägigen Seminaren im Rahmen des Weiterbildungsprogramms begonnen. Die Seminare sollten wegen ihrer größeren Effektivität die vorher üblichen (in der Vorbereitungsphase der Seminare bereits nicht mehr durchgeführten) Jahresversammlungen *aller* Sicherheitsbeauftragten des Unternehmens ersetzen.

Heute wird es wichtig, auf die Umsetzungsphase dieser Seminare stärker Einfluß zu nehmen.
Ein Seminar III mußte sich anschließen.

d) Ein-, Unterweisungshilfen
Der Arbeitsschutz fertigte, abgesehen von Lehr- und Trainingsunterlagen, für die Sicherheitsbeauftragten-Seminare selbst an oder ließ durch geeignete Institute erstellen:
1970 Handbuch für Sicherheitsbeauftragte
1970 Handbuch für Neulinge (Diese Handbücher gehören zur bewährten Schriftenreihe »Du und deine Sicherheit«.)
1974 Tonbildschau »Sicherhcitsprämie«
1975 Programmierte Unterweisung: Unfälle untersuchen – Unfallberichte ausfüllen
Zielgruppen: Ingenieur-Assistenten, Meister, Vorarbeiter und Sicherheitsbeauftragte
1979 Schulungseinheit (programmierte Unterweisung und Tonbildschau) »Umgang mit Unfallverhütungsvorschriften«
Zielgruppen: Führungskräfte, Sicherheitsbeauftragte
Diese Medien führten zu einer fühlbaren Entlastung für Sicherheitsfachkräfte, besonders bei Einzeltrainingsmaßnahmen (1979: 120 Meister, Vorarbeiter, Sicherheitsbeauftragte).
Hier sind wesentliche Erweiterungen notwendig.

e) Lärmschutzaktion
Im Jahre 1976 wurde erstmalig eine AG-einheitliche Aktion »Erhalte dir dein Gehör« durchgeführt.
Sie diente in erster Linie dazu, »Lärmbewußtsein« durch Information und Werbung zu schaffen und zum Tragen von Gehörschutz zu motivieren. Die Hütten- und Walzwerks-Berufsgenossenschaft stellte Wandbildzeitungen, Plakate, Broschüren, verschiedene Aufkleber und leihweise eine Tonbildschau zur Verfügung. Innerbetrieblich wurden diese Mittel ergänzt durch die Herausgabe von vier Lärmschutzzeitungen (sie entstanden in enger Zusammenarbeit mit der Werkszeitung), Informationsveranstaltungen für Führungskräfte (hier wurden in der Werksgruppe Siegen neben weiterem Informationsmaterial Schreiben der Werksleitung mit der Darstellung der Ziele der Aktion ausgegeben), Kennzeichnung der Lärmbereiche, verstärkte Information in Sitzungen des Betriebssicherheitsausschusses (BSA), Informationsgespräche an den Arbeitsplätzen, Checklisten für Meister, Vorarbeiter und Sicherheitsbeauftragte usw. Stichprobenerhebungen in der Werksgruppe Siegen ergaben in den ausgewählten Betrieben hoher Lärmbelastung einen Anstieg der Tragequote von Gehörschutz von 29 auf 56 Prozent, die dann anhielt.

f) Allgemeine Information, Werbung

An dieser Stelle noch einige Bemerkungen zu allgemeinen Informations- und Werbemaßnahmen. Neben außerbetrieblich erhältlichen Plakaten und Informationsschriften wurde auch Eigenmaterial erstellt und herausgegeben:

- Literaturauszüge für spezielle Zielgruppen;
- Schriftenreihe »Du und deine Sicherheit« mit den Heften für
  Führungskräfte,
  Sicherheitsbeauftragte,
  Neulinge,
  Fremdfirmenangehörige,
  Elektriker;
- Arbeitsschutzinformationen in unregelmäßigen Abständen;
- Plakate:
  7 zur Sicherheitsprämie,
  1 Zehn Sicherheitsgebote,
  1 für Vorweihnachtszeit;
- die Wirksamkeit der Sicherheitsprämie soll hier nicht unerwähnt bleiben.

g) Werkszeitung, Presse

Die Werkszeitung wurde immer genutzt. Die besonders gute Zusammenarbeit mit der Redaktion sei hier ausdrücklich hervorgehoben.

Für die Presse fand eine Veranstaltung in Geisweid statt. Weitere Presseinformationen – meist zum Zeitpunkt der Verlosung der Sonderpreise zur Sicherheitsprämie – wurden herausgegeben.

1.3.5 Zusammenarbeit mit dem Betriebsrat

Die Zusammenarbeit mit dem Betriebsrat ist durch die paritätisch von Arbeitgeber- und Arbeitnehmerseite besetzten Kommissionen Arbeitsmedizin und Arbeitsschutz (Kommission AMAS) bzw. Sicherheitsausschüsse sichergestellt.

Arbeitgeberseitig sind Mitarbeiter des Arbeitsschutzes/Brandschutzes, der Ergonomie, der Personalabteilung und des Werksärztlichen Dienstes vertreten, bei Bedarf weitere.

Zweimal monatlich findet eine Sitzung, einmal monatlich eine gemeinsame Betriebsbegehung statt.

Die Sitzungen dienen der Erörterung aktueller Fragen, z. B.

  Unfälle,
  Berufskrankheiten,
  Erledigung von betrieblichen Beanstandungen,
  Ergebnisse von Betriebssicherheitsausschußsitzungen,

Stand von Maßnahmen in Sicherheitsprogrammen,
Körperschutzmittel
und der Diskussion mittel- und langfristiger Maßnahmen, z. B.
Planung von Sicherheitsprogrammen,
Planung, Durchführung und Auswertung von Arbeitsplatzmessungen,
Fort- und Weiterbildungsmaßnahmen.
Dabei hat es sich gezeigt, daß durch die funktionierende Arbeitsschutzorganisa-
tion und regelmäßige Einzelkontakte zwischen den Sitzungen für beide Seiten eine
schnelle, unkomplizierte Erledigung von Problemen möglich geworden ist. Damit
reduzierte sich die Sitzungsarbeit.
Ziel der Sitzungen ist es, in den entscheidenden Fragen bei unterschiedlicher In-
teressenlage Übereinstimmung in der Sache zu erzielen. Das konnte bisher immer
erreicht werden. Das gerade ist bei verschiedenen Entscheidungsfindungen mit
Fachabteilungen und Betrieben von entscheidender Bedeutung. Um aus dem Näh-
kästchen zu plaudern: Man kann sich auch mal Bälle zuspielen.
Auf Unternehmensebene gibt es darüber hinaus seit einigen Jahren eine jährliche
Zusammenkunft der Sicherheitsingenieure mit den Betriebsratsvorsitzenden und
den Sprechern der Sicherheitsausschüsse bzw. Kommissionen AMAS der Betriebsräte zur Erörterung übergeordneter Fragen des Arbeitsschutzes. Sie hat sich
besonders gut bewährt.
In jeder Betriebsversammlung wird – oft im ersten Tagesordnungspunkt – vom
Leiter des Arbeitsschutzes von Betriebsversammlung zu Betriebsversammlung im
Wechsel mit dem Sprecher der Kommission des Betriebsrates ein Bericht zu Stand
und Entwicklung des Arbeitsschutzes gegeben. Keine Seite scheut sich, auch
»heiße Eisen« anzufassen.

1.3.6 Zusammenarbeit mit dem Werksärztlichen Dienst

Die Zusammenarbeit mit dem Werksärztlichen Dienst ist durch die gemeinsame
Arbeit in der Kommission AMAS und durch aufgeschlossene gemeinsame Erör-
terung der Einzelprobleme sowie Weitergabe bzw. Anforderung der notwendigen
Informationen weitgehend sichergestellt.
Die Werksleitung der Werksgruppe Siegen lud im Berichtszeitraum zweimal
Durchgangsärzte zu einer Betriebsbesichtigung mit anschließender Diskussion
über Arbeitsplätze und Arbeitsverfahren ein.

1.3.7 Arbeitsschutzausschuß

Bei KSW besteht der Arbeitsschutzausschuß, wie ihn das Gesetz vorschreibt, nicht
lupenrein. Die Organisation der Sicherheitsausschüsse, die wir wegen der Be-

triebsnähe für wesentlich effektiver halten, hat die Zustimmung von Gewerbeaufsicht und Berufsgenossenschaft gefunden.

1.3.8 Betriebssicherheitsausschüsse

Unterhalb des Hauptsicherheitsausschusses bestehen seit 1972/73 die Betriebssicherheitsausschüsse, in der AG insgesamt 43. Sie sind je Betriebsleiterbereich gebildet worden. Der zuständige Betriebschef ist der Vorsitzende, der Betriebsleiter sein Stellvertreter. Weitere Mitglieder sind Assistenten, Meister, Vorarbeiter, Sicherheitsbeauftragte, Betriebsrat, zuständige Sicherheitsfachkraft. Diese Zusammensetzung ermöglicht eine umfassende Erörterung und rasche Entscheidungen im Tagesgeschäft. Diese Ausschüsse tagen nach einer festen Tagesordnung. Es empfiehlt sich folgender Aufbau:
1. Besprechung Protokoll;
2. Unfallstand/-entwicklung;
3. Besprechung der Unfälle;
4. Schwerpunktprogramm (Checklisten);
5. Maßnahmen zur Vermeidung sicherheitswidriger Zustände und Verhaltensweisen;
6. allgemeine Information.

1.3.9 Schlußbemerkung

Die – wenn auch überwiegend nur beispielhafte – Darstellung zeigt den Umfang der wahrgenommenen Aufgaben, aber auch die Notwendigkeit der Intensivierung, Verfeinerung, Ergänzung und Erweiterung der Arbeit in mehreren Teilbereichen.
Daraus ergab sich die Notwendigkeit, Schwerpunkte der Arbeit neu festzulegen und Entlastungsmöglichkeiten für Sicherheitsfachkräfte durch Intensivierung der Wahrnehmung der Aufgaben durch die für die Arbeitssicherheit Verantwortlichen festzulegen. Und es zeigte sich, daß die Personaldecke in den Arbeitsschutzabteilungen bei ausschließlicher Besetzung entsprechend den *heutigen* Vorschriften bei den gesetzten Anforderungen recht dünn ist.
Die zur Erreichung weiterer Erfolge im Ziel- und Maßnahmenkatalog im folgenden Kapitel beschriebenen Aufgaben erfordern entsprechende Voraussetzungen.

2. Aus der Analyse zum Programm

Aus der Analyse entstand ein Ziel- und Maßnahmenkatalog, der hier gekürzt wiedergegeben wird. Er wurde dann umgesetzt in ein langfristig wirkendes Programm.

Sicherheitsprogramm für die achtziger Jahre –
Ziele für die achtziger Jahre

2.1 Einführung

Bereits anfangs wurde darauf hingewiesen, daß in dieser Darstellung allerseits bekannte Aktivitäten der für den Arbeitsschutz verantwortlichen, zuständigen oder auf ihn Einfluß nehmenden Stellen nicht beschrieben werden. Vielmehr sollte erläutert werden, wo, was, wann verbessert oder verstärkt in Angriff genommen werden muß und welche Maßnahmen ergänzend neu hinzukommen sollten bzw. mußten. Das erforderte auch ein Umdenken bei bisher ausgeführten Arbeiten, z. B. der Betriebsüberwachung, d. h. der konsequenten Wahrnehmung der Verantwortung im Arbeitsschutz durch die Führungskräfte und andere für den Arbeitsschutz Verantwortliche, und es galt, Verstärker für die Motivation von Sicherheitsbeauftragten und der gesamten Belegschaft zu finden und anzuwenden.

2.2 Beurteilungskriterien des Arbeitssicherheitserfolges

Wie in unserem Unternehmen war auch in anderen Unternehmen (aus der Eisen- und Stahlindustrie uns wegen mehrerer Anfragen bekannt) eine Unfallhäufigkeit erreicht, die immer schwerer zu senken war. Das erforderte Neuorientierung auch in der praktischen Arbeit. Ein eindeutiger Schwerpunkt mußte in der Beratung und Erarbeitung neuer Arbeitsschutzprogramme liegen.
Bereits in den letzten Jahren war es deutlich geworden, daß aufgrund der Aktivitäten im Arbeitsschutz – beispielhaft: Flucht- und Rettungspläne, Sicherheitsbeleuchtung, Staubminderung, Lärmminderung, Klimaverbesserung, Verminderung und Ersatz gefährlicher Arbeitsstoffe – Angaben über die Häufigkeit von Unfällen und Berufskrankheiten nicht die einzige Meßgröße für den erreichten Standard im Arbeitsschutz, sondern nur Hilfsgrößen sein können.
Es müssen (überbetrieblich) neue Beurteilungskriterien gefunden werden.

2.3 Qualität der Arbeitsschutzberatung durch Entlastung der Sicherheitsfachkräfte erhöhen

Die Verstärkung der Arbeitsbereiche Beratung und Erarbeitung von Programmen für die Werke der AG, Betriebe, Arbeitsplätze, Training und Werbung mit den dazugehörigen Einführungs-, Durchführungskontroll- und Erfolgskontrollmaß-nahmen erforderte ein Konzept für die anfangs bereits angedeutete Verminderung der Kontrolle der Betriebe in der bisherigen Form oder – positiv ausgedrückt – eine Qualifizierung der durch Sicherheitsfachkräfte erhobenen Mängel durch ver-antwortungsbewußte Eigenkontrolle der Betriebe und sonstige Stellen. Das mußte ausreichend bewußt gemacht werden.

Das nachfolgend dargelegte Programm kann deshalb nur als *Rahmenprogramm* bei bestimmten Voraussetzungen mit der Öffnung für neue Entwicklungen ver-standen werden.

Unter der Voraussetzung, daß alle beteiligten Stellen – vor allem die umsetzen-den – aufgeschlossen und konsequent Arbeitsschutz »zu ihrer Sache« machten, erwarteten wir im quantifizierbaren Teilbereich Unfallentwicklung in diesen zehn Jahren eine jährliche Abnahme der Unfallhäufigkeit von 4 Prozent, das entspricht einer Gesamtabnahme von rund 35 Prozent in zehn Jahren.

2.4 Das Programm

Kurzgefaßt haben die Sicherheitsfachkräfte folgende Aufgaben:

2.4.1 Beratung des Unternehmers und der für den Arbeitsschutz Verantwortlichen bei:

- Planung, Ausführung, Unterhaltung von Betriebsanlagen;
- Beschaffung von technischen Arbeitsmitteln, Einführung von Arbeitsstoffen und -verfahren;
- Auswahl von Körperschutzmitteln;
- Gestaltung der Arbeitsplätze, -abläufe und -umgebung.

2.4.2 Überprüfung der Betriebsanlagen und technischen Arbeitsmittel vor Inbetriebnahme, Arbeitsverfahren vor ihrer Einführung.

2.4.3 Kontrolle der Durchführung des Arbeitsschutzes:

- Betriebsstätten begehen, Mängel melden, Maßnahmen vorschlagen;
- Körperschutzmittel-Benutzung beobachten;
- Unfallursachen ermitteln, auswerten, Maßnahmen vorschlagen.

2.4.4 Verhaltensbeeinflussung und Schulung.

2.4.5 Zusammenarbeit mit dem Betriebsrat.

2.4.6 Zusammenarbeit mit dem Betriebsarzt.

2.4.7 Arbeitsschutzausschuß.

2.4.1 Die Beratung des Unternehmers und der für den Arbeitsschutz Verantwortlichen

a) *Ziel:* Optimierung der Planung nach Arbeitssicherheitsgesichtspunkten
Maßnahmen:
- Vorstandsanweisung: Sicherheitsfachkräfte auch im frühesten Stadium der Planung und stärker bei Einzelbesprechungen einzuschalten.
- Seminare für Konstrukteure.

b) *Ziel:* Generelle und komplexe Berücksichtigung des Arbeitsschutzes bei Veränderung von Anlagen, technischen Arbeitsmitteln, Arbeitsverfahren und Arbeitsabläufen, Überprüfung.
Maßnahme:
Entsprechende Werksleiteranweisung an Betriebe, Arbeitswirtschaft und Technische Betriebswirtschaft, Sicherheitsfachkräfte bei entsprechenden Maßnahmen einzuschalten.

c) *Ziel:* Verwendung möglichst weniger gefährlicher Arbeitsstoffe, die unter Berücksichtigung der Verwendungsbedingungen bei Erreichen des technisch Notwendigen geringstmögliche gesundheitsschädigende Auswirkungen haben.
Maßnahmen:
- Regelung für Anforderung,
Prüfung vor Beschaffung,
Bestellung und Verwendung erarbeiten.
- Vorstandsanweisung herausgeben.

d) *Ziel:* Einkauf festgelegter technischer Arbeitsmittel nur mit konkretisierten Sicherheitsbedingungen, z. B. GS-Zeichen (Geprüfte Sicherheit).
Maßnahme:
Entsprechende Anweisung an Einkauf.

e) *Ziel:* Der Arbeitsschutzmittelkatalog muß betrieblich durchgehend benutzt werden. Der richtige Körperschutz an dem richtigen Arbeitsplatz.
Maßnahme:
Regelung mit Magazinen finden, entsprechende Anweisung an Betriebe.

f) Arbeitsprogramme mittelfristig erarbeiten

Der Beratung der Fachabteilungen bei der Unterhaltung von Betriebsanlagen, der Gestaltung der Arbeitsplätze, -abläufe, -umgebung müssen im Zusammenhang mit Punkt 3 des Aufgabenkataloges (gemeinsam mit allen beteiligten betroffenen Stellen) in den nächsten Jahren besondere Untersuchungen und Arbeitsprogramme gewidmet werden. Die Festlegung dieser Bereiche, Arbeitsplätze oder Arbeitsstufen erfolgt möglichst durch qualifizierbare Indikatoren für Gefährdungshäufungen. Das können Betriebsunfälle, Berufskrankheiten, berufsbedingte Erkrankungen, Beanstandungen, Lärmmeßergebnisse, Staubmeßergebnisse usw., aber auch sich häufende Beschwerden, Fehlzeiten, hohe Fluktuation u. ä. sein.

Aus Erfahrung kann gesagt werden, daß sich diese Programme durch Folgeuntersuchungen und durch Maßnahmenfestlegung und -realisierung über mehrere Jahre erstrecken. Insofern ist auch der Zeitplan zu bestimmen, um nicht durch Vernachlässigung anderer Tätigkeiten letztendlich einen Gesamterfolg zu gefährden.

Die Vorbereitung und Durchführung sind eine interdisziplinäre Aufgabe. So werden neben Arbeitsschutz, Ergonomie, Werksärztlichem Dienst und Betrieben bei Bedarf beteiligt sein: Ausbildung, Technische Betriebswirtschaft, Personalabteilung, Innere Verwaltung, Sozialabteilung und Arbeitswirtschaft.

2.4.2 Überprüfung der Betriebsanlagen und technischen Arbeitsmittel vor Inbetriebnahme, Arbeitsverfahren vor ihrer Einführung

Siehe auch Abschnitt 2.4.1 b) und Kapitel 1.

2.4.3 Kontrolle der Durchführung des Arbeitsschutzes

Zwischen der *Kontrolle der Durchführung des Arbeitsschutzes* und der *Beratung* besteht – wie bereits erwähnt – ein direkter Zusammenhang. So können die direkten und indirekten Gefährdungsermittlungen bei der Planung und bei korrektiven Maßnahmen erst zu einer umfassenden Beratung führen. Wir haben bei früheren Untersuchungen in Unfallschwerpunktbereichen (Adjustagen) festgestellt, daß nur etwa 25 Prozent aller Unfälle auf die Nichteinhaltung von Unfallverhütungsvorschriften und anderen Vorschriften zurückzuführen sind.

a) Begehung von Betriebsstätten

Die Begehung von Betriebsstätten soll zunächst in einigen Werken neu organisiert werden. Wenn das auf den vorhergehenden Seiten beschriebene Ziel erreicht werden soll und wird, werden – soweit noch nicht erreicht – zukünftig Betriebsinspektionen auf der Meisterebene und solche auf Ingenieurebene durchgeführt, wobei diese Inspektionen gegenseitig initiierend gesehen werden müssen.

Weitere Ziele sind:

aa) *Ziel:* Korrektive Lärmminderungsmaßnahmen systematisch durchführen.
Maßnahmen:
– Prioritätenlisten anhand vorliegender Ergebnisse festlegen;
– Überarbeitung der Kriterien:
gefährdete Personenzahl,
Kosten,
Machbarkeit.

ab) *Ziel:* Gefährdungen durch Staub und Gase verringern bzw. beseitigen.
Maßnahmen:
– Erstellung des Staubkatasters aufgrund der bei Arbeitsschutz und Wärmestellen
vorliegenden Meßergebnisse;
– Ersatz schadstoffhaltiger Trennscheiben durch schadstofffreie;
– Verringerung der Silikosegefährdung in den Gießbetrieben des Stahlwerkes
Geisweid;
– Festlegung weiterer Notwendigkeiten anhand des Staubkatasters.

ac) *Ziel:* Erreichen des Solls neuer Arbeitsschutzvorschriften
Maßnahmen:
– Defizit durch Bestandsaufnahmen bzw. Ergänzung vorhandener Bestandsauf-
nahmen aufgrund von neuen Arbeitsschutzvorschriften ermitteln;
– Informationsdienst für neue Vorschriften schaffen;
– Prioritäten für Maßnahmen festlegen.

2.4.4 Schulungen, Unterweisung, Training im Arbeitsschutz

Das Problembewußtsein muß ergänzt und erweitert werden (unter Berücksichtigung von 2.4.1–2.4.3).

a) *Ziel:* Führungskräfte müssen mehr als bisher für den Arbeitsschutz motiviert
sein, aktive Mitarbeit muß vorhanden sein, Soll-Ist-Vergleiche müssen ständig
angestellt werden – das Soll muß zwischen Werksleitung, Betrieb, Sicherheitsfach-
kräften festgelegt sein –, qualifizierbare Beratung durch Arbeitsschutz muß von
Betrieben und anderen Abteilungen angefordert werden.
Maßnahmen:
– Arbeitsschutz in Weiterbildungsmaßnahmen integrieren;
– Begründung für Defizite regelmäßig von Führungskräften anfordern;
– Fachbereiche zu rechtzeitiger Einschaltung von Sicherheitsfachkräften anwei-
sen.

b) *Ziel:* Neulingsanteil am Unfallgeschehen verringern.
Maßnahmen:
- Erstellung weiterer Einweisungshilfen für Einweiser;
- Sicherheitsbeauftragte grundsätzlich für die Einweisung am Arbeitsplatz heranziehen. Voraussetzung: Sicherheitsbeauftragte in Unterweisung trainieren;
- Grundunterweisung durch Arbeitsschutz verfeinern.

c) *Ziel:* Wiederholungsunterweisung regelmäßig (nach UVV) durchführen.
Maßnahmen:
Richtlinie erstellen und mit Vorstandsanweisung herausgeben; Unterweisungshilfen erarbeiten.

d) *Ziel:* Information zum Arbeitsschutz erweitern und aktualisieren.
Maßnahmen:
- Vorträge für Führungskräfte und Betriebsräte einmal jährlich, z. B.
Psychologie der Arbeitssicherheit,
Sicherheitsbeauftragte, Einsatz als Helfer der Betriebsleitung;
- Berichte in der Werkszeitung über Probleme und Maßnahmen, Arbeitsplatzreportagen;
- Informationskästen aktuell nutzen;
- Schriftenreihe »Du und deine Sicherheit« überarbeiten und erweitern.

e) *Ziel:* Werbung verstärken.
Maßnahmen:
- Soweit überbetriebliche Angebote nicht ausreichend, eigene Plakate, Aufkleber etc. anfertigen (lassen);
- Verbesserungsvorschläge örtlich und zeitlich begrenzt doppelt bewerten;
- Familien für sicheres Arbeiten interessieren:
Broschüre für Kinder (mit Preisrätsel),
Spiele (Memory),
Aufkleber.

f) *Ziel:* Identifikation mit Programm erreichen.
Maßnahmen:
- Programm mit Tonbildschau einführen;
- Programm in allen Ausschüssen darstellen.

2.4.5 Zusammenarbeit mit dem Betriebsrat, siehe Kapitel 1.

2.4.6 Zusammenarbeit mit dem Betriebsarzt, siehe Kapitel 1.

2.4.7 Arbeitsschutzausschüsse

Die Arbeitsschutzausschüsse sollten erweitert werden um einen Hauptsicherheitsausschuß, dessen Vorsitz ein Vorstandsmitglied hat. Die bisherigen Hauptsicherheitsausschüsse würden dann Werksgruppensicherheitsausschüsse.

Die Werksgruppensicherheitsausschüsse müssen sich bei regelmäßigen Sitzungsterminen auch als Anregende, Anweisende und Kontrollierende für die Tätigkeit der Betriebssicherheitsausschüsse verstehen. Umgehend muß eine Auswertung darstellbarer Größen, wie Teilnahme, Unfallhäufigkeit, Zahl der Hinweise usw., erfolgen, um einer gewissen, in der Routine liegenden Abschwächung der Arbeit vorzubeugen. Entsprechende Vorschläge sind der Werksleitung vom Arbeitsschutz vorzulegen.

Die Umsetzung der Seminare für Sicherheitsbeauftragte muß über die Betriebssicherheitsausschüsse intensiv und engagiert geführt werden. Die Mustertagesordnung muß überarbeitet, erweitert und konkretisiert werden.

2.4.8 Zusätzliche Aktionen

Zusätzlich – an sich noch bei 2.4.3 einzuordnen – scheint es geboten, jährlich eine besondere Aktion Arbeitsschutz in Querschnittsinspektionen – wo möglich gemeinsam mit der Werksleitung – durchzuführen.

So sollte das Programm für die achtziger Jahre eingeläutet werden mit der Aktion:
Sauberkeit und Ordnung = Sicherheit.
Hierzu ist eine entsprechende Vorlage erstellt worden.
Weitere Aktionen unter dem Titel »Bei uns nur« könnten unter anderem sein:
– Immer der richtige Körperschutz
– Sichere Anschlagmittel
– Geprüfte Elektrohandwerkzeuge
– Sichere Wege
– Geprüfte Brandschutzeinrichtungen

2.5 Schlußbemerkung

Dieses Programm für die achtziger Jahre kann nur als Rahmenprogramm verstanden werden. Es muß, dem entsprechenden Zeitplan folgend, ständig überprüft werden, es darf nicht für sich stehen, muß integriert sein in Leitungsentscheidungen, Planung, Betrieb, Arbeitsdurchführung und Aufsicht und jährlich fortgeschrieben werden. Der Erfolg hängt von dem Engagement jedes einzelnen in Leitungs- und Führungsposition und von den Beschäftigten an jedem anderen Arbeitsplatz ab, aber auch von den personellen Voraussetzungen in den Arbeitsschutzabteilungen.

2.6 Zeitplan Sicherheitsprogramm der achtziger Jahre

Der Zeitplan des Sicherheitsprogramms auf den folgenden Seiten gibt den Rahmen wieder. Es kann nur ein Rahmen sein, da das Programm flexibel auf äußere (Gesetzgebung, Unfallverhütungsvorschriften usw.) und interne (Produktionsveränderungen, Fluktuation, Verfahrensänderungen, Veränderung organisatorischer Strukturen usw.) Einflüsse reagieren muß und deshalb auch reaktiv auszulegen ist.

2.7 Zentrale Aussage des Sicherheitsprogramms

Die zentrale Aussage des Sicherheitsprogramms ist:
»Die Arbeitssicherheit ist eines der Unternehmensziele«, deshalb waren die Aufgaben zur Wahrnehmung der Verantwortung im Arbeitsschutz zu beschreiben. Das geschah in der Richtlinie des Vorstandes zur Wahrnehmung der Verantwortung im Arbeitsschutz.

3. Einführung und Erfahrungen/Erfolge nach einem Jahr

3.1 Die Einführung des Sicherheitsprogramms

Die informatorischen Abläufe werden wegen ihrer Selbstverständlichkeit nicht wiedergegeben.
Der Start fand im Hauptsicherheitsausschuß mit der Erläuterung des Programms durch den Vorstand und der Beschreibung der Ziele und notwendigen Aktivitäten statt. Eine Pressekonferenz für die regionalen Zeitungen zum neuen Sicherheitsprogramm rundete diesen Start ab.
Die Werbung für das Programm wurde gleichzeitig durch Plakate, Aufkleber, Schiebespiele für Kinder aufgenommen.
In der Werkszeitung waren die Kinder von Werksangehörigen zu einem Malwettbewerb für die erste einjährige Aktion »Sauberkeit und Ordnung gleich Sicherheit« aufgefordert worden. Drei Preisträger gab es, die Bilder wurden ausgestellt.

KSW
Arbeitsschutz/Brandschutz

Zeitplan
Sicherheitsprogramm 80er Jahre

Blatt: 1
Okt. 81

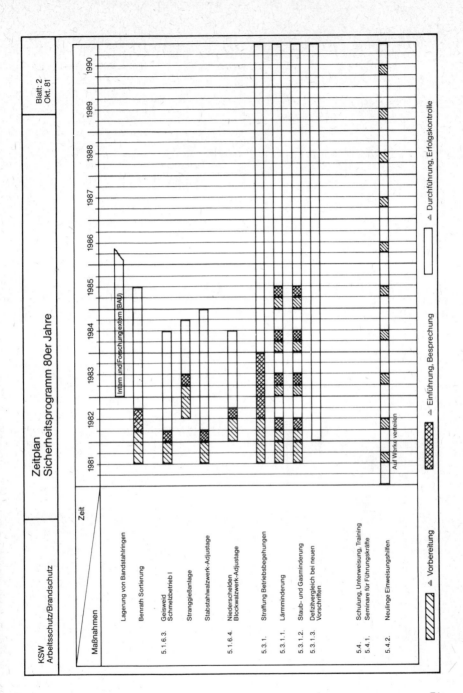

KSW
Arbeitsschutz/Brandschutz

Zeitplan
Sicherheitsprogramm 80er Jahre

Blatt: 2
Okt. 81

Maßnahmen / **Zeit**

Maßnahmen	1981	1982	1983	1984	1985	1986	1987	1988	1989	1990
Lagerung von Bandstahlringen			Intern (und Forschung extern (BAU))							
Benrath Sortierung										
5.1.6.3. Geisweid Schmelzbetrieb I										
Stranggießanlage										
Stabstahlwalzwerk-Adjustage										
5.1.6.4. Niederscheiden Blockwalzwerk-Adjustage										
5.3.1. Straffung Betriebsbegehungen										
5.3.1.1. Lärmminderung										
5.3.1.2. Staub- und Gasminderung										
5.3.1.3. Defizitvergleich bei neuen Vorschriften										
5.4. Schulung, Unterweisung, Training										
5.4.1. Seminare für Führungskräfte										
5.4.2. Neulinge Einweisungshilfen	Auf Werk(e) verteilen									

≙ Vorbereitung   ≙ Einführung, Besprechung   ≙ Durchführung, Erfolgskontrolle

71

KSW Arbeitsschutz/Brandschutz	Zeitplan Sicherheitsprogramm 80er Jahre	Blatt: 3 Okt. 81

Zeit

Maßnahmen	1981	1982	1983	1984	1985	1986	1987	1988	1989	1990
5.4.3.	Wiederholungsunterweisungen Grundlage									
5.4.4.	Wiederholungsunterweisung TBS-Grubenmann									
5.4.5.	Wiederholungsunterweisung TBS-Zurichtungsarbeiten/Stabstahl									
5.4.6.	Information für Führungskräfte Vorträge									
	Schriftenreihe Arbeitsschutz									
5.4.7.	Werbung verstärken	Plakat Aufkleber	Doppel-bewertung Verbesserungsvor.	Broschüre für Kinder	Plakat Aufkleber	Kinder-Memory				
5.8.	Aktionen									
6.	Beurteilung Führungsverhalten AS Kriterien									

≙ Vorbereitung ≙ Einführung, Besprechung ≙ Durchführung, Erfolgskontrolle

Die Aktion »Sauberkeit und Ordnung gleich Sicherheit« lief mit gezielten Betriebsinspektionen unter Beteiligung von Vorstand oder Werksleitung an. Die Werkszeitung informierte, Faltblätter wurden in regelmäßigen Abständen verteilt. Diese Gesamtaktion wurde durch eine eigens angefertigte Tonbildschau in der Betriebsversammlung der Werke in mehreren Sprachen bekannt gemacht. Meister, Vorarbeiter und Sicherheitsbeauftragte wurden gesondert geschult.

Die regelmäßigen Betriebsbegehungen wurden neu organisiert, die Verantwortung für die Durchführung und ihre Inhalte wurden neu geregelt.

Für regelmäßige Unterweisungen nach VBG 1 war eine Unterlage für alle Führungskräfte erstellt worden, um die Unterweisung zu systematisieren, inhaltlich anzureichern und ihre Erfolge zu erhöhen. Führungskräfte wurden nach einem früher durchgeführten Seminar nochmals in eintägigen Schulungen mit der Unterweisung am speziellen Beispiel vertraut gemacht. Für Schwerpunktbereiche wurden ergänzend Tonbildschauen für die Unterweisung erstellt.

Vorbereitungen für diese Schwerpunktmaßnahmen in Einzelbetrieben wurden aufgenommen.

3.2 Bisherige Erfahrungen

Da Vorstand, Werksleitung und Betriebsräte aktiv das Sicherheitsprogramm tragen, ist der Erfolg sichtbar in der Mitarbeit und Mitwirkung aller Beteiligten. Vorgesetzte und Mitarbeiter sind motiviert, die Arbeitssicherheit weiterhin nachhaltig zu erhöhen.

Zu den Schwerpunkten Betriebsbegehungen und Verhaltensbeeinflussung und Schulung hier eine erste Zwischenbilanz:

3.2.1 Betriebsbegehungen

Ziel war es, neben der Überwachung als Dienstleistung der Sicherheitsfachkräfte eine Eigenüberwachung der Betriebe zu erreichen.

Die am Sicherheitsprogramm zum Jahresthema 1982: »Sauberkeit + Ordnung = Sicherheit (SOS)«, und zum

Jahresthema 1983 »Innerbetrieblicher Transport, Materialumschlag«, orientierten Schwerpunktthemen für die Betriebsbegehungen sind auf der folgenden Seite dargestellt.

Im 20-Punkte-Programm sind die üblicherweise wiederkehrenden Gefährdungen einfacher Art nach bekannten technischen Sachgebieten zusammengefaßt. Nach anfänglich gemeinsamen Inspektionen anhand der Checklisten (Anlage 2) werden

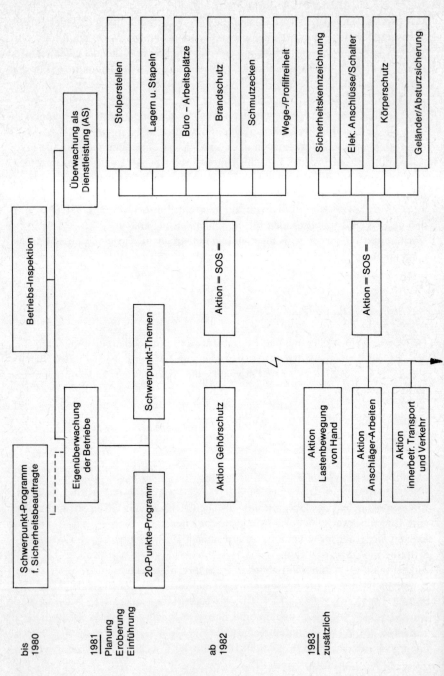

74

zwischenzeitlich in den meisten Betrieben derartige Inspektionen regelmäßig *ohne* Beteiligung der Sicherheitsfachkraft durchgeführt.

Zu den Schwerpunkten, insbesondere »SOS«, fanden Begehungen in allen Bereichen unter Einbeziehung von Vorstand und/oder Werksleitung statt, die zudem die Identifizierung der Unternehmensleitung mit dem Sicherheitsprogramm demonstrierten.

Die Begehungen als Dienstleistung mit betrieblichen Führungskräften und/oder Fachleuten werden nach wie vor durchgeführt. Sie können nunmehr in gestraffter Form und auf schwierigere Problemkreise konzentriert vorgenommen werden.

Ergebnisse:

Die Betriebsinspektionen mit Aufgabenteilung bieten folgende Vorteile:
– Der Aufwand für die Vorbereitung von Betriebsinspektionen wird deutlich vermindert.
– Der Aufwand für Schreibarbeiten zur Einzeldarstellung der Ergebnisse einer Betriebsinspektion wird wesentlich eingeschränkt.
– Der Weg/die Zeitspanne zwischen Erkennung und Beseitigung von wiederkehrenden Gefährdungen einfacher Art wird kurz gehalten (z. B. Sicherheitsbeauftragter – Vorgesetzter).
– Die Häufigkeit des Auftretens und die Verweildauer von wiederkehrenden Gefährdungen einfacher Art lassen sich mittel- und langfristig entscheidend herabsetzen.
Und nicht zuletzt:
– Die Sicherheitsfachkräfte wurden entlastet und können sich gezielter den echten, eine qualifiziertere Beratung erfordernden Problemen zuwenden.

3.2.2 Verhaltensbeeinflussung, Sicherheitsunterweisung

Entsprechend der »Richtlinie für die Wahrnehmung der Verantwortung im Arbeitsschutz« nehmen Meister und Vorarbeiter ihre Verantwortung im besonderen wahr:
– durch regelmäßige Unterweisung ihrer Mitarbeiter in der richtigen Arbeitsmethode;
– durch sofortiges Eingreifen bei sicherheitswidrigem Verhalten.
Wenn Unterweisungen die Arbeitssicherheit verbessern sollen, so müssen sie systematisch vorbereitet werden:
– Arbeitshilfen sind zu schaffen;
– sicherheitsgerechtes Verhalten (Soll-Zustand) ist genau zu beschreiben;

– sicherheitsgerechtes Verhalten muß erbracht werden können; es muß durchgesetzt und aufrechterhalten werden.

Hier zeigten die ersten Monate, daß diese wichtige, aber auch schwierige Aufgabe ggf. zu weit delegiert war. Abhängig vom Thema muß die Unterweisung durch den Betriebsleiter erfolgen. Von den Sicherheitsfachkräften wurde daher sowohl bei der Vorbereitung, als auch bei der Durchführung noch häufig Hilfestellung gegeben. Die Unterweisungen beschränkten sich daher im ersten Jahr auch weitgehend auf Grundthemen.

Um arbeitsplatzspezifische Themen verstärkt einzubringen und zur Erreichung einer besseren Umsetzung im Betrieb wurden kurzfristig eintägige Vorarbeitergespräche durchgeführt. Aufgrund der Erfahrungen wurden die Aufgaben des Vorarbeiters begrenzt.

Darstellung und Abgrenzung der Beiträge des Vorarbeiters zur Unterweisung und Betriebsinspektion: Die Beiträge des Vorarbeiters im Rahmen der Sicherheitsunterweisung sind vorrangig auf der betrieblich-praxisbezogenen Seite zu sehen. Der Vorarbeiter steht im allgemeinen innerhalb der gesamten Arbeitszeit inmitten des betrieblichen Geschehens. Bei ihm laufen Sachverstand, handwerkliches Können und tägliche Erfahrung hinsichtlich der Arbeitsausführung ständig zusammen (Einweisen und Anlernen am Arbeitsplatz gehören deshalb zu den vorrangigen Aufgaben des Vorarbeiters). Mithin ist der Vorarbeiter Schaltstelle für das Einbringen der arbeitsplatzspezifischen Belange in den Aufgaben- und Verantwortungsbereich Arbeitssicherheit. Zum Thema Unterweisung heißt das, daß die Beiträge des Vorarbeiters vorrangig bestehen in:

– Aufnehmen von beobachteten Lücken in Unterweisungsinhalten, Handlungsanleitungen und Weitergabe an den Vorgesetzten;

– Hinweise an den Vorgesetzten über notwendige Wiederholungsunterweisungen;

– Hinweise über neu aufzunehmende Unterweisungsthemen in die Liste »Regelmäßige Unterweisung«;

– Unterstützung des Vorgesetzten bei der Durchführung von Unterweisungen, z. B. durch aktuelle Beiträge (aktuelle Gefährdungen, Beinahe-Unfälle, Diskussionsbeiträge);

– Kontrolle der Anwendung von Unterweisungsinhalten (Handlungsanleitungen);

– aktive Zusammenarbeit mit dem Sicherheitsbeauftragten.

Die Schwerpunkte bei der Schulung der Sicherheitsbeauftragten waren zu diesem Thema:

– Betreuung neuer Mitarbeiter;

– Werbung um Verständnis für sicherheitsgerechtes Verhalten; Motivation der Arbeitskollegen;

– Hilfestellung bei der praktischen Ausführung der Handlungsanleitungen.

Ergebnis:

Nach anfangs mitunter (verständlicherweise) etwas verkrampften »Schulungen« hat sich der Schwerpunkt mehr zu praktischen Unterweisungen/Demonstrationen im Betrieb verlagert.
Inzwischen stehen für fast alle Bereiche ausgearbeitete Unterweisungsunterlagen zur Verfügung, die nun – aufgrund des aktuellen Unfallgeschehens und der vorgegebenen Schwerpunktthemen – variiert bzw. ergänzt werden.
Zur Abrundung wurden weitere ergänzende Hilfsmittel (z. B. Ton-Bild-Serien) zur Verfügung gestellt.
Unterweisungen, vermischt mit anderen Zielen als »nur« der Vermeidung von Unfällen, funktionieren häufig reibungsloser. Der Verhaltenserfolg wird nachhaltiger. So wurde den Führungskräften für Neulings-/Erstunterweisungen nach § 81 BetrVG eine Checkliste gegeben, die die erforderlichen Punkte zu *Arbeitsplatz, Arbeitsaufgabe, Arbeitssicherheit* beinhaltet.
Durch diese Kombination wurde die Gesamtaufgabe, d. h. die Untrennbarkeit von Arbeitssicherheit und den übrigen Arbeitsaufgaben verdeutlicht. Sie erleichtert dem Vorgesetzten zudem die Themenauswahl und die Beschränkung auf das Notwendige.

3.3 Schwerpunkt: Gefährliche Arbeitsstoffe

Das Thema »Gefährliche Arbeitsstoffe« war bei der Erstellung des Sicherheitsprogramms einer der unter den verschiedenen Unterpunkten einzuordnenden Schwerpunkte. Aufgrund der teilweise emotionell geführten Diskussionen in der Öffentlichkeit wurden die geplanten Maßnahmen beschleunigt, um eine abgerundete Lösung zu haben, wobei die durch das Sicherheitsprogramm geschaffene Aufgeschlossenheit gegenüber dem Arbeitsschutz eine zügige und sachliche Behandlung ermöglicht.

3.3.1 Beschaffung, Bevorratung:

Durch eine Vorstandsanweisung wurde die Einbeziehung bzw. Information aller für Arbeitssicherheit, Gesundheits-, Umweltschutz und Entsorgung zuständigen Stellen sichergestellt. Jeder Abschluß ist von der sorgfältigen Beantwortung vorgegebener Sicherheitsdatenblätter abhängig.

3.3.2 Schulung, Unterweisungen:

Betriebsanweisungen und Unterweisungshilfen wurden erstellt, Führungskräfte und Belegschaft zum Teil mit Unterstützung der zuständigen Berufsgenossenschaft geschult. Ergänzende Aufklärung durch Aushänge und Werkszeitung wurde eingeleitet.

3.3.3 Schadstoffmessungen am Arbeitsplatz:

Anhand umfangreicher eigener, aber auch durch den meßtechnischen Dienst der Berufsgenossenschaft durchgeführter Messungen wurden Schadstoffkataster erstellt. Die Meßwerte lagen in der Regel deutlich unter den zulässigen Werten; in Einzelfällen mußten technische Verbesserungen vorgenommen werden.

3.3.4 Ersatz von gefährlichen Arbeitsstoffen:

Die Ablösung bzw. der Ersatz durch weniger gefährliche Stoffe wurde zügig vorangetrieben.
Gemeinsam mit den bereits bestehenden Regelungen wurde kurzfristig eine aktualisierte umfassende Abdeckung dieses kritischen Bereiches erzielt.

3.4 Erfolge des Jahres 1982

Im Vergleich zum Kalenderjahr 1981 konnte die Zahl der Betriebsunfälle in der AG um 29,2 Prozent von 2107 auf 1492, die Zahl der meldepflichtigen Unfälle um 36,4 Prozent von 674 auf 429 gesenkt werden.
Die Unfallhäufigkeit (meldepflichtige Betriebsunfälle auf eine Million verfahrene Arbeitsstunden) beträgt nach
42,4 im Vorjahr   30,8 im Jahre 1982.
Dies bedeutet eine Verbesserung von 27,4 Prozent.

3.5 Zusammenfassung

Durch die gemeinsamen Aktivitäten im Rahmen des Sicherheitsprogramms ist es gelungen, die Unfallhäufigkeit in den Werken deutlich zu verbessern. Alle Werke liegen deutlich besser als der Durchschnitt unserer Berufsgenossenschaft.
Die größten Erfolge wurden in den Betrieben erzielt, in denen das Sicherheitsprogramm zur eigenen Sache gemacht wurde. Um die Bereitschaft zur aktiven Mitarbeit zu wecken, wurden die Themenkreise betriebsbezogen variiert bzw. erweitert. Hierdurch wurden zwangsweise auch Themen des zu Beginn erarbeiteten Zeitplanes vernachlässigt. Das spontane Eingehen auf aktuelle Probleme oder

Anregungen aus den Betrieben hat jedoch erst den gemeinsamen Erfolg ermöglicht. Das Sicherheitsprogramm darf nur ein Rahmen sein.

Das allgemeine Sicherheitsbewußtsein ist gestiegen. Unsere Werke sind sicherer und sauberer geworden. Den betrieblichen Führungskräften wurde ihre Verantwortung im Arbeitsschutz verdeutlicht; gleichzeitig wurde ihnen aber auch das nötige Handwerkszeug, die erforderliche Hilfestellung für die Wahrnehmung der Verantwortung gegeben. Nicht zuletzt hierdurch sind die Sicherheitsfachkräfte von der mitunter lästigen Rolle des Mahners mit erhobenem Zeigefinger stärker zum echten Partner bei dem gemeinsamen Bemühen um mehr Sicherheit geworden. Das ist, längerfristig gesehen, vielleicht einer der wichtigsten Erfolge des Jahres 1982.

**Richtlinien der KRUPP SÜDWESTFALEN AG für die Wahrnehmung der Verant-
wortung im Arbeitsschutz vom 21. September 1981**

Die Arbeitssicherheit ist eines der Unternehmensziele. Der Vorstand erwartet
deshalb von allen Führungskräften, daß sie ihre Sicherheitsverantwortung ebenso
gründlich wahrnehmen, wie ihre sonstigen arbeitsvertraglichen Pflichten.
Der Vorstand stattet Führungskräfte im Zuge der Delegation von Leitungsfunk-
tionen mit Vollmachten aus, die sie zur Erfüllung ihrer Leitungsaufgaben in der
Arbeitssicherheit benötigen. Diese Vollmachten bestimmen auch den Umfang der
Verantwortung der Führungskräfte.
Die folgende Darstellung der Verantwortung im Arbeitsschutz ist eine Richtlinie
für alle Führungskräfte. Sie dient dem Ziel, den bisherigen Sicherheitserfolg fort-
zusetzen, die Unfallhäufigkeit in diesem Jahrzehnt weiterhin deutlich herabzuset-
zen und das Risiko berufsbedingter Erkrankungen weiter zu vermindern.

Inhalt
1. Vorstand
2. Betriebsärzte und Sicherheitsfachkräfte
3. Dem Vorstand unmittelbar unterstellte Führungskräfte, insbesondere die
   Werksgruppenleiter
4. Den Werksgruppenleitern, den Leitern Qualitätswesen und Forschung und den
   Hauptbereichsleitern direkt unterstellte Führungskräfte
5. Abteilungschefs und Betriebschefs
6. Abteilungsgruppen- und Betriebsleiter sowie Abteilungs- und Betriebsabteilungsleiter
7. Meister und Vorarbeiter
8. Sicherheitsausschüsse

1. *Vorstand*
1.1 Der Vorstand ist der Gesamtverantwortliche für die Arbeitssicherheit. Teile
seiner Leitungsfunktion delegiert er auf Führungskräfte.
1.2 Im Rahmen ihres Ressorts nehmen die Vorstandsmitglieder ihre Aufgaben auf
dem Gebiet des Arbeitsschutzes im besonderen wahr:
1.2.1 durch Leitung des Hauptsicherheitsausschusses;
1.2.2 durch Festlegung von jährlichen Zielen im Arbeitsschutz, wie z. B. bei der
Unfallverhütung, Lärmminderung, Staubminderung, Verringerung gefährlicher
Arbeitsstoffe etc.;
1.2.3 durch Behandlung von Arbeitssicherheitsfragen in Ressortbesprechungen;

1.2.4 durch Anforderung von konkreten sachbezogenen Begründungen bei Arbeitsschutzdefiziten und Vorschlägen zur Beseitigung dieser Defizite;

1.2.5 durch Einschaltung der Sicherheitsfachkräfte bei Investitionen und I + R-Maßnahmen;

1.2.6 durch Entscheidung über Investitionen und I + R-Maßnahmen sowie durch Beantragung von aufsichtsratszustimmungspflichtigen Investitionen, die teilweise oder überwiegend der Arbeitssicherheit dienen;

1.2.7 durch Betriebsbegehungen im Rahmen von Schwerpunktprogrammen (Information, Kontrolle, Wertung);

1.2.8 durch Überwachung und Beurteilung des Sicherheitsergebnisses;

1.2.9 bei der Auswahl von Führungskräften und der Erteilung von Vollmachten.

2. *Betriebsärzte und Sicherheitsfachkräfte*

2.1 Zur *fachkundigen* Beratung des Vorstandes und der Führungskräfte und des Betriebsrates werden Betriebsärzte und Sicherheitsfachkräfte bestellt.
Diese sind verpflichtet, die für den Arbeitsschutz Verantwortlichen zu unterstützen. Die unmittelbare Verantwortung der Führungskräfte für die Arbeitssicherheit bleibt dadurch unberührt.

2.2 Die wesentlichen Aufgaben der Betriebsärzte und Sicherheitsfachkräfte sind im Arbeitssicherheitsgesetz festgelegt:

2.2.1 Gemeinsame Aufgaben der Betriebsärzte *und* Sicherheitsfachkräfte:

2.2.1.1 Beratung des Vorstandes und der für den Arbeitsschutz Verantwortlichen bei
– Planung, Ausführung, Unterhaltung von Betriebsanlagen;
– Beschaffung von technischen Arbeitsmitteln, Einführung von Arbeitsstoffen und -verfahren;
– Auswahl von Körperschutzmitteln;
– Gestaltung der Arbeitsplätze, -abläufe und -umgebung.

2.2.1.2 Kontrolle der Durchführung des Arbeitsschutzes:
– Betriebsstätten begehen, Mängel melden, Maßnahmen vorschlagen;
– Unfallursachen und Ursachen arbeitsbedingter Erkrankungen ermitteln, auswerten, Maßnahmen vorschlagen.

2.2.1.3 Verhaltensbeeinflussung und Schulung.

2.2.1.4 Beratung des Betriebsrates in Fragen des Arbeitsschutzes und der Unfallverhütung.

2.2.1.5 Vertretung des Unternehmens in allen Fragen des Arbeitsschutzes im Rahmen der übertragenen Vollmachten bei der Beratung, Kontrolle, Überwachung und bei Anfragen der Berufsgenossenschaften, der Gewerbeaufsichtsämter und der sonstigen für den Arbeitsschutz zuständigen Stellen durch die Leiter des Arbeitsschutzes und/oder des Werksärztlichen Dienstes.

2.2.2 Zusätzliche Aufgaben der Betriebsärzte:

2.2.2.1 Untersuchung der Arbeitnehmer, arbeitsmedizinische Beurteilung und Beratung sowie Erfassung und Auswertung der Untersuchungsergebnisse.

2.2.2.2 Organisation der Ersten Hilfe.

2.2.2.3 Die Beratung umfaßt arbeitsphysiologische, arbeitspsychologische und arbeitshygienische Fragen der Gestaltung der Arbeitsplätze, des Arbeitsablaufs und der Arbeitsumgebung sowie des Arbeitsrhythmus, der Arbeitszeit und der Pausenregelung;

ebenso Fragen des Arbeitsplatzwechsels sowie der Eingliederung und Wiedereingliederung Behinderter in den Arbeitsprozeß.

2.2.3 Zusätzliche Aufgaben der Sicherheitsfachkräfte:

2.2.3.1 Überprüfung der Betriebsanlagen und technischen Arbeitsmittel vor Inbetriebnahme sowie Arbeitsverfahren vor ihrer Einführung.

2.2.3.2 Erstattung von Unfall- und Berufskrankheitsanzeigen aufgrund der betrieblichen Unfallberichte durch die Leiter des Arbeitsschutzes.

2.3 Betriebsärzte und Sicherheitsfachkräfte sind nach § 8 des Arbeitssicherheitsgesetzes bei der Anwendung ihrer Fachkunde weisungsfrei.

3. *Dem Vorstand unmittelbar unterstellte Führungskräfte, insbesondere die Werksgruppenleiter*

3.1 Sie tragen aufgrund ihrer Befugnisse eine umfassende Sicherheitsverantwortung. Sie haben eine Garantenstellung für die Arbeitssicherheit. Diese Führungskräfte greifen – vornehmlich, wenn ihre Entscheidungen ein Arbeitsschutzrisiko auslösen könnten – auf die Beratung von Sicherheitsfachkräften und Betriebsärzten zurück.

Die Sicherheitsverantwortung umfaßt den ganzen Katalog der Sicherungspflichten – die Pflicht zur sicheren Einrichtung und Erhaltung, die Pflicht zur sicheren Regelung des Betriebes und die Personalverantwortung.

3.2 Die Technischen Leiter und Personalleiter der Werksgruppen sowie die übrigen unmittelbar dem Vorstand unterstellten Führungskräfte nehmen ihre Verantwortung im besonderen wahr:

3.2.1 durch Leitung des Werkssicherheitsausschusses;

3.2.2 durch Festlegung von jährlichen Sollvorgaben im Arbeitsschutz für die Organisationseinheiten der Werksgruppe und der Verwaltung KSW;

3.2.3 durch Anforderung von konkreten sachbezogenen Begründungen bei Arbeitsschutzdefiziten und von Vorschlägen zur Beseitigung dieser Defizite beim jeweiligen Verantwortlichen;

3.2.4 durch Einbindung des Themas Arbeitsschutz in die Berichterstattung der für die Produktion und das Qualitätswesen Verantwortlichen für ihren Zuständigkeitsbereich;

3.2.5 durch Einschaltung der Sicherheitsfachkräfte und Betriebsärzte bei Investitionen und I + R-Maßnahmen, vor der Einführung von Arbeitsstoffen und bei deren Verwendung;

3.2.6 durch Entscheidung über Kleininvestitionen und I + R-Maßnahmen im Rahmen der Werksleiterbewilligung sowie durch Beantragung von Investitionen und I + R-Maßnahmen beim Vorstand, die teilweise oder überwiegend der Arbeitssicherheit dienen;

3.2.7 durch Betriebsbegehungen in Schwerpunktbereichen (Information, Kontrolle, Wertung);

3.2.8 durch Prüfung der Ergebnisse von Betriebsinspektionen;

3.2.9 durch Überwachung und Beurteilung der Sicherheitsergebnisse;

3.2.10 durch Berücksichtigung der Leistungen auf dem Gebiete des Arbeitsschutzes bei der Auswahl und Beurteilung von Führungskräften sowie bei Personalvorschlägen an den Vorstand;

3.2.11 durch Übertragung von Vollmachten für die Arbeitssicherheit im Rahmen der Richtlinien.

4. *Den Werksgruppenleitern, den Leitern Qualitätswesen und Forschung und den Hauptbereichsleitern direkt unterstellte Führungskräfte*

4.1 Sie tragen aufgrund ihrer umfassenden Befugnisse eine umfassende Sicherheitsverantwortung. Sie haben eine Garantenstellung für die Arbeitssicherheit. Diese Führungskräfte greifen in jedem Falle – vornehmlich, wenn ihre Entscheidungen ein Arbeitsschutzrisiko auslösen könnten – auf die Beratung von Sicherheitsfachkräften und Betriebsärzten zurück. Die Sicherheitsverantwortung umfaßt den ganzen Katalog der Sicherungspflichten – die Pflicht zur sicheren Einrichtung und Erhaltung, die Pflicht zur sicheren Regelung des Betriebes und die Personalverantwortung.

4.2 Sie nehmen ihre Verantwortung im besonderen wahr:

4.2.1 durch die Festlegung von jährlichen Sollwerten und die Einleitung und Kontrolle der Durchführung der Sicherheitsprogramme im Zuständigkeitsbereich und durch Vorgaben von Sollwerten in Einzelfällen (Projekten, Festlegung von Arbeitsabläufen, Verwendung von Arbeitsstoffen usw.);

4.2.2 durch Anforderung von konkreten sachbezogenen Begründungen bei Arbeitsschutzdefiziten und von Vorschlägen zur Beseitigung dieser Defizite beim jeweiligen Verantwortlichen;

4.2.3 durch Betriebsbegehungen, -besprechungen;

4.2.4 durch die Kontrolle der Ergebnisse von Betriebsinspektionen und BSA-Sitzungen;

4.2.5 durch unverzügliche Veranlassung der Beseitigung sicherheitswidriger Zustände;

4.2.6 durch die Regelung einer sicheren Arbeitsorganisation;

4.2.7 durch die Einschaltung der Sicherheitsfachkräfte und Betriebsärzte bei Investitionen und I + R-Maßnahmen (Planungs-, Änderungs- und Umbauvorhaben), vor der Einführung und Verwendung von Arbeitsstoffen sowie der Beschaffung von technischen Arbeitsmitteln und der Einführung von Arbeitsverfahren;

4.2.8 durch die Sicherstellung der Arbeitsschutzunterweisungen und der Überwachung sicherheitsgerechten Verhaltens;

4.2.9 durch die Berichterstattung (ergänzend zum Arbeitsschutz-Bericht) über Unfälle, Schadensfälle mit sicherheitsrelevanten Ursachen und besondere Arbeitsschutzmaßnahmen in W-Sitzungen;

4.2.10 durch die Darstellung der Wirksamkeit durchgeführter Maßnahmen und der geplanten Maßnahmen zur Erhöhung der Arbeitssicherheit im Werkssicherheitsausschuß;

4.2.11 durch die Berücksichtigung der Leistungen auf dem Gebiete der Arbeitssicherheit bei Vorschlägen für die Auswahl, Beurteilung und Beförderung von Führungskräften.

5. *Abteilungschefs und Betriebschefs*

5.1 Sie nehmen ihre Verantwortung im Arbeitsschutz wie für die unter Ziffer 4 beschriebenen Führungskräfte im Rahmen ihrer Befugnisse wahr.

5.2 Zur Wahrnehmung der Verantwortung gehört im besonderen die Regelung des sicheren Betriebes:

5.2.1 bei den täglichen für die Betriebssteuerung notwendigen Dispositionen;

5.2.2 durch sicherheitsgerechte Prioritätssetzung für den Ablauf der Arbeit;

5.2.3 durch die Untersuchung von Unfällen und die Veranlassung der Beseitigung von Unfallursachen;

5.2.4 durch die Anordnung der besonderen Aufsichtsführung durch Führungskräfte, falls ausnahmsweise Arbeiten mit besonderer Gefährdung durchgeführt werden müssen;

5.2.5 durch die Leitung der Betriebssicherheitsausschüsse;

5.2.6 durch die Festlegung von Aktivitäten, die Umsetzung, Überwachung und Kontrolle der Durchführung von Sicherheitsprogrammen zur Erreichung der vorgegebenen Sollwerte.

5.3 Zur Einweisung in die Aufgaben, die sie zur Wahrnehmung ihrer Verantwortung im Arbeitsschutz zu erfüllen haben, werden diese neu eingestellten Führungskräfte von Sicherheitsfachkräften eingehend unterrichtet.

Diese Führungskräfte sind des weiteren gehalten, in regelmäßigen Abständen Arbeitsschutz-Lehrgänge bei den zuständigen Berufsgenossenschaften oder anderen geeigneten Ausbildungsträgern zu besuchen.

6. *Abteilungsgruppen- und Betriebsleiter sowie Abteilungs-/Betriebsabteilungsleiter*

6.1 Sie sind im Rahmen ihrer Kompetenzen für die Arbeitssicherheit in ihrem Aufgabenbereich verantwortlich.

Dies gilt entsprechend der ihnen zugeteilten Kompetenz auch für die Betriebsingenieure, Betriebsassistenten, Referenten und Gruppenleiter. Die Verantwortung im Arbeitsschutz wird insbesondere wahrgenommen bei der Leitung der ihnen unterstellten Mitarbeiter und durch die Gewährleistung der Sicherheit der Räumlichkeiten, Anlagen, Maschinen, Werkzeuge und Arbeitsabläufe.

Zur Wahrnehmung der Verantwortung im Arbeitsschutz greifen diese Führungskräfte auf die Beratung von Sicherheitsfachkräften und Betriebsärzten zurück.

6.2 Diese Führungskräfte nehmen ihre Verantwortung im Arbeitsschutz im besonderen wahr:

6.2.1 durch Leitung der Betriebssicherheitsausschüsse;

6.2.2 durch Erarbeitung von Jahres-Sicherheitsprogrammen in enger Zusammenarbeit mit Sicherheitsfachkräften und Betriebsärzten;

6.2.3 durch die Durchführung regelmäßiger Betriebsinspektionen in Abstimmung mit den für ihren Betrieb zuständigen Sicherheitsfachkräften;

6.2.4 durch unverzügliche Beseitigung sicherheitswidriger Zustände;

6.2.5 durch die Regelung einer sicheren Arbeitsorganisation;

6.2.6 durch frühzeitige Einschaltung des zuständigen Sicherheitsingenieurs und Betriebsarztes bei Investitionen und I + R-Maßnahmen, bei Änderung von Arbeitsverfahren und Arbeitsabläufen, bei der Beschaffung technischer Arbeitsmittel und vor der Erprobung und Einführung von Arbeitsstoffen;

6.2.7 durch und bei der Untersuchung von Unfällen und bei Gesprächen mit Verletzten sowie durch die Veranlassung und Überwachung der Beseitigung von Unfallursachen;

6.2.8 durch Regelung des sicherheitsgerechten Verhaltens der Mitarbeiter ihres Verantwortungsbereiches und durch die Organisation des Anlernens und der Unterweisung in sicherheitsgerechtem Verhalten;

6.2.9 durch das Durchsetzen sicherheitsgerechter Verhaltensweisen und der Benutzung von Körperschutzmitteln;

6.2.10 durch regelmäßige Berichterstattung über den Stand sowie durchgeführte und geplante Maßnahmen im Arbeitsschutz an ihre Vorgesetzten;

6.2.11 durch Festlegung der Zuständigkeitsbereiche von Sicherheitsbeauftragten in Abstimmung mit dem zuständigen Sicherheitsingenieur und konkreter Aufgabenstellung für Sicherheitsbeauftragte;

6.2.12 durch Berücksichtigung der Leistungen auf dem Gebiete der Arbeitssicherheit bei Personalvorschlägen und bei der Beurteilung von Mitarbeitern.

6.3 Sofern die Anschaffung von Sicherheitseinrichtungen oder andere Arbeitsschutzmaßnahmen ihre Kompetenzen überschreiten, müssen sie ihre Vorgesetzten über die Notwendigkeit der Maßnahmen unterrichten und um eine Entscheidung nachsuchen. Sie genügen ihrer Sicherungspflicht jedoch nicht mit gelegentlichen Hinweisen, sondern müssen mit Beharrlichkeit auf die Abstellung der von ihnen erkannten Mängel drängen.

6.4 Zur Einweisung in die Aufgaben, die sie zur Wahrnehmung ihrer Verantwortung im Arbeitsschutz zu erfüllen haben, werden diese neu eingestellten Führungskräfte von Sicherheitsfachkräften eingehend unterrichtet.

Für Ingenieur-Assistenten wird im Rahmen ihres Trainée-Programmes eine mehrwöchige Mitarbeit im Arbeitsschutz vorgesehen.

Diese Führungskräfte sind des weiteren gehalten, in regelmäßigen Abständen Arbeitsschutz-Lehrgänge bei den zuständigen Berufsgenossenschaften oder anderen geeigneten Ausbildungsträgern zu besuchen.

7. *Meister und Vorarbeiter*

7.1 Sie überwachen die Menge und die Güte der Arbeitsergebnisse und die Einhaltung der technischen und organisatorischen Verfahrensvorschriften. Zu ihren Aufgaben gehört die Kontrolle der Räumlichkeiten, Einrichtungen, Maschinen, Werkzeuge, Arbeitsverfahren und die Schaffung und Aufrechterhaltung sicheren Verhaltens. Anlernen und Unterweisen sowie die Durchsetzung des sicherheitsgerechten Verhaltens sind Bestandteile der Wahrnehmung ihrer Führungsverantwortung.

Dies gilt entsprechend der ihnen zugeteilten Kompetenzen auch für sonstige mit Führungsaufgaben betraute Personen, z. B. Ausbilder und Kolonnenführer.

7.2 Meister und Vorarbeiter nehmen ihre Verantwortung im Arbeitsschutz im besonderen wahr:

7.2.1 durch Mitarbeit im Betriebssicherheitsausschuß;

7.2.2 durch die Umsetzung der Maßnahmen des Sicherheitsprogrammes;

7.2.3 durch regelmäßige Unterweisung ihrer Mitarbeiter in der richtigen Arbeitsmethode;

7.2.4 durch sofortiges Eingreifen bei sicherheitswidrigem Verhalten und Nichttragen von Körperschutzmitteln;

7.2.5 durch ständige Prüfung sicherheitsgerechter Zustände (Technik und Organisation) und sicherheitsgerechten Verhaltens;

7.2.6 durch unverzügliche Beseitigung (oder Meldung) sicherheitswidriger Zustände (an Vorgesetzte);

7.2.7 durch und bei der Untersuchung von Unfällen, durch Gespräche mit Verletzten und durch die Beseitigung von Unfallursachen;

7.2.8 durch Schaffung und Aufrechterhaltung von Ordnung und Sauberkeit;

7.2.9 mit der Heranziehung ihrer Sicherheitsbeauftragten zu konkreten Aufgaben;

7.2.10 durch regelmäßige Berichterstattung über Unfälle und Probleme und Maßnahmen im Arbeitsschutz an ihre Vorgesetzten.

7.3 Meister und Vorarbeiter sind zuständig für Aufrechterhaltung sicherheitsgerechter Zustände und für die Beschaffung von Sicherheitseinrichtungen und die Zurverfügungstellung von Arbeitsschutzmitteln im Rahmen ihrer Befugnisse. Die

Begrenzung dieser Befugnise limitiert auch die Verantwortung. Das entbindet sie jedoch nicht von der Verpflichtung, erkannte Mängel ihren Vorgesetzten unverzüglich zu melden und bis zur Abstellung von Mängeln durch Übergangsmaßnahmen Gefährdungen zu vermeiden.

7.4 Meister und Vorarbeiter werden auf die verantwortliche Wahrnehmung ihrer Führungsverantwortung wie folgt vorbereitet:

7.4.1 Neu eingestellte Meister und Vorarbeiter werden zwei Tage zur Einführung und Information im Arbeitsschutz/Brandschutz eingesetzt.

7.4.2 Neu zu ernennende Meister und Vorarbeiter
– werden im Arbeitsschutz zwei Tage geschult;
– sollten vor der Ernennung ein Jahr die Aufgaben eines Sicherheitsbeauftragten wahrnehmen;
– werden erst nach Anhörung des zuständigen Sicherheitsingenieurs ernannt;
– sollten ein externes oder internes Arbeitsschutz-Seminar vor der Ernennung besucht haben;
– müssen Kenntnisse in der Arbeitsunterweisung haben.

8. *Sicherheitsausschüsse*
Zur Beratung, Festlegung, Koordination, Durchführungs- und Wirkungskontrolle von Maßnahmen zur Wahrnehmung der Verantwortung im Arbeitsschutz werden auf verschiedenen Ebenen des Unternehmens Sicherheitsausschüsse gebildet.
Aufgaben und Zusammensetzung dieser Ausschüsse werden im folgenden beschrieben:
Auf AG-Ebene wird ein
8.1 Hauptsicherheitsausschuß gebildet.
Auf Werksgruppenebene werden die bisherigen Hauptsicherheitsausschüsse in
8.2 Werkssicherheitsausschüsse umbenannt. Die
8.3 Betriebssicherheitsausschüsse bleiben bestehen.
Die gemeinsam zwischen Arbeitgeber und Betriebsrat auf dem Gebiete des Arbeitsschutzes gebildeten Kommissionen AMAS bzw. Sicherheitsausschüsse bleiben von dieser Regelung unberührt.

8.1 *Hauptsicherheitsausschuß*
8.1.1 Aufgaben:
– Entgegennahme und Diskussion der Berichte der Sicherheitsingenieure und Betriebsärzte und der Werksgruppenleitungen zur Entwicklung des Arbeitsschutzes, Diskussion der Erfahrungen der betrieblichen Sicherheitsarbeit;
– Information über neue Arbeitsschutzvorschriften und Festlegung daraus abzuleitender AG-einheitlicher Vorgehensweise;
– Erörterung von Maßnahmen zur Erreichung der Ziele im Arbeitsschutz;
– Verabschiedung des Jahressicherheitsprogrammes.

8.1.2 Dem Hauptsicherheitsausschuß gehören als Mitglieder an:
- Vorstand;
- Technische Leiter der Werksgruppen (Vorsitzende der Werkssicherheitsausschüsse);
- Personalleiter der Werksgruppen (stellvertretende Vorsitzende der Werkssicherheitsausschüsse);
- Hauptbereichsleiter sowie dem Vorstand direkt unterstellte Hauptbetriebsleiter;
- Leiter der Arbeitsschutz-Abteilungen, Leiter der Werksärztlichen Dienste;
- Leiter des Zentralen Ausbildungswesens, Leiter der Arbeitswirtschaften;
- Gesamtbetriebsratsvorsitzender;
- Betriebsratsvorsitzende und Sprecher der Sicherheitsausschüsse bzw. der Kommissionen Arbeitsmedizin und Arbeitsschutz;
- zur Beratung und Berichterstattung können weitere Personen hinzugezogen werden.

Vorsitz: Arbeitsdirektor (stellvertretender Vorsitzender: Vorstandsmitglied Vorstandsgeschäftsbereich Technik).

Geschäftsführung: Leiter Arbeitsschutz/Brandschutz, WG Siegen.

Der Hauptsicherheitsausschuß tagt einmal jährlich.

8.2 *Werkssicherheitsausschuß*

8.2.1 Aufgaben:
- Besprechung des Standes und der Entwicklung im Arbeitsschutz aufgrund der Berichte der Sicherheitsfachkräfte und Betriebsärzte und der Leiter der einzelnen Werksbereiche;
- Information über neue Arbeitsschutzvorschriften, Festlegung werksgruppenbezogener Maßnahmen;
- Festlegung des Jahressicherheitsprogrammes und Festlegung von Maßnahmen, insbesondere bei Abweichungen von Sollwerten;
- Besprechung betrieblicher Probleme und Beschlußfassung über Maßnahmen;
- Information.

8.2.2 Den Werkssicherheitsausschüssen gehören als Mitglieder an:
- Werksgruppenleiter und die dem Vorstand unmittelbar unterstellten Führungskräfte im Werksbereich;
- die den Werksgruppenleitern, Hauptbereichsleitern und den Leitern Qualitätswesen und Forschung direkt unterstellten Führungskräfte im Werksbereich;
- Betriebsratsvorsitzende;
- Mitglieder der Kommissionen AMAS bzw. der Sicherheitsausschüsse;
- für Beratung und Berichterstattung können weitere Personen hinzugezogen werden.

Vorsitz: Technischer Leiter

(stellvertretender Vorsitzender: Personalleiter).
Geschäftsführung: Leiter der zuständigen Arbeitsschutz-Abteilung.
Verteiler der Protokolle: Vorstand, Mitglieder des Ausschusses, weitere Teilnehmer.
Die Werkssicherheitsausschüsse tagen jährlich mindestens einmal.

8.3 Betriebssicherheitsausschuß

8.3.1 Aufgaben:
– Besprechung des Unfallgeschehens;
– Erörterung von Maßnahmen zur Erhöhung der Arbeitssicherheit, insbesondere Erarbeitung von Sicherheitsprogrammen;
– Kontrolle der Maßnahmendurchführung, insbesondere zur Erfüllung der Sicherheitsprogramme;
– Durchführung der Beschlüsse und Festlegungen des Werkssicherheitsausschusses;
– Festlegung der Aufgaben, die von Sicherheitsbeauftragten wahrgenommen werden sollen;
– Information über neue Arbeitsschutzvorschriften.

8.3.2 Den Betriebssicherheitsausschüssen gehören an:
– Abteilungs-, Betriebschef, Abteilungsgruppen-, Betriebsleiter, Abteilungsleiter, Betriebsabteilungsleiter;
– Betriebsingenieure, -assistenten;
– Meister;
– Vorarbeiter;
– Sicherheitsbeauftragte;
– Sicherheitsfachkräfte;
– Betriebsärzte;
– Betriebsratsmitglieder;
– Vertreter des EHB.
Vorsitzender: Leiter der organisatorischen Einheit, für die der Betriebssicherheitsausschuß besteht. Soweit es sich bisher für die Erfüllung der Aufgaben als zweckmäßig erwies oder zukünftig erweisen sollte, leiten die Abteilungs- bzw. Betriebschefs die Betriebssicherheitsausschüsse ihrer Bereiche.
Die Betriebssicherheitsausschüsse tagen jeweils monatlich bzw. nach gesonderter Festlegung.
Der Vorsitzende ist verantwortlich,
– daß die Termine so liegen, daß in Schichtbetrieben tätige Sicherheitsbeauftragte innerhalb einer angemessenen Zeit an einer Ausschuß-Sitzung teilnehmen können;
– daß für die Beratung und Festlegung von Maßnahmen weitere Fachkräfte hinzugezogen werden;

– daß Protokolle an folgende Stellen verteilt werden:
Technischer Leiter,
Personalleiter,
Arbeitsschutz,
Arbeitswirtschaft,
Werksärztlicher Dienst,
Betriebsratsvorsitzender,
Mitglieder des Ausschusses und übrige Teilnehmer.

Sicherheitsprogramm der achtziger Jahre
Aktion 81/82: Sauberkeit+Ordnung=Sicherheit

Ziel der Aktion ist es, eine der Grundvoraussetzungen für die Arbeitssicherheit nachhaltig positiv zu beeinflussen.
Erreicht werden soll das durch
– Information und Werbung;
– Herausgabe von Handlungsanleitungen;
– verstärkte Kontrolle des Istzustandes durch Inspektionen;
– Festlegung von Einzelmaßnahmen in Inspektionen;
– einjährige Dauer der Aktion.
Angefügt ist eine detaillierte Auflistung der geplanten Aktivitäten mit den dazugehörigen Anlagen.
Die einzelnen Zielrichtungen der Aktion sind aus der Checkliste erkennbar.
Auf eine Schätzung von Kosten wurde bewußt verzichtet, da die Aktion
– sicherheitsgerechte Zustände erhalten, schaffen, wieder schaffen oder verbessern soll, also an sich Selbstverständliches (manchmal nur die Erfüllung von Arbeitsschutzvorschriften) erreichen soll;
– entscheidend weniger die Freigabe von Mitteln für Aufräumaktionen, Wegekennzeichnungen, Beschilderungen o. ä. erfordert, als vielmehr die Bildung des Bewußtseins bewirken soll, daß Ordnung und Sauberkeit auch Sicherheit schafft, sie im allgemeinen mit einfachen Mitteln erreicht werden kann und sie ebenso erhalten und verbessert werden kann. Das aber nicht durch einmalige Vorgänge, sondern durch stets aktives Bemühen aller Führungskräfte und jedes Mitarbeiters;
– mit den gezielten Inspektionen Defizite im Hinblick auf Sauberkeit und Ordnung aufdecken soll.

KRUPP SÜDWESTFALEN AG ARBEITSSCHUTZ/BRANDSCHUTZ	SICHER DURCH DIE ACHTZIGER Aktion 81/82 – Ordnung und Sauberkeit				Sept. 1981 Blatt 1
Pkt.	Einzelarbeiten, -aufgaben, -maßnahmen	V D	Vorbereitung Durchführung	Zeit	Bemerkung
1.	KONZEPT		AS/BS	06.81	
2.	INFORMATION, WERBUNG				
2.1.	(überbetr.) Plakate auswählen	V	AS/BS	07.81	
	beschaffen	D	AS/BS	08.81	
	Aushang	D	AS/BS	11.81	
				03.82	
				07.82	
				11.82	
	KSW-Plakat; evtl. aus Malwettbewerb	V	AS/BS	12.81	
	Druck	D	VOR	01.82	
	Aushang	D	AS/BS	04.82	
				05.82	
2.2.	Wettbewerb: Kinder malen	D	AS/BS	10.81	
	Artikel Werkszeitung	D	AS/BS, Redaktion	07.81	
	Auswahl, Prämierung	D	VOR, WL, AS/BS	11.81	
	Wanderausstellung Betriebsvers.	D	AS/BS	12.81	
	Betriebe			01.82	
	Betriebsbesichtigung Einsender	D	AS/BS	01.82	

Pkt.	Einzelarbeiten, -aufgaben, -maßnahmen	V / D	Vorbereitung Durchführung	Zeit	Bemerkung
2.3.	Handlungsanleitungen				
	Werkszeitung	V / D	D AS/BS, Redaktion	12.81 / 04.82 / 08.82 / 12.82	
	BSA; Informationsblatt	V		11.81 / 05.82	
	Faltblätter:				
	Stolpern	V	AS/BS	09.81	
		D	AS/BS	12.81	
	Lagern, Stapeln	V	AS/BS	11.81	
		D	AS/BS	02.82	
	Schmutzecken	V	AS/BS	01.81	
		D	AS/BS	04.82	
	Brandschutz	V	AS/BS	03.82	
		D	AS/BS	06.82	
	Wege-, Profilfreiheit	V	AS/BS	05.82	
		D	AS/BS	08.82	
	Schilder, Verkehrs-zeichen	V	AS/BS	07.82	
		D	AS/BS	10.82	
	Büro	V	AS/BS	12.81	
		D	AS/BS	03.82	

KRUPP SÜDWESTFALEN AG ARBEITSSCHUTZ/BRANDSCHUTZ	SICHER DURCH DIE ACHTZIGER Aktion 81/82 Ordnung und Sauberkeit			Sept. 1981 Blatt 3	
Pkt.	Einzelarbeiten, -aufgaben, -maßnahmen	Ü D	Vorbereitung Durchführung	Zeit	Bemerkung
2.4.	Tonbildschau:				
	Titel: Ordnung – wozu? (AG und werks-gruppenbezogen)	V		6-9.81	
	Erstellung	D	AS/BS	7-9.81	
	Vorführung:	D	AS/BS	10.81	
	Ressortbespr. P AMAS	"	10.81		
	Werkssicherheits-ausschuß	"		10.81	
	Hauptsicherheits-ausschuß	"		10.81	
	Betr.Versammlung	", BR		12.81	
	Betriebssicher-heitsausschuß	", BSA-Vors.		1982	
	Wiederholungs-unterweisungen	", Betr.Ltgn.		82 –	

94

Pkt.	Einzelarbeiten	V D	Vorbereitung Durchführung	Zeit	Bemerkung
3.	BETRIEBSÜBERPRÜFUNGEN				
3.1.	Checkliste für Inspektionen ***	V	AS/BS	06.81	
	Erprobung	D	AS/BS	09.81	
	Auswertung und Festlegung	D	AS/BS	10.81	
3.2.	Inspektionen nach Checkliste	D	VOR, WL, BL, BR, AS/BS	12.81-02.82	
	Festlegung der besten und schlechtesten Betriebe	D	WL, AS/BS	03.82	
	Inspektionen nach Checkliste	D	VOR, WL, BL, BR, AS/BS	05.82-07.82	
	Festlegung der besten und schlechtesten Betriebe	D	WL, AS/BS	08.82	
	Inspektionen nach Checkliste	D	VOR, WL, BL, BR, AS/BS	09.82-11.82	
	Festlegung der besten und schlechtesten Betriebe	D	WL, AS/BS	12.82	
4.	SICHERHEITSAUSSCHÜSSE				
4.1.	Hauptsicherheitsausschuß		AS/BS	11.81	
	Ergebnisse		WL, AS/BS	82	

*** Anhang

95

KRUPP SÜDWESTFALEN AG ARBEITSSCHUTZ/BRANDSCHUTZ	SICHER DURCH DIE ACHTZIGER Aktion 81/82 Ordnung und Sauberkeit		Sept. 1981 Blatt 5
Pkt.	Einzelarbeiten, -aufgaben, -maßnahmen	V D	Vorbereitung Durchführung	Zeit	Bemerkung
4.2.	Werkssicherheitsausschüsse				
	Besprechung Ist – Soll		WL, AS/BS	10.81	
	Termine Vorgehensweise				
	Ergebnisse			82	
4.3.	Betriebssicherheitsausschüsse		BL, AS/BS	ab 12.81	
	Darstellung Termine Vorgehensweise				
	Ergebnisse				
4.4.	Sicherheitsausschüsse, Kommission AMAS	D	AS/BS	ab 10.81	

K S W AS/BS	Checkliste - Protokoll zur BETRIEBSINSPEKTION/EIGENÜBERWACHUNG	Siegen 21, Blatt A B

Betrieb:_____ Bereich:_____ Insp.-Datum:_____

Teilnehmer:_____

Die aufgezählten Mängel erübrigen Einzelmeldungen und sind durch den Betrieb kurzfristig zu beheben bzw. bereits behoben

Lfd. Nr.	Gegenstand/Objekt	Beanst. Anzahl	nicht gepr.	Bemerkungen
1	Elektrische Anschlüsse/Schalter			
2	Feuerlöscher			
3	Wegefreiheit, Profilfreiheit			
4	Wegemarkierung/Fluchtwege			
5	Stolperstellen			
6	Sicherheitskennzeichnung			
7	Treppen/Laufstege/Leitern			
8	Persönlicher Schallschutz			
9	Körperschutz			
10	Ventile/Armaturen/Steuereinricht.			
11	Gefährliche Arbeitsstoffe			
12	Ablagen f. Traversen, Greifer, Zangen			
13	Traversen/Greifer/Zangen/Kübel u.ä.			
14	Ablagen für Ketten, Seile, Hebegurte			
15	Ketten/Seile/Hebegurte			
16	Werkzeuge			
17	Schutzvorrichtungen			
18	Gasflaschen			
19	Geländer			
20	UVVen/Richtlinien			
21				
22				
A AS/BS B Betrieb/Abt.	Summe			

97

Anlage 3

Vorstandsanweisung
Durchführung der Sicherheitsunterweisung nach UVV 1, § 7

1. Zielsetzung

Ziel dieser Anweisung ist es, in allen Betrieben und Abteilungen, die nach § 7 (2) der VBG 1 vorgeschriebenen Unterweisungen aller Belegschaftsmitglieder nach gleichen Kriterien durchzuführen.
VBG 1, § 7 (2) lautet:
Der Unternehmer hat die Versicherten über die bei ihren Tätigkeiten auftretenden Gefahren sowie über die Maßnahmen ihrer Abwendung vor der Beschäftigung und danach in angemessenen Zeitabständen, mindestens jedoch einmal jährlich, zu unterweisen.

2. Verantwortlichkeiten

Verantwortlich für die Unterweisung ist die jeweils zuständige Betriebs- oder Abteilungsleitung, aufgrund ihrer gesetzlichen Verpflichtung[1].

3. Zeitpunkt und Fristen der Unterweisungen

Neueingestellte Belegschaftsmitglieder werden vor Arbeitsaufnahme durch eine Belehrung über allgemeine Gefahren des Werkes und Maßnahmen zu deren Abwendung unterwiesen. Darüber hinaus ist eine Unterweisung in den Arbeitsplatzbereichen für neu eingestellte und umgesetzte Belegschaftsmitglieder durch den zuständigen Vorgesetzten vor Arbeitsaufnahme vorgeschrieben[2].
Die weiteren Unterweisungen haben in angemessenen Zeitabständen, mindestens jedoch einmal jährlich, zu erfolgen. Bei der Festlegung der Unterweisungsabstände sind neben dem Grad der Gefährdung der Mitarbeiter auch deren Ausbildung und Kenntnisse zu berücksichtigen.

4. Form der Unterweisung

Die Unfallverhütungsvorschrift wird nur durch systematisch geplante und regelmäßig durchgeführte Unterweisungen erfüllt. Sie müssen vor allem für die Beschäftigten verständlich sein und ihnen Gelegenheit für Fragen und Erläuterungen bieten.
Beiläufige Belehrungen, Informationen und Hinweise zum sicheren Arbeiten aus aktuellem Anlaß sind zwar sinnvoll und notwendig, reichen aber zur Erfüllung

---

1 Vgl. § 9 (2) Nr. 2 Ordnungswidrigkeitengesetz, § 618 Bürgerliches Gesetzbuch, §§ 62 und 120 a Handelsgesetzbuch.
2 Betriebsvereinbarung 01/03 Unterrichtungspflicht von Belegschaftsmitgliedern gemäß § 81 Betriebsverfassungsgesetz.

dieser Vorschrift nicht aus, gleiches gilt für das bloße Verlesen und Aushändigen eines Textes.

5. Inhalt der Unterweisungen

In den Unterweisungen sind die Belegschaftsmitglieder über die spezifischen Gefahren ihrer Arbeitsbereiche sowie über Maßnahmen zur Abwendung dieser Gefahren zu informieren. Die zuständige Fachkraft für Arbeitssicherheit hat bei der Festlegung der Unterweisungsinhalte beratende Funktion.

Inhalte der Unterweisungen sind beispielsweise:
– sicherheitsgerechte Verhaltensweisen;
– aktuelle Schwerpunkte des Unfallgeschehens;
– Verhalten bei Arbeitsunfällen;
– neue oder geänderte Betriebsanlagen, Arbeitsmittel, Arbeitsstoffe, Arbeitsverfahren;
– Vorschriften, Verordnungen, Regeln der Technik, Betriebsanweisungen usw. (zum Beispiel VBG, Arbeitsstoffverordnung, Strahlenschutzverordnung).

Sofern nach Gesetzen, Verordnungen, Unfallverhütungsvorschriften oder Richtlinien eine laufende Unterweisung, z. B. über gefährliche Arbeitsstoffe, Bedienen von Anlagen, Verhalten bei Feuergefahr, erforderlich ist, sind diese Themen bevorzugt zu berücksichtigen.

6. Durchführung der Unterweisungen

Die Unterweisungen müssen von Vorgesetzten oder von anderen Sachkundigen durchgeführt werden. Diese müssen genaue Kenntnisse über die Gefahren an den Arbeitsplätzen, Maßnahmen zur Abwendung dieser Gefahren, sichere Arbeitsweisen sowie über erforderliches Verhalten in Not- und Gefahrensituationen besitzen.

Die Beauftragung von Sachkundigen mit der Durchführung der Unterweisungen entbindet die zuständige Betriebs- und Abteilungsleitung nicht von ihrer Verantwortung (siehe Ziffer 2).

7. Nachweis der Unterweisungen

Über die erfolgten Unterweisungen sind Vermerke anzulegen, aus denen die Unterweisungsinhalte, die Teilnehmer, die Durchführenden und die Zeitpunkte der Unterweisungen hervorgehen.

8. Die beigefügten Unterlagen sollen als Arbeitshilfen dienen.

Rüdiger Röbke

Planungsergonomie – dargestellt am Beispiel des Neubaus einer Hochofenanlage

Die Leitgedanken des vorliegenden Berichts sind Bestandteile der ergonomischen Grundsätze der Hauptabteilung Arbeitsgestaltung der Mannesmann AG. Diese Abteilung, die im Mannesmann-Konzern zentral für das Gebiet der Arbeitsgestaltung fachlich zuständig ist, hat u. a. die Aufgabe, die erforderlichen Grundlagen für die Arbeitsgestaltung zu erarbeiten und aufzubereiten, den Konzernbetrieben zur Verfügung zu stellen und auf die Umsetzung ergonomischer Erkenntnisse hinzuwirken.

1. Ziel, Bedeutung und Erfordernis menschengemäßer Arbeitsgestaltung

1.1 Ziel und Aufgabenträger menschengemäßer Gestaltung der Arbeit

Die menschengemäße Arbeitsgestaltung hat zum Ziel, Mitarbeiter vor Verletzungen, Gesundheitsschäden und -beeinträchtigungen zu schützen sowie ihre Leistungsfähigkeit und Arbeitszufriedenheit zu erhalten und zu fördern.
Verantwortlich für die Arbeitsbedingungen im Betrieb und ihre Auswirkungen auf die Mitarbeiter sind die Unternehmer und die entsprechend der hierarchischen Organisation der Unternehmen nachgeordneten Führungskräfte (vgl. *Schneider* 1982). Sie können sich hinsichtlich arbeitsgestalterischer Probleme von Sicherheitsingenieuren, Betriebsärzten und Fachkräften für Ergonomie[1] beraten lassen und Teilaufgaben delegieren, z. B. die Erarbeitung von Gestaltungslösungen übertragen; sie können sich hierdurch der Verantwortung für die Gestaltungszustände der Arbeitssysteme jedoch nicht entziehen.
Die Arbeitssicherheit, die Arbeitsmedizin und die ergonomische Arbeitsgestaltung, denen im Unternehmen arbeitsgestalterische Aufgaben übertragen werden, weisen in ihren Methoden und Teilzielen Unterschiede auf und setzen eigene, fachgebundene Akzente. Dennoch überschneiden sie sich teilweise und ergänzen

---

1 Ergonomie ist die Lehre von der Arbeit und dem Menschen. Sie befaßt sich mit der Optimierung von Arbeitssystemen. (Planungsergonomie erstrebt die Optimierung der Arbeitssysteme bereits im Stadium der Anlagenplanung – siehe Kap. 2.)

sich gegenseitig (s. *Schneider* 1972, S. 1 ff.; 1981). Beispielsweise fällt die Beurteilung von Körperkräften auf ihre Zuträglichkeit in die Aufgaben aller drei Fachgebiete. Überforderungen der Körperkräfte können nämlich auf Dauer gesundheitliche Schäden an Muskeln, Bindegewebe und Gelenken bewirken, über Ermüdungsprozesse vorschnell die Leistungsfähigkeit sowie das Befinden des Mitarbeiters verschlechtern und in kritischen Situationen zu Unfällen führen.

Menschengemäße Arbeitsgestaltung geht nicht nur die Unternehmer, die nachgeordneten Führungskräfte und die mit arbeitsgestalterischen Aufgaben beauftragten Vertreter der Fachgebiete Arbeitssicherheit, Arbeitsmedizin und Ergonomie etwas an. Außer ihnen sind u. a. folgende Gruppen im Betrieb für die Gestaltung der Arbeit zuständig oder aufgerufen, aus ihrem Aufgabenbereich heraus einen Beitrag zur Erreichung arbeitsgestalterischer Ziele zu leisten:

– Produktionsleiter, Personalleiter, Betriebsingenieure,
– Fertigungsplaner, Konstrukteure, Architekten, Einkäufer,
– Arbeitsvorbereiter, Arbeitsstudienleute,
– Arbeits- und Betriebspsychologen,
– Meister und Vorarbeiter,
– Betriebs- und Personalräte und nicht zuletzt
– die jeweiligen Mitarbeiter, weil sie von ergonomischen Maßnahmen direkt betroffen sind und weil für die Gestaltungsarbeit der Schatz ihrer persönlichen Arbeitserfahrungen unverzichtbar ist (s. hierzu und zum Folgenden *Körner/Munker/Schnauber* 1976, S. 1 ff.; sowie *Röbke* 1980 a, S. 22 f.; 1980 b, S. 317 f.; 1983, S. 331 ff.).

1.2 Humane und soziale Bedeutung menschengemäßer Arbeitsgestaltung

Eine menschengemäße Gestaltung der Arbeit hat zunächst humane und soziale Bedeutung. Der humane Aspekt betrifft vor allem die Bewahrung vor persönlichem Leid, indem die Mitarbeiter vor Verletzungen, arbeitsbedingten Erkrankungen, Gesundheits- und Befindlichkeitsbeeinträchtigungen geschützt werden. Durch diesen Schutz wird zugleich eine wichtige Voraussetzung zur Erzielung von Arbeitszufriedenheit, Leistungs- und Erfolgserlebnissen erfüllt, die in humanitärer und sozialer Sicht ebenfalls einen hohen Stellenwert haben. Auch in Befragungsergebnissen kommt die große Bedeutung der Humanisierung der Arbeitswelt zum Ausdruck, denn die befragten Arbeitnehmer sehen in der Humanisierung das vorrangigste Ziel künftiger Tarifverhandlungen (s. DGB-Bundesvorstand 1981, S. 3 b).

Es liegt auf der Hand, daß eine auf humane und soziale Aspekte gerichtete Arbeitsgestaltung das Gesundheitsniveau der Belegschafts- und Gesellschaftsmitglieder positiv beeinflußt und die Kranken- und Invaliditätskosten senkt. Auch in der

Senkung dieser Kosten, die solidarisch getragen werden müssen, liegt eine soziale Bedeutung menschengemäß gestalteter Arbeit.

1.3 Wirtschaftliche und rechtliche Bedeutung menschengemäßer Gestaltung der Arbeit

Menschengemäße Arbeit hat aus mehreren Gründen positive wirtschaftliche Auswirkungen. Ergonomisch gestaltete Arbeitsvorgänge führen z. B. zu Arbeitserleichterungen und zu einer höheren Arbeitsleistung, weil menschliche Fähigkeiten besser genutzt, Arbeitshandlungen effektiver ausgeführt werden und sich die Arbeitsermüdung verringern läßt. Eine nach ergonomischen Erkenntnissen gestaltete Arbeit fördert die Leistungsmotivation und -hergabe, ebenso wie menschengemäße Arbeitsplätze und Arbeitsumgebungsbedingungen sich positiv auf die Arbeitszufriedenheit auswirken und die Erkrankungshäufigkeiten und Fluktuationen vermindern. Dies alles verbessert die Arbeitsproduktivität und damit die Leistungsfähigkeit der Unternehmen und der Volkswirtschaft. Die gesamten wirtschaftlichen Vorteile menschengemäßer Arbeitsgestaltung werden in der Regel durch die zusätzlichen Kosten, die sie erfordert, nicht aufgezehrt.

Wahrscheinlich waren es die sozialen und die wirtschaftlichen Aspekte sowie die sich in den beiden letzten Jahrzehnten vollzogenen Veränderungen in den gesellschaftlichen Vorstellungen über die Qualität des Arbeitslebens, die den Gesetzgeber tätig werden ließen. Er hat über die Fürsorgepflicht des Arbeitgebers (§ 120 a GewO, § 618 BGB, § 62 HGB usw.) und über das bestehende Arbeitsschutzrecht hinaus eine Reihe weiterer Rechtsvorschriften zur menschengerechten Gestaltung der Arbeit erlassen. Hierzu gehören z. B.
– das Gerätesicherheitsgesetz vom 24. 7. 1968 (i. d. F. vom 13. 8. 1979),
– die Arbeitsstoffverordnung vom 17. 9. 1971 (i. d. F. vom 11. 2. 1982),
– die §§ 87, 90 und 91 des Betriebsverfassungsgesetzes vom 15. 1. 1972,
– das Arbeitssicherheitsgesetz vom 12. 12. 1973,
– die Arbeitsstättenverordnung vom 20. 3. 1975.

1.4 Erfordernis menschengemäßer Arbeitsgestaltung

Die genannten Aspekte der menschengemäßen Arbeitsgestaltung, also der humane, der soziale, der wirtschaftliche und der rechtliche Aspekt, begründen jeder für sich, vor allem aber in ihrer Gesamtheit das *grundsätzliche* Erfordernis menschengemäßer Arbeitsgestaltung. Hierüber sind sich die Beteiligten meist einig. Die Meinungen gehen jedoch auseinander, wenn die Höhe der für die menschengemäße Arbeitsgestaltung bereitzustellenden Mittel und die konkrete Mittelverwendung diskutiert werden. Einerseits wird die Entscheidung über die Mittel-verwendung manchmal dadurch erschwert, daß der Entscheider berechtigte Zwei-fel hegt, ob denn mit den vorgeschlagenen Maßnahmen die (auch von ihm als richtig erkannten) ergonomischen Ziele gut erreicht werden oder ob es dafür noch bessere und weniger aufwendige Maßnahmen gibt. Andererseits liegen Meinungs-verschiedenheiten über die Höhe und Verwendung der Mittel mitunter darin be-gründet, daß sich zwar der Aufwand für arbeitsgestalterische Maßnahmen mei-stens angeben läßt, aber die durch Verbesserung der Arbeitsbedingungen erzielten Vorteile häufig nicht quantifiziert werden können. Dies darf jedoch weder als Argument für Maßnahmen der Arbeitsgestaltung um jeden Preis dienen – der Betriebszweck muß schließlich erhalten bleiben –, noch darf dies als Argument gegen arbeitsgestalterische Maßnahmen benutzt werden. Wir wissen nur zu gut, daß Unternehmen durch Verzicht auf Bemühungen um menschengemäße Arbeits-bedingungen in den meisten Fällen die Kosten langfristig nicht senken können. Ein Betrieb, der z. B. die Kosten für die Absaugung von Ölnebel an CNC-Werkzeug-maschinen zunächst spart, muß letztlich ein Mehrfaches dieser Kosten tragen, wenn hochqualifizierte Mitarbeiter aufgrund nicht zumutbarer Bedingungen aus-fallen oder aus dem Betrieb ausscheiden.

Wenngleich die menschengemäße und erst recht die nicht menschengemäße Ar-beitsgestaltung wirtschaftliche Auswirkungen haben, liefert die Ökonomie nicht das Maß für die Ergonomie. Die Ergonomie ist der Ökonomie auch nicht unter-geordnet, sondern hat trotz ihrer ökonomischen Komponente ihre originäre Rolle und ihre eigenständigen Ziele, selbst dann, wenn sie produktionstechnische und wirtschaftliche Vorteile nutzt, um ihre Ziele zu erreichen. Das grundsätzliche Er-fordernis und die Bedeutung menschengemäßer Arbeitsgestaltung beruhen, wie ge-sagt, auf humanen, sozialen, wirtschaftlichen und rechtlichen Aspekten. Das sach-liche Erfordernis konkreter arbeitsgestalterischer Maßnahmen muß dagegen je-weils an Hand ergonomischer Kriterien beurteilt werden. Darin liegt die originäre Rolle der Ergonomie, die durch andere Aspekte nicht ersetzt werden kann.

2. Chancen der Planungsergonomie

Zwei Wege können zur Umsetzung ergonomischer Erkenntnisse beschritten wer-den: korrektive Ergonomie und Planungsergonomie. Korrektive Ergonomie ver-sucht, Arbeitsbedingungen an bestehenden Anlagen zu verbessern. Planungser-gonomie integriert dagegen ergonomische Erkenntnisse in die Planung neuer Anla-gen und erstrebt in Ergänzung technischer und wirtschaftlicher Aspekte die Opti-mierung der Arbeitssysteme bereits im Zuge der Anlagenerrichtung.

Es müssen in der Praxis wohl immer beide Wege beschritten werden. Die Pla-nungsergonomie eröffnet aber ganz andere und effektivere Möglichkeiten zur Erreichung ergonomischer Ziele als nachträgliche Versuche, an errichteten Anlagen den ergonomischen Gestaltungszustand zu verbessern (vgl. *Schneider* 1982; *Munker* 1979, S. 14). Anhand einer Reihe von Beispielen läßt sich dies leicht belegen:

– Die Lage, Größe, Höhe und Grundrisse von Arbeitsräumen können im Planungsstadium ohne weiteres im Hinblick auf den bestimmungsgemäßen Gebrauch ergonomisch optimiert werden. Nach der Gebäudeerrichtung ist dies praktisch nicht mehr möglich. Z. B. kann eine Zwangsbelüftung oder eine integrierte Dekkenbeleuchtung nachträglich kaum noch verwirklicht werden, wenn die Raumhöhe dazu nicht ausreicht.

– Schallbrücken, die z. B. dadurch verursacht worden sind, daß Schallschutzdübel nicht verwandt wurden, können im errichteten Gebäude mit vertretbarem Aufwand nicht mehr eliminiert werden. Ähnliches gilt für Schallnebenwege.

– Getriebe können durch schrägverzahnte Metallzahnräder und Strömungskanäle, durch kanten- und hindernisfreie, ausreichend groß bemessene Querschnitte lärmarm konstruiert werden. Am fertigen Produkt lassen sich solche Möglichkeiten nicht mehr verwirklichen.

– Der nachträgliche Einbau von Schwingungsdämpfern in vibrierende Aggregate wirft meist nicht nur konstruktive Probleme auf, sondern ist wegen des erforderlichen Anlagenstillstandes sowie der Demontage- und Montagearbeiten auch sehr kostspielig.

Diese Beispiele beziehen sich auf einfach überschaubare und leicht abgrenzbare Sachverhalte. Ergonomische Überlegungen in die Anlagenplanung zu integrieren und einen Gestaltungsrahmen vorzugeben, ist jedoch meist komplizierter und auch anspruchsvoller, weil technologische Möglichkeiten, die technische Konzeption der Anlage, die Produktionstechnik, wirtschaftliche Aspekte und die ergonomische Gestaltungsaufgabe eng miteinander verflochten sind. Ergonomische Gestaltungsmaßnahmen ziehen technische und betriebliche Änderungen nach sich; technologische Neuerungen können ergonomische Vorteile und Chancen, aber auch Nachteile mit sich bringen. Diese Wechselwirkungen müssen erkannt, bewertet und in die Planungsüberlegungen einbezogen werden.

Wer diese Zusammenhänge in der Planungsergonomie nicht berücksichtigt und versucht, ergonomische Maßnahmen dem ausgearbeiteten technischen Gestaltungskonzept lediglich hinzuzufügen, statt ergonomische Überlegungen integrativ in das technische Konzept einzubeziehen, wird bei der Umsetzung ergonomischer Erkenntnisse wenig erfolgreich bleiben (vgl. *Schneider* 1982).

Nicht alle arbeitsgestalterischen Probleme lassen sich in der Planungsphase vorhersehen oder lösen. Der fortschreitende Erkenntnisstand der Ergonomie sowie betriebliche Änderungen und Umstrukturierungen machen korrektive Maßnahmen an bestehenden Anlagen immer wieder erforderlich. Aber je mehr die Chancen der Planungsergonomie genutzt werden, um so geringer wird später der Umfang korrektiver Maßnahmen sein und um so kostengünstiger werden langfristig die Ziele menschengemäßer Arbeitsgestaltung erreicht.

3. Voraussetzungen für erfolgreiche Planungsergonomie

Menschengemäße Arbeitsbedingungen werden durch planungsergonomische Gestaltung dann realisierbar, wenn sich das Unternehmen mit den Zielen der Ergonomie identifiziert und entschieden hat, zur Erreichung dieser Ziele mit Vorrang den Weg der Planungsergonomie zu wählen. Diese Entscheidung ist bei Mannesmann bereits Anfang der siebziger Jahre getroffen worden. In Unternehmen, in denen eine solche Entscheidung fehlt, ist es Aufgabe der Fachkräfte für Ergonomie und Arbeitssicherheit sowie der Betriebsärzte, auf diese Unternehmensentscheidung zu drängen, damit sie herbeigeführt wird.

Eine solche Grundlage ist unverzichtbar, sie allein gewährleistet aber noch nicht, daß Planungsergonomie erfolgreich betrieben wird. Es muß darüber hinaus die erforderliche ergonomische Fachkunde verfügbar sein und frühzeitig in den Planungsprozeß einbezogen werden. Auf diese Seite der Voraussetzungen wird im folgenden auf der Grundlage planungsergonomischer Erfahrungen näher eingegangen:

Arbeitsgestalterische Überlegungen sollen, soweit möglich, schon im Stadium erster Planungsskizzen eingebracht werden. Liegen nämlich bereits detaillierte Pläne und Konstruktionszeichnungen vor, lösen ergonomisch erforderliche Änderungen vergleichsweise viel Änderungsaufwand und auch relativ große Hemmschwellen bei den Planungsverantwortlichen aus.

Die ergonomischen Vorschläge sind in fachlicher Sicht so zu unterbreiten, daß sie von den Planern akzeptiert werden. Das hängt nicht zuletzt davon ab, ob es den ergonomischen Sachwaltern in der Vergangenheit gelungen ist und künftig gelingt, Lösungen mit ergonomischen *und* produktionstechnischen Vorteilen zu entwickeln sowie die Planer von der Notwendigkeit und Zweckmäßigkeit der ergonomischen Gestaltungsarbeit zu überzeugen. Hierzu sind qualifizierte Fachkenntnisse, treffende Argumente, persönliche Überzeugungskraft und vor allem die Fähigkeit erforderlich, komplexe ergonomische Sachverhalte und die Rückwirkungen ergonomischer Vorschläge auf den Betrieb der Anlage gedanklich zu durchdringen und sie durch plausible Darstellungen transparent zu machen. Der Planer benötigt wie jeder Entscheider handfeste, einsichtige Argumente, um die gewählte Alternative als die produktionstechnisch und ergonomisch bessere Lösung gegenüber Dritten beständig vertreten zu können. Arbeitsgruppen ohne entsprechend qualifizierte oder entscheidungskompetente Gruppenmitglieder erbringen diese erforderlichen Leistungen in der Regel nicht und stellen daher lediglich Alibi-Arbeitsgruppen dar.

Aufgeschlossenheit der Planer für ergonomisches Gedankengut wird entscheidend auch dadurch gebildet, daß sich der Ergonom mit dem Planungsziel und mit der Aufgabenstellung des Planers identifiziert. Um als Mitplaner akzeptiert zu werden, muß er neben seinem fachlichen Können die Fähigkeit zur Teamarbeit sowie eine gewisse taktische Begabung besitzen und eine offene, konstruktive Mitarbeit anstreben. Es ist erforderlich, sich als Arbeitsgestalter vor allem mit der jeweiligen Funktion des Arbeitssystems intensiv auseinanderzusetzen, sie mit den Aufgabenträgern zu erörtern, sich für die detaillierte Erarbeitung konkreter Lösungen anzubieten und die Lösungen zur kritischen Diskussion zu stellen. Dies setzt eine engagierte Bereitschaft voraus, mitunter auch kurzfristig unter Zeitdruck für den integrativen Planungsbeitrag zur Verfügung zu stehen, weil Planungsarbeit immer Termin- und Teamarbeit ist.

Die Erfüllung der bisher angeführten Voraussetzungen reicht jedoch noch nicht aus. Zu den Voraussetzungen erfolgreicher Planungsergonomie gehört es vor allem auch, die arbeitsgestalterischen Lösungsvorschläge aus dem technischen und wirtschaftlichen Grundverständnis für das gesamte Planungsvorhaben zu entwikkeln. Werden bei der Erarbeitung ergonomischer Gestaltungsvorschläge die technischen und betrieblichen Aspekte nicht angemessen berücksichtigt, reduzieren sich sofort die Realisierungschancen der Vorschläge. Planungsverantwortliche können technischen Erschwernissen oder zusätzlichem Aufwand kaum zustimmen, wenn sie der Auffassung sind, daß sich ergonomische Probleme durch eine integrative Gestaltung technisch und wirtschaftlich besser lösen lassen.

Ergonomische Anforderungen sind trotz Ideenreichtum im Zuge integrativer Gestaltung nicht immer kostenneutral realisierbar. Absaugungen, Lärmdämmungsmaßnahmen, Klimatisierungen usw. erfordern einen finanziellen Mehraufwand, der sich durch die Einhaltung von Schutzvorschriften oder die Vermeidung gravierender Nachteile beim Betrieb der Anlage vertreten lassen muß. Dabei ist zu bedenken, daß eine spätere Nachrüstung den Mehraufwand immer erhöht. Die Tatsache, daß ergonomische Maßnahmen mitunter zusätzliche Kosten verursachen, die sich allenfalls langfristig als vorteilhaft erweisen, darf nicht zu Abstrichen bei begründeten ergonomischen Forderungen führen. Es ist jedoch jeweils nach Lösungen zu suchen, durch die solche Forderungen mit geringstem Aufwand erfüllt werden können.

Aus technischen und wirtschaftlichen Gründen ist es erforderlich, in der Modifikation gestalterischer Lösungen flexibel und auch kompromißbereit zu sein. Denn auch die technische Planung durchläuft einen Prozeß, der nicht selten zu einer Anpassung der erarbeiteten Vorschläge an neue technische oder wirtschaftliche Erfordernisse zwingt. Die Qualität der Anpassung zeigt sich dabei in einer Variation der Lösung, die das ergonomische Ziel nicht preisgibt. Es ist nicht entscheidend, durch welche konkreten technischen oder organisatorischen Maßnahmen das Gestaltungsziel letztlich erreicht wird. Entscheidend ist allein, wie und mit welcher Flexibilität in den konkreten Maßnahmen der Ergonom seine Überlegungen in die technische Gestaltung integriert einbringt, ohne das Ziel aufzugeben.

Besondere Probleme können während der Ausführungsphase in den Gesprächen mit den Herstellerfirmen vor allem dann auftreten, wenn im Vertrag der ergonomische Lieferumfang nicht eindeutig vereinbart worden ist. Werden in den Vertragsverhandlungen ergonomische Fragen jedoch ausreichend geklärt, werfen die Diskussionen mit dem Hersteller in der Ausführungsphase weniger Probleme auf. So gesehen beginnt die Planungsergonomie bereits in den Vertragsverhandlungen. Erfolgt dies nicht oder nicht in ausreichender Weise, sind die Hersteller später oft bestrebt, ergonomischen Erfordernissen nicht zu entsprechen und auf vorhandene Konstruktionen, Baukastensysteme und Serienbauteile zurückzugreifen, nicht zuletzt weil dadurch neue Entwicklungs- und Konstruktionsarbeit vermieden wird. Dem künftigen Betreiber hingegen geht es darum, den Stand der Technik der entwickelten und konstruierten Bauteile aus der Sicht der heutigen ergonomischen Ansprüche sicherzustellen. Stellt der Ergonom eine unzureichende Übereinstimmung fest, muß er nicht nur den Betrieb von der Dringlichkeit arbeitsgestalterischer Verbesserungen überzeugen, sondern sich vor allem gegen die Argumente des Herstellers durchsetzen. Diese Aufgabe ist nicht leicht, und ihre Wahrnehmung erfordert ein hohes fachliches Niveau. Hersteller sind nämlich in ihrer Argumentationsnot schnell mit pauschalen Hinweisen auf neueste Untersuchungsergebnisse, gesetzliche Vorschriften etc. bei der Hand, die der Anlagenbesteller in den Planungsverhandlungen zwar skeptisch beurteilen mag, ohne arbeitswissenschaftlich qualifizierte Hilfe normalerweise aber nicht widerlegen kann.

Es kommt hinzu, daß die Gesprächspartner auf der Herstellerseite mitunter Industriedesigner sind, die ihren persönlichen, optisch-ästhetischen Eindruck der Anlagenteile, z. B. einer Warte, für ausschlaggebend halten, der Funktionalität der Arbeitsmittel und der ergonomischen Gestaltung der Arbeitsbedingungen jedoch nur untergeordnete Bedeutung beimessen. Planungsarbeit mit Industriedesignern gestaltet sich immer dann besonders schwierig, wenn sie nicht in der Lage oder bereit sind, arbeitswissenschaftliches Gedankengut angemessen in die Entwürfe einzubeziehen und, wo erforderlich, ihre *individuellen* Ideen und Vorstellungen über Ästhetik zurückzustellen. Neuanlagen sollten zweifellos auch von ihrem äußeren Eindruck überzeugen. Es ist zumeist auch gar nicht schwierig, sie ästhetisch zu gestalten, ohne auf ergonomische Erfordernisse zu verzichten. Die Gestaltung darf aber nicht auf ästhetische Aspekte reduziert werden.

Mitunter haben Hersteller oder externe Beratungsfirmen – aus welchen Gründen auch immer – ein Interesse daran, Gestaltungslösungen zu verkaufen, die zwar einen zusätzlichen Aufwand erfordern, aber nicht zu Verbesserungen der Arbeitsbedingungen führen, z. B. kostspielige Zwangsbelüftungen anstelle ausreichender natürlicher Belüftung vorzusehen. Es ist die Aufgabe des zur Planung hinzugezogenen Ergonomen, den Betrieb vor solch überflüssigen Ausgaben zu bewahren.

Der Ergonom muß schließlich nicht nur über die erforderliche Beratungskompetenz verfügen, sondern auch für seine Empfehlungen und Beratungen die fachliche Verantwortung übernehmen und in der Lage sein, den Gestaltungszustand des Arbeitssystems nach der Fertigstellung in jeder Hinsicht zu vertreten. Der Planer muß sich also auf den fachkundlichen Beitrag der Planungsergonomie verlassen können. Gerade die Erfüllung dieser Voraussetzung trägt entscheidend zu einem langfristig fruchtbaren Zusammenwirken zwischen den technischen und ergonomischen Planern bei.

Abschließend ist noch ein sehr wichtiger Aspekt jeder Planungsarbeit hervorzuheben. Er betrifft die frühzeitige Hinzuziehung der Mitarbeiter, Vorarbeiter, Meister und Belegschaftsvertreter, um ihre Erfahrungen zu nutzen. In § 90 BetrVG ist die Unterrichtung des Betriebsrates und die Beratung mit ihm überdies gesetzlich festgelegt.

Hier geht es um eine bedeutende Seite der Aufgabe, nämlich über die Planungsvorhaben rechtzeitig zu informieren und die Arbeitssysteme schon in der Planungsphase systematisch darauf zu überprüfen, welche Auswirkungen sie künftig auf die Mitarbeiter haben. Auf diese Weise wird dazu beigetragen, daß ggf. erforderliche Planungsänderungen verwirklicht, geplante Maßnahmen akzeptiert und spätere arbeitsgestalterische Korrekturen oder Ausgleichsmaßnahmen im Sinne von § 91 BetrVG weitgehend vermieden werden.

4. Ergebnisse planungsergonomischer Gestaltungsarbeit – exemplarisch dargestellt an der Hochofenanlage B der Mannesmannröhren-Werke AG, Hüttenwerke Huckingen

4.1 Vorbemerkungen

Die Hüttenwerke Huckingen sind ausschließlich Vormateriallieferant für die Stahlrohrerzeugung der Mannesmannröhren-Werke AG. Der Lageplan (Abb. 1) zeigt die einzelnen Anlagen der Hüttenwerke im Jahre 1981. Damals umfaßten die Hochofenbetriebe die vier in den Jahren 1937, 1939, 1957 und 1964 in Betrieb genommenen Hochöfen 3 bis 6 mit Gestelldurchmessern von 6,1 bis 7,5 m und Kapazitäten von 1200 bis 2200 t Roheisen pro Tag sowie den 1973 in Betrieb genommenen Hochofen A mit einem Gestelldurchmesser von 10,3 m und einer maximalen Kapazität von 6000 t Roheisen pro Tag.

Im Zuge einer umfassenden Umstrukturierung und Modernisierung der Hüttenwerke wurden 1980 und 1981 die Hochöfen 5 und 6 aus den Jahren 1957 und 1964 durch einen neuen, leistungsfähigen Hochofen ersetzt. Dieser von der Mannes-

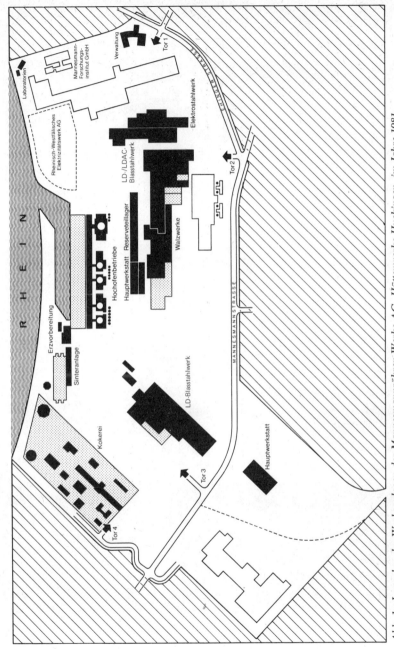

Abb. 1: Lageplan der Werksanlagen der Mannesmannröhren-Werke AG, Hüttenwerke Huckingen, im Jahre 1981

109

Abb. 2: Der im Dezember 1981 in Betrieb genommene Hochofen B der Mannesmannröhren-Werke AG, Hüttenwerke Huckingen

mann Demag Hüttentechnik errichtete Hochofen B (Abb. 2) ist nach einer Bauzeit von weniger als 18 Monaten am 15. Dezember 1981 in Betrieb genommen worden. Er hat einen Gestelldurchmesser von 10,3 m, eine gesamte Konstruktionshöhe von 96 m und besitzt gegenwärtig eine Kapazität von 4000 t Roheisen pro Tag, erfüllt jedoch alle Voraussetzungen dafür, daß in einer zweiten Ausbaustufe eine Kapazität von 6000 t Roheisen pro Tag erreicht wird.

Der Hochofen B weist im Vergleich zu anderen modernen Anlagen in der Welt eine Reihe grundlegender Neuerungen auf, vor allem in der Gießhallentechnik und in der rechnergestützten Steuerung und Überwachung des gesamten Prozesses. Die technischen Verbesserungen des Ofensystems haben zur Leistungssteigerung und zur Energieeinsparung geführt, durch Umweltschutzmaßnahmen konnte die Staubbelastung insgesamt drastisch vermindert werden, und durch ergonomische Maßnahmen wurden wesentlich günstigere Arbeitsbedingungen für die Mitarbeiter geschaffen.

Die gesamte Planungsarbeit für den Hochofen B erfolgte in einer Planungsgruppe (Projektleitung), acht Arbeitsgruppen mit jeweils speziellen Aufgabengebieten und drei Sonderarbeitsgruppen. Zwischen den Arbeits- und Sonderarbeitsgruppen bestanden die erforderlichen Querverbindungen jeweils über die Projektleitung. Der dritten Sonderarbeitsgruppe, die mit allen Arbeitsgruppen und der Planungsgruppe bezüglich sicherheitlichen, arbeitsmedizinischen und ergonomischen Problemen zusammengearbeitet hat, gehörten u. a. die Vertreter der Arbeitssicherheit, Arbeitsmedizin und der Ergonomie sowie ständig Mitglieder des Betriebsrates an. Daneben haben die Planungsverantwortlichen den Betriebsrat der Hüttenwerke und alle übrigen Planungsbeteiligten in regelmäßigen Informationsveranstaltungen über das Planungsstadium und die nächsten Planungsschritte informiert.

Dieses organisatorische Konzept der Planungsarbeit in Gruppen war sehr erfolgreich, nicht zuletzt auch deshalb, weil den Gruppen die unterschiedlichsten Fachrichtungen, insbesondere auch jeder Gruppe Obermeister und Meister mit ihren jahrzehntelangen Erfahrungen aus dem Hochofenbetrieb angehörten und weil in den Planungsgruppen ein ideenfördernder Führungsstil, eine ungezwungene Gesprächsatmosphäre und ein konstruktiver Teamgeist herrschten. Diese positiven Merkmale der Gruppenarbeit und die große Aufgeschlossenheit der Planungsverantwortlichen gegenüber unkonventionellen Ideen und Vorschlägen hat nicht nur zu dem hervorragenden technischen Planungsergebnis geführt, sondern eben auch zu den vielen ergonomischen Verbesserungen. Betont werden muß dabei, daß an den ergonomischen Lösungen alle Planungsbeteiligten ihren Anteil haben und daß sich der Betrieb, die Arbeitssicherheit, der Erhaltungsbereich sowie die Neubauabteilung der Hüttenwerke, aber auch der Hersteller für die Lösung arbeitsgestalterischer Probleme eingesetzt haben.

Wenn im folgenden die verbesserten Arbeitsbedingungen im einzelnen dargestellt werden, so ist zu berücksichtigen, daß diese Verbesserungen letztlich das Ergebnis eines Entwicklungs- und Erfahrungsprozesses sind, der in mehreren Jahrzehnten eine Fülle von Zwischenerfolgen und Fortschritten hervorgebracht hat. Auch die älteren Hochöfen der Hüttenwerke Huckingen sind seinerzeit jeweils auf dem neuesten Stand der Erkenntnisse geplant und gebaut worden. Jede weitere Neuplanung hat dann aber aus den positiven und negativen Erfahrungen der Vergangenheit und aufgrund des Fortschritts technischer und ergonomischer Erkenntnisse zu jeweils besseren Ergebnissen geführt. Die einzelnen Verbesserungsstufen lassen sich durch einen Vergleich zwischen den nicht mehr betriebenen älteren Hochöfen, dem jetzt etwa zehn Jahre alten Hochofen A und dem neuen Hochofen B nachvollziehen. Diesen Alt-Neu-Vergleich an Hand von Bildern vorzuführen, ist jedoch nur beschränkt möglich. Einmal beziehen sich die Verbesserungen zum Teil auf Arbeitsabläufe, die in Abbildungen nicht immer deutlich genug zum Ausdruck kommen, und zum anderen existiert nicht in allen Fällen Bildmaterial vom Zustand der Altanlagen und von den früheren Arbeitsmethoden.

4.2 Gießhalle

Der Hochofen B ist mit nur *einer* Gießhalle konzipiert, in der sich beide Abstichrinnen befinden. Hierdurch konnten im Vergleich zu Hochöfen mit zwei Gießbühnen nicht nur bedeutende wirtschaftliche Vorteile erzielt werden, sondern es ergeben sich als Folgewirkung auch einige arbeitsorganisatorische und ergonomische Vorteile, z. B. günstigere Transporte der Arbeitsmittel, insgesamt kürzere Wege, größere Übersichtlichkeit über die Produktionsabläufe und über die Lagerung der Arbeitsmittel sowie bessere Möglichkeiten der Verständigung und der Kommunikation unter den Mitarbeitern. Aus dem Vergleich der Gießhalle des neuen Hochofens (Abb. 3 und 4) mit der Gießbühne einer alten, nicht mehr betriebenen Hochofenanlage (Abb. 5) gehen diese Vorteile sehr deutlich hervor.

Wie die Abbildungen 3 und 4 zeigen, besitzen die Abstich-, Roheisen- und Schlakkenrinnen Absaugungen, die unter ergonomischen, energiewirtschaftlichen und produktionstechnischen Gesichtspunkten optimal ausgelegt wurden. Die Absaugungen stellen ein wesentliches Merkmal der verbesserten Gießhallengestaltung dar, denn die Rinnenabsaugung setzt die Staubbelastung nicht nur für die Umwelt stark herab, sondern vor allem auch für die unmittelbar betroffenen Schmelzer. Welche Staubbelastungen auf der Gießbühne alter Hochöfen im Extremfall auftraten, demonstriert Abbildung 6.

An den Hochöfen A und B der Hüttenwerke Huckingen gehören solche extremen Staubbelastungen der Vergangenheit an. Aber auch die früheren »normalen« Staubkonzentrationen an Rinnen ohne Absaugung (s. z. B. Abb. 8 und 9) gibt es dort nicht mehr. In Abbildung 7 erkennt man, wie an einer Öffnung im Bereich der Fuchshaube die Stäube nach unten abgesaugt werden.

Abb. 3: Gießhalle des von der Mannesmann Demag Hüttentechnik gebauten Hochofens B der Hüttenwerke Huckingen. Im linken Rinnensystem erfolgt ein Abstich

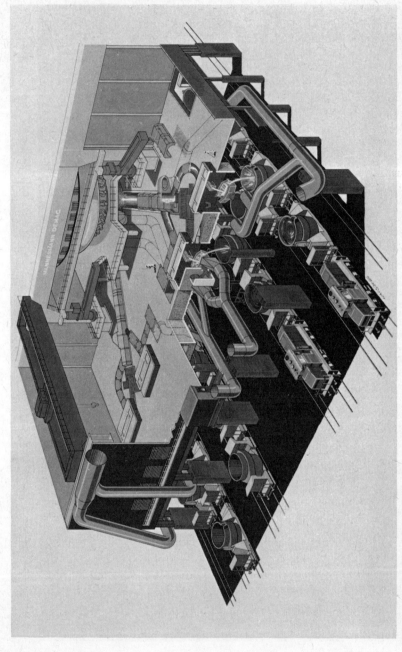

Abb. 4: Schnittdarstellung der Gießhalle des Hochofens B. Deutlich ist das Rinnensystem mit den Kipprinnen und dem unter dem Gieß-hallenboden installierten Absaugsystem zu erkennen

Abb. 5: Teilansicht der Gießbühne einer alten, nicht mehr betriebenen Hochofenanlage

Abb. 6: Extreme Staubentwicklung an einem Hochofen älterer Bauart ohne Rinnenabsaugung

Abb. 7: Absaugung am Fuchs des neuen Hochofens B. Deutlich ist zu erkennen, wie die Stäube nach unten abgesaugt werden

Abb. 8: *Manuelles Zustellen der Rinnen an einem älteren Hochofen*

Abb. 9: *Aufschaufeln von Koksgrus auf das Roheisen in der Rinne an einem älteren Hochofen*

Die Rinnenabsaugung ermöglichte es, die Gießhalle des Hochofens B als eine geschlossene Halle zu bauen und auf diese Weise die Mitarbeiter vor Witterungseinflüssen, insbesondere vor Luftbewegungen mit hoher Windgeschwindigkeit, zu schützen. Die gut regelbare Hallenbelüftung ist so ausgelegt, daß es nicht zu unangenehmer Zugluft kommt.

Die Rinnenabdeckung und die Absaugung der Rinnen waren in Verbindung mit einer neuen Rinnentechnologie die Voraussetzung dafür, die körperlich schwere und schwerste Arbeit unter hohen Hitze- und Staubbelastungen zu verringern. Diese Muskel- und Hitzebelastungen ergaben sich früher insbesondere beim
- manuellen Zustellen der Rinnen vor jedem Abstich (Abb. 8),
- Aufschaufeln von Koksgrus auf die Rinnen (Abb. 9),
- Herausmanövrieren von Schlackenkrusten während des Abstichs (Abb. 10),
- Aufbrechen und Entfernen heißer Schlackenreste (Abb. 11) und beim
- Säubern der Rinnen (Abb. 12).

Bei dieser Arbeit auf Gießbühnen älterer Hochöfen traten Spitzenbelastungen mit Arbeitsenergieumsätzen von über 500 Watt auf. Dabei stieg die Arbeitspulsfrequenz auf über 55 pro Minute, und unter der Hitzekleidung erreichte die Oberflächentemperatur der Haut im Brustbereich Werte bis zu 37 °C bei Luftfeuchten von 80 bis 90 Prozent (s. *Hettinger* 1983). Das sind Arbeitsbelastungen, die ganz erheblich über der Dauerleistungsgrenze von 290 Watt oder 35 Arbeitspulsen pro Minute liegen und nur deshalb noch als erträglich zu beurteilen waren, weil ihnen im Verlauf der Schicht lange Arbeitsphasen mit geringer Beanspruchung folgten.

Auch ohne einen Vergleich zwischen den Belastungswerten und der Dauerleistungsgrenze wird aus den Abbildungen 8 bis 12 deutlich, um welch körperlich schwere Hitzearbeit es sich hier früher gehandelt hat. Diese Hitzearbeiten sind aufgrund der neuen Rinnentechnologie am Hochofen B nicht mehr erforderlich oder werden mit technischen Hilfsmitteln ausgeführt.

Als Beispiel für Arbeitserleichterungen durch technische Hilfsmittel sind die Säuberungs- und Ausbrucharbeiten an den Abstichrinnen des Hochofens B mit einem Bagger (Abb. 13) zu nennen. Um die Ausbrucharbeiten maschinell durchführen zu können, mußte der Rinnenrand möglichst das gleiche Höhenniveau wie der Gießhallenboden erhalten. Die Versenkung der Rinnen im Gießhallenboden ist also eine wesentliche Erleichterung für die Befahrbarkeit der Rinnen.

Nicht nur die Ausbrucharbeiten an den Abstichrinnen sind erleichtert worden, sondern auch das Zustellen der Rinnen ist jetzt im Vergleich zu älteren Hochöfen mit geringeren Arbeitsbelastungen verbunden, da das manuelle Stampfen durch ein Ausgießen der Rinnen mit Feuerfestmaterial ersetzt wurde. Hier hat also ebenfalls die Entwicklung einer neuen Technologie zu erheblichen Arbeitserleichterungen geführt. Außerdem ist aufgrund der Abdeckung und Absaugung der Rinne, der neuen Rinnentechnologie, der maschinellen Ausbrucharbeiten und aufgrund

Abb. 10: Herausmanövrieren von Schlackenkrusten während des Abstichs an einem älteren Hochofen

Abb. 11: Aufbrechen und Entfernen heißer Schlackenreste aus den Rinnen eines älteren Hochofens

Abb. 12: Säubern der Rinnen an einem älteren Hochofen

Abb. 13: Ausbrucharbeiten an den Stichrinnen des neuen Hochofens B mit einem Bagger

Abb. 14: Die mit dem Gießhallenboden auf gleicher Höhe liegenden Abdeckhauben der Roheisen- und Schlackenrinnen können problemlos von Flurförderzeugen überquert werden

des Ausgießens der Rinnen ein Teil der früheren Unfallschwerpunkte des gesamten Hochofenbetriebes weggefallen, da die Gefährdungen beim Zustellen, Stampfen und Säubern der Rinnen nicht mehr bestehen.

Die bisher angeführten Tätigkeiten stellten früher sowohl von der Höhe, als auch von der Dauer die Hauptbelastungen der Schmelzer dar. Durch die technologischen Neuerungen und durch ergonomische Überlegungen im Planungsstadium wurden die Bedingungen zur Ausführung dieser Tätigkeiten im Vergleich zu alten Hochofenanlagen entscheidend verbessert. Insofern hat sich die Tätigkeits- und Belastungsstruktur der Schmelzer positiv verändert. Über die bereits genannten Verbesserungen hinaus ließ sich in der neuen Gießhalle eine ganze Reihe weiterer Verbesserungen erreichen, die im folgenden angeführt werden:

■ Die Abdeckhauben für die Roheisen- und Schlackenrinnen sind ebenerdig im Gießhallenboden integriert. Insbesondere ist die dadurch erreichte Überfahrbarkeit dieser Rinnen mit dem Gabelstapler produktionstechnisch und ergonomisch von großem Vorteil (s. Abb. 14). Gleichzeitig wurde die Gießhalle aufgrund der Rinnengestaltung überschaubarer (s. Abb. 3), da an dieser Stelle die Sichthindernisse in Form der früheren hohen Haubenaufbauten der Roheisen- und Schlackenrinnen des Hochofens A nicht mehr bestehen.

■ Die Belegung der Gießhalle und der Formenbühne sowie der Transport der Betriebsmittel wurden insbesondere aufgrund einer systematischen Simulation der einzelnen Vorgänge in ihrer prozeßbedingten zeitlichen Abfolge frühzeitig geplant. Dabei konnte eine Reihe von Belegungs- und Transportproblemen erkannt und durch bauliche sowie ablauforganisatorische Maßnahmen gelöst werden. Die Simulation erfolgte auf folgende Weise: Der Grundriß der Gießhalle und der Formenbühne wurde spiegelbildlich auf die Unterseite einer 0,2 mm dicken Transparentfolie im Format DIN A 0 aufgezeichnet. Auf der oberen, glatten Seite dieser Folie wurden die aus durchsichtiger Folie ausgeschnittenen Grundrisse der verschiedenen Arbeitsmittel mit doppelseitig klebendem Tesafilm fixiert. Dieses Verfahren hat zwei wesentliche Vorteile: Zum einen lassen sich die Folien der Arbeitsmittel während der Simulation beliebig häufig an verschiedenen Stellen im Anlagengrundriß neu fixieren, und zum anderen können Zwischenergebnisse und die prozeßbedingten, aufeinanderfolgenden Belegungsphasen durch Lichtpausen festgehalten werden. Abbildung 15 zeigt einen Ausschnitt der Belegungsplanung der Formenbühne, jedoch in starker Verkleinerung, um hier optisch wenigstens einen gewissen Eindruck von dieser Simulationsmethode zu geben. Im einzelnen hat die Planung der Gießhallenbelegung zu folgenden Ergebnissen geführt:

– Die Betriebs- und Arbeitsmittel werden immer am gleichen Ort übersichtlich gelagert, um den in vier Schichten beschäftigten verschiedenen Mitarbeitern unnötiges Suchen zu ersparen.

– Die Belegung der Gießhalle ist so geplant worden, daß eine ausreichende Bewegungsfreiheit an allen Stellen, bei allen Tätigkeiten und bei allen Transportvorgängen sichergestellt ist, Stolper- sowie Stoßgefahren vermieden sind und am Kran hängende Lasten möglichst wenig gedreht werden müssen.

– Durch Anbringung geeigneter Vorrichtungen, z. B. für das Gezähe, können Arbeitsmittel ergonomisch günstig abgelegt werden (s. Abb. 16). Andere Ablagevorrichtungen, z. B. für die Schablonen, dienen der Standsicherheit von Arbeits- und Betriebsmitteln mit hochgelegenem Schwerpunkt.

– Für den Transport der schweren Kipprinnen wurde ein »C-Haken« (s. Abb. 17) eingesetzt, der ein problemloses, einfaches Anschlagen ohne manuellen Eingriff und dementsprechend ohne körperliche Belastungen sowie ohne Verletzungsgefahren ermöglicht. Der »C-Haken« hat seinen Standort unter dem Gießhallenboden, so daß er in der Gießhalle keine Stellfläche beansprucht. Für den Einsatz wird der »C-Haken« durch eine abdeckbare Öffnung im Gießhallenboden in die Halle gezogen.

– Das Anschlagen des sogenannten Vierspänners an den Kran war früher mit erheblichen Anstrengungen und mit Verletzungsgefahren verbunden. Eine einfache Aufnahmevorrichtung (Abb. 18) erlaubt nun das Anschlagen ohne manuellen Eingriff (Abb. 19).

– Quetschgefahren ließen sich dadurch vermeiden, daß für große Teile geeignete Ablagestellen eingerichtet wurden. In der Diskussion hierüber wurde z. B. die Notwendigkeit erkannt, die schweren Abdeckungen für die Kipprinnen so zu konstruieren, daß sie platzsparend und ohne kritischen Abstand zu anderen Einrichtungen übereinander gelagert werden können (s. Abb. 20).

■ Die Flursteuerung des Krans (s. Abb. 21) ermöglicht eine Arbeitsbereicherung im Sinne der Arbeitsstrukturierung, da ein großer Teil der Mitarbeiter den Kran betätigen kann. Die Kranführertätigkeit ist nicht mehr auf die Krankanzel mit der dort erzwungenen einseitigen Körperhaltung und Bewegungsarmut beschränkt. Außerdem ermöglicht der flurbetätigte Kran eine größere Präzision beim Kranfahren (vgl. Abb. 19) und führt wegen der besseren Kommunikation zwischen Kranführer und ggf. erforderlichem Anschläger zu einer höheren Arbeitssicherheit.

■ Die Beleuchtung der Gießhalle wurde nach den Grundsätzen der DIN 5035 vom Oktober 1979 ausgelegt und ist gegenüber der Beleuchtung vergleichbarer anderer Anlagen, insbesondere durch eine hohe Blendungsbegrenzung, wesentlich verbessert worden (Abb. 2, 3 und 22). Die blendungsfreie Beleuchtung erfolgt durch Quecksilberdampf-Hochdrucklampen, die für diesen Zweck besonders geeignet sind. Kontrollmessungen haben ergeben, daß die Anforderungen der DIN 5035, Teil 2, erfüllt worden sind.

■ Der Beurteilungspegel des Schalldruckes an den verschiedenen Arbeitsplätzen in der Gießhalle liegt zum Teil weit unter 90 dB (A), so daß es am Hochofen keine Lärmbereiche gibt und Gehörschutz nicht getragen werden muß. Dies ist auf eine Reihe schallmindernder Maßnahmen zurückzuführen, z. B. auf die Dichtheit der

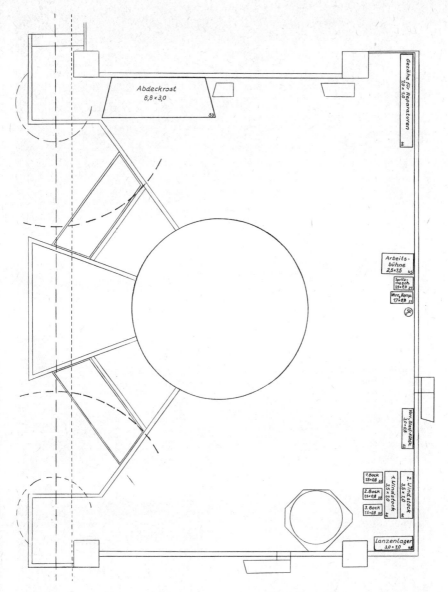

Abdeckrost
8,8 × 3,0

Gestell für Reparaturen
7,0 × 1,0

Arbeits-
bühne
2,5 × 7,5

Spritz-
masch.
1,5 × 1,0

Vers.Komp.
1,7 × 0,8

Vers.Dest.Gehäu.
3,0 × 0,8

1.Bock
1,5 × 0,8

2.Bock
1,5 × 0,8

3.Bock
1,5 × 0,8

4.Windstock
3,5 × 1,0

2.Windstock
3,5 × 1,0

Lanzenlager
3,0 × 1,0

Abb. 15: Ausschnitt aus der Belegungsplanung der Formenbühne in starker Verkleinerung. Die Darstellung läßt deutlich die Geräumigkeit der Formenbühne erkennen, die ein Gabelstapler, z. B. zum Wechsel der Blasformen, ohne weiteres befahren kann. Vgl. auch den Text im Kap. 4.3

125

Abb. 16: Vorrichtungen zur Aufnahme des Gezähes, also der Werkzeuge der Schmelzer

Abb. 17: Der eigens zum Transport der schweren Kipprinnen konstruierte, 4,5 m hohe »C-Haken«

Abb. 18: Aufnahmevorrichtung für den sogenannten Vierspänner

Abb. 19: Mit Hilfe der Aufnahmevorrichtung kann der sogenannte Vierspänner ohne manuelle Eingriffe angeschlagen werden

Abb. 20: Die großen Abdeckhauben für die Kipprinnenöffnungen wurden so konstruiert, daß sie sich übereinander stapeln lassen. Auf diese Weise konnten bei der Gießhallenbelegung Stellfläche gespart und Bewegungsraum freigehalten werden

Abb. 21: Flursteuerung des Gießhallenkrans

Abb. 22: Deckenleuchten in der Gießhalle

Abb. 23: Schutz vor Wärmestrahlung am Steuerstand der Stichlochbohrmaschinen

Windarmaturen, den Schalldämpfer an den Stichlochbohrmaschinen oder die schalldämmende Wirkung der Halle gegenüber Geräuschen benachbarter Anlagenteile.

■ Der Wärmeschutz am Steuerstand des Wandschwenkkrans (s. Abb. 23), der beim Bohren und Stopfen des Stichloches die Stichrinnenhaube transportiert, ist gegenüber früheren Ausführungen wesentlich verbessert worden.

4.3 Formenbühne

Die ergonomischen Verbesserungen in der Gießhalle erstrecken sich zum Teil auch auf den Gestaltungszustand der Formenbühne. Dies gilt vor allem für
– die Belegungsplanung,
– die Platzverhältnisse (s. Abb. 15 und 24),
– den Transport der Betriebs- und Arbeitsmittel,
– die Übersichtlichkeit und die Vermeidung von Unfallgefahren (z. B. Stolperstellen oder ungünstige Verkehrswegegestaltung),
– das Klima und die Belüftung,
– die geringe Staubbelastung,
– die Beleuchtung usw.
Die Platzverhältnisse auf der geräumigen Formenbühne (s. Abb. 24) ermöglichen es, Reparaturen, z. B. den Wechsel der Windarmaturen oder den Blasformenwechsel, unter günstigeren Arbeitsbedingungen als an älteren Hochöfen auszuführen. Der Gabelstapler läßt sich auf der Formenbühne wegen der geräumigen Platzverhältnisse gut manövrieren, so daß die Arbeit insbesondere beim Blasformenwechsel (s. Abb. 25) schneller und präziser erfolgen kann und die erforderlichen Steuerungstätigkeiten weniger hohe signalisatorisch-motorische Anforderungen an den Fahrer des Gabelstaplers stellen.
Die Art der Beschriftungen von Schildern u. ä. auf der Formenbühne und in anderen Bereichen der Hochofenanlage ist, wie bereits am Hochofen A, so ausgeführt worden, daß die Zeichen trotz Staubanfalls, der in einem Hochofenbetrieb auch bei optimalen Absaugeeinrichtungen nicht ganz vermeidbar ist, auf Dauer ohne Reinigung erkennbar bleiben: Staub kann die Ziffern und Buchstaben nicht unkenntlich machen, da die Zeichendarstellung, wie auf Abbildung 26 an den Nummern der Blasformen zu sehen ist, durch Aussparung im Blech erfolgte.

4.4 Ofen- und Schachtbühnen

Die Treppen, die zu den Ofen- und Schachtbühnen im Treppenturm führen, haben
– wie übrigens auch alle anderen Treppen im gesamten Bereich des Hochofens B –

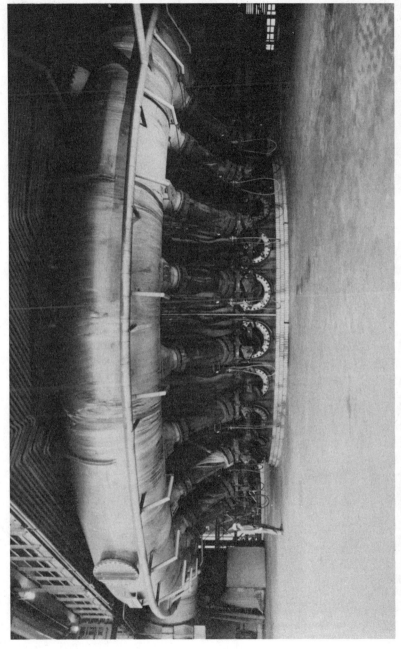

Abb. 24: Die Formenbühne bietet ausreichenden Platz für alle Arbeitsvorgänge, auch zum Manövrieren eines Gabelstaplers, der mit dem Hallenkran von der Gießbühne auf die Formenbühne transportiert wird

Abb. 25: Wechsel einer Blasform auf der Formenbühne mit Hilfe eines Gabelstaplers

Abb. 26: Die Beschriftungen in der Hochofenanlage B erfolgten durch Aussparungen im Blech, so daß die Zeichen nicht verschmutzen können

einen ergonomisch optimalen Steigungswinkel erhalten (s. Abb. 27), so daß sich die Höhenunterschiede mit weniger Anstrengung und sicherer als in vielen vergleichbaren, früher gebauten Anlagen überwinden lassen.

Die Ofen- und Schachtbühnen am Hochofen B sind geräumiger angelegt und besser beleuchtet als Bühnen anderer Hochöfen (s. z. B. Abb. 28). Dies hat positive ergonomische Auswirkungen auf die Ausführung aller Daueraufgaben sowie aller Wartungs- und Reparaturtätigkeiten, z. B.

– lassen sich alle Kontrollgänge jetzt leichter durchführen,

– bestehen sehr viel bessere räumliche Bedingungen für das sogenannte Muxen, das bei späteren Großreparaturen zur Ausbesserung der Ofenauskleidung mit Feuerfestmaterial erforderlich wird, und

– für den Wechsel der Kühlkästen haben sich ebenfalls die Platzverhältnisse wesentlich verbessert.

Darüber hinaus ist der Kühlkastenwechsel jetzt durch die günstige Anordnung der Kühlkästen im Hochofen (s. Abb. 28), durch die schmale Bauweise der Kästen (s. Abb. 29) und durch geeignete Vorrichtungen ohne die ursprünglichen großen Anstrengungen und ohne die früheren Sicherheitsrisiken möglich.

Die Tätigkeit der Wasserwärter ist günstiger gestaltet worden, indem die Armaturen so angebracht wurden, daß sie sich besser ablesen lassen und keine Gefahr mehr besteht, sich daran zu stoßen (s. Abb. 30). Gleiches gilt bezüglich der Ventile, die in übersichtlichen Ventilständen zusammengefaßt sind (s. Abb. 31). Da hierdurch für die Betätigung der Ventile jetzt nur noch ein Wasserwärter erforderlich ist (vorher waren es zwei), schließen sich Falschbetätigungen durch Verständigungsfehler aus.

Die vielen Meßumformer, die mit ihren Anzeigen, Ventilen und Stellteilen an anderen Hochöfen dezentralisiert angeordnet sind, wurden am Hochofen B in einem besonderen Raum untergebracht.

Aufgrund dieser Konzentration und der übersichtlichen Anordnung läßt sich ein bestimmtes Teil ohne längeres Suchen schnell auffinden. Erforderliche Tätigkeiten an diesen Einrichtungen können beim Hochofen B zudem geschützt vor Witterungseinflüssen ausgeführt werden.

Auf allen Ofenbühnen sind Anschlußmöglichkeiten für Strom, Gas, Preßluft, Sauerstoff und Gebrauchswasser geschaffen worden, so daß ein umständliches und anstrengendes Verlegen von Leitungen und Schläuchen über mehrere Bühnen hinweg nicht mehr erforderlich ist. In der Folge reduzieren sich hierdurch Stolper- und Unfallgefahren.

Der Elektroschieber auf der Gichtbühne läßt sich für die Vorbereitungsarbeiten zum Stillsetzen des Hochofens im Unterschied zu den früheren Handschiebern von einem gesicherten Fahrstand aus betätigen (s. Abb. 32). Die günstigen Platzverhältnisse wirken sich auch in diesem Bereich auf alle Arbeiten ergonomisch positiv aus.

135

Abb. 27: Die Treppenaufgänge im Bereich des Hochofens B haben einen ergonomisch opti-malen Steigungswinkel

Abb. 28: Die geräumigen Ofen- und Schachtbühnen bieten ausreichend Platz für alle durchzuführenden Tätigkeiten

Abb. 29: Kühlkasten

Abb. 30: Übersichtlich und in ergonomisch günstiger Höhe angeordnete Armaturen und Ventile auf einer Schachtbühne des Hochofens B

Abb. 31: Ventilstand

Abb. 32: Für die Vorbereitungsarbeiten zum Stillsetzen des Ofens läßt sich der Elektroschieber von einem sicheren Standort aus betätigen. Die Gichtbühne bietet ausreichend Platz für die Durchführung dieser Arbeiten

4.5 Möllerung und Bandanlage

Die angestrebte Leistungsfähigkeit des Hochofens B läßt sich nur erreichen, wenn die erforderliche Gewichtsgenauigkeit sowie die notwendige Zuverlässigkeit in der Möllerung gewährleistet und die Mengenprobleme sicher beherrscht werden. Diese Ansprüche sind für den Hochofen B mit einem konventionellen Möllerwagen nicht mehr erfüllbar, so daß die Möllerung und die Bandanlage automatisiert werden mußten.

Die Automatisierung hat dazu geführt, daß es jetzt in diesem Bereich, in dem produktionsbedingt zufriedenstellende Arbeitsbedingungen praktisch nicht realisierbar sind, Dauerarbeitsplätze nicht mehr gibt. Nur bei Wartungsaufgaben und Störungsbeseitigungen müssen Mitarbeiter vor Ort tätig werden. Für die in der Anlage zeitweise noch erforderlichen Tätigkeiten wurde eine Reihe von Montage- und Demontagehilfen in Form von Laufkatzen und Hebezeugen eingerichtet (s. Abb. 33). Durch die Entstaubung der Möllerung wurden dort die Umgebungsbedingungen verbessert. Die Umhausung der Bandanlage, die sich nur durch Lösung schwieriger bautechnischer Probleme unter den Bunkern anordnen ließ, hat schließlich zu dem Vorteil geführt, daß die Mitarbeiter vor Witterungseinflüssen geschützt werden.

4.6 »Gasseite«

Die übersichtliche Anordnung der Anlagenteile sowie die günstigen Platzverhältnisse (vgl. z. B. Abb. 32) wirken sich ergonomisch positiv auf die Durchführung von Wartungs- und Reparaturarbeiten aus.
Die Kommunikationsmöglichkeiten sind gegenüber vergleichbaren anderen Anlagen entscheidend verbessert worden (s. Abb. 34).
Ergonomisch verbessert wurden auch die Fahrstände. Der Brillenschieber (Absperrorgan) läßt sich von einem gesicherten Standort aus verfahren; der Mitarbeiter hat dabei aufgrund der günstigen räumlichen Bedingungen einen guten Überblick (s. Abb. 34).

4.7 Aufenthalts- und Sanitärräume im Gießhallenbereich

Alle Räume wurden so angeordnet, daß sie gut erreichbar sind. Das Ziel der Planung war es, einerseits die Räume von der Gießhalle und ihren Umgebungsbedingungen – auch wenn diese am Hochofen B erheblich verbessert worden sind – abzuschirmen und andererseits den Mannschaftsraum, die Boxen für die Werkzeuge und die Schutzkleidung sowie den CO-Filterraum nahe beieinander zu le-

Abb. 33: Teil der Möllerung. Rechts neben der Treppe hängt die Steuerbirne eines Hebezeuges

Abb. 34: Das Bild zeigt exemplarisch die auf den Bühnen und in anderen Bereichen der Hochofenanlage B installierten Wechselsprechanlagen. Rechts auf dem Bild ist der Fahrstand für den Brillenschieber zu erkennen, bei dessen Betätigung der Mitarbeiter sich an einem gesicherten Standort befindet und die Anlagenteile (im Bild links unten) gut überblicken kann

gen. Der Mannschaftsraum ist über die Treppe an der Mauer des Windenhauses auch von der Formenbühne aus schnell zu erreichen.

Der 11,5 m² große Oberschmelzerraum liegt außerhalb der Gießhalle, ist von der Gießhalle aber direkt erreichbar. Vom Oberschmelzerraum lassen sich die Gießhalle mit den beiden Abstichlöchern und außerdem die Gleisanlagen vor der Gießhalle gut überblicken. Der Oberschmelzerraum ist temperiert sowie schall- und wärmeisolierend verglast.

Der Mannschaftsraum und die Toiletten liegen neben dem Windenhaus. Sie sind über eine Treppe von der Gießbühne aus zu erreichen (Höhendifferenz 1,70 m). Der Mannschaftsraum hat eine Größe von ca. 4,50 × 6,20 m (ca. 28 m²). Mannschaftsraum und Toiletten haben von außen getrennte Eingänge, damit es nicht zu Geruchsbelästigungen kommt.

Vor dem Mannschaftsraum liegt ein Vorraum, der als Eingangsschleuse zum Mannschaftsraum zur Abschirmung vor Schall, Hitze, Schmutz usw. fungiert und aus hygienischen Gründen mit einer Ablage für die Arbeitskleidung versehen wurde.

Zum Ablegen von Werkzeugen und Schutzkleidung der Schmelzer dienen Doppelboxen (jeweils 2,50 m breit und ca. 1,25 m tief), die in Gießhallenhöhe zwischen Treppenturm und Treppe zum Mannschaftsraum stehen. Der Raum für CO-Filter liegt direkt neben dem Personenaufzug und dem Treppenturm auf Gießbühnenhöhe. Hier können die Filter vor Begehen oder Befahren des Ofens ohne Umwege entnommen und nach Gebrauch wieder abgelegt werden.

4.8 Büro- und Sanitärräume im Betriebsgebäude

Die Räume des Betriebsgebäudes wurden im Vergleich zu Arbeits- und Sanitärräumen früher errichteter Hochofenbetriebe ganz wesentlich verbessert. Dies bezieht sich auf die Größe der Räume, ihre Anzahl und auf ihre Ausstattung. Einige Gestaltungsaspekte sollen hier aufgeführt werden:

■ Durch größere Auslegung der Räume wurde die Voraussetzung für eine günstige Belegung und Anordnung der Arbeitsplätze, z. B. unter dem Aspekt des Lichteinfalls, geschaffen.

■ Die Beleuchtungseinrichtungen erfüllen die in DIN 5035 vom Oktober 1979 festgelegten Anforderungen an die Beleuchtungsstärke und an die Blendungsbegrenzung.

■ Die Räume sind klimatisiert und dadurch praktisch staubfrei. Die Fenster lassen sich öffnen.

■ Alle Räume erhielten eine gute Schallisolierung und sind voneinander akustisch gut abgeschirmt.

■ Die Kommunikationseinrichtungen im Betriebsgebäude sind im Vergleich zu früheren Einrichtungen erheblich verbessert worden.

■ Für die Ausstattung der Büroräume mit Schreibtischen, Stühlen etc. waren ergonomische Überlegungen ausschlaggebend.

■ Der Rechnerraum wurde vor allem im Hinblick auf eine Einrichtung mit Bildschirmgeräten sowie mit wärme- und schallerzeugenden Datenverarbeitungsgeräten konzipiert:

– Eine Akustikdecke und eine spezielle Akustik-Holzverkleidung mit hohem Schallabsorptionsgrad sorgen für eine gute Schalldämpfung und somit für eine kurze Nachhallzeit. Auf diese Weise ist eine gute akustische Verständigung unter den Mitarbeitern und bei Telefongesprächen möglich.

– Die Leuchtenbänder wurden in die Akustikdecke integriert, ihre Längsrichtung wurde auf die ergonomisch günstige Anordnung der Bildschirme im Raum (Aufstellung fensterfern mit Blickrichtung parallel zum Fenster) abgestimmt.

– Die gewählte Beleuchtungsstärke, die Leuchtenart, die Blendungsbegrenzung und die Leuchtenanordnung ermöglichen eine gute Erkennbarkeit der Bildschirmdaten und vermeiden Spiegelungen, Reflexe sowie Blendungsphänomene.

– Der Rechnerraum erhielt Fenster, obwohl diese nach der Arbeitsstätten-Verordnung wegen fehlender Dauerarbeitsplätze nicht erforderlich gewesen wären und obwohl mit dem Einbau der Fenster, insbesondere durch den zur Fensterreinigung notwendigen zusätzlichen Laufsteg, ein erheblicher Mehraufwand verbunden war.

■ Die Farbgebung aller Räume erfolgte unter farbpsychologischen Aspekten und unter Beteiligung der Betroffenen.

■ Ergonomische Erkenntnisse wurden auch der Gestaltung der Besprechungs- und Schulungsräume zugrunde gelegt.

4.9 Zentralwarte

Besonderes Augenmerk ist der Gestaltung der Zentralwarte des Hochofens B gewidmet worden, weil eine konventionelle Ausrüstung, ein Leuchtschaltbild, eine Reihe von Bildschirmgeräten und Monitoren, Protokolldrucker, Hardcopy-Geräte, ein Ingenieurarbeitsplatz, Hilfsinformations- und Kommunikationseinrichtungen sowie eine Pausenzone in einem einzigen Raum unterzubringen und dabei mehrere ergonomische Probleme zu lösen waren, z. B. die Vermeidung von zu großen Helligkeitsunterschieden, von Blendungen und von Spiegelbildern bei guter Wartenbeleuchtung und gleichzeitig guter Erkennbarkeit aller Anzeigen und Stellteile. Diese und weitere Probleme konnten nur gelöst werden, weil sie bereits in ganz frühem Planungsstadium von der Projektleitung angegangen und schon bei der Festlegung des Wartengrundrisses diskutiert und berücksichtigt worden sind. Die Abbildungen 35 und 36 vermitteln einen Eindruck von der Zentralwarte des Hochofens B. Die Abbildung 37 gibt im Vergleich dazu einen Ausschnitt aus der

Warte eines älteren, nicht mehr betriebenen Hochofens wieder. Im einzelnen ist auf folgende Gestaltungsaspekte der Zentralwarte hinzuweisen:

■ Die Fenster in der Warte wurden so angeordnet, daß einerseits eine ausreichende Sichtverbindung zum Hochofen möglich ist, andererseits jedoch weder Reflexe auf spiegelnden Anzeigen noch zu große Kontraste bei der Beobachtung der Bildschirme und der Wartentafeln auftreten. Aus diesem Grunde wurden die Wartentafeln bis zur Decke hochgezogen und der Raum im Fensterbereich als Pausenzone eingerichtet.

■ Die Wartentafeln wurden in der Form eines Polygonzuges angeordnet, damit der am Pult sitzende Betrachter zur Vermeidung von Parallaxen möglichst senkrecht auf die Tafeln blickt. Außerdem wurden auf diese Weise annähernd gleiche Sehentfernungen zu den Tafeln realisiert, so daß die Signale auf den zehn Tafeln vom Pult aus gleich gut erkannt werden können (s. Abb. 35). Die Bereiche für die Anzeigen auf den Tafeln wurden horizontal und vertikal entsprechend dem Gesichtsfeld und dem Umblickfeld der am Pult tätigen Betrachter dimensioniert. Die vertikale Anordnung der Stellteile an der Tafel erfolgte unter Berücksichtigung des fünften Perzentils der Körpermaße.

■ Entscheidend für die Bestimmung der Anzeigenleuchtdichte und der Lampenart war eine gute Erkennbarkeit der Anzeigen (möglichst große Helligkeit und gute Ausleuchtung der optischen Signale). Die Simulation der Anzeigendichte mit der geplanten vertikalen Tafelbeleuchtungsstärke ergab, daß Glühlampen bezüglich der Helligkeit und der Ausleuchtung der Anzeigen den alternativ angebotenen Dioden deutlich überlegen waren. Aus diesem Grund wurden für die Anzeigenbeleuchtung Glühlampen statt Dioden eingesetzt (s. Abb. 38).

■ Schriftart und -höhe der Tafelbeschriftungen wurden so gewählt, daß sie sich bei normalem Beobachtungsabstand (Stehen vor der Tafel) gut erkennen lassen. Zur besseren Lesbarkeit wurde Groß- und Klein-Schreibung bevorzugt.

■ Das Leuchtschaltbild, das in einem Fließschema durch Leuchtanzeigen die Betriebszustände der Möllerung, Begichtung, Ofenkühlung und Wasserwirtschaft sowie der Gießhallenentstaubung wiedergibt (s. Abb. 39 und 40), liefert eine übersichtliche Gesamtdarstellung der Anlage, erleichtert es, sich die Anlagenkonstellation vorzustellen und dient der guten Beobachtung der Produktionsabläufe. Weiterhin waren für die Gestaltung des Leuchtschaltbildes folgende Details von Bedeutung:

– Wenn mehrere Störungen gleichzeitig auftreten, müssen vom Meßwärter unter Umständen schnell Prioritäten zur Störungsbehebung gesetzt werden. Hierzu ist es erforderlich, daß die auftretenden Störungen gleichzeitig angezeigt werden und sich den Anlageaggregaten direkt und eindeutig zuordnen lassen. Um dies zu erreichen, wurden verschiedene Varianten des Fließschemas unter den Aspekten der Gruppierung, der Erkennbarkeit und der Zuordnung simuliert, und damit wurde die endgültige Darstellung des Fließschemas optimiert. Zur besseren Inter-

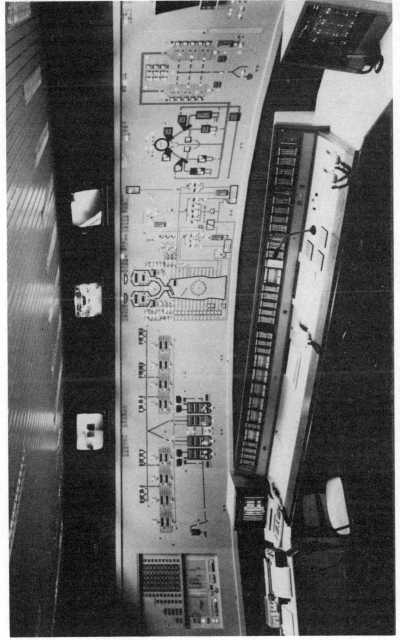

Abb. 35: Zentralwarte des Hochofens B mit Pult und Wartentafeln. Die Wartentafeln sind in einem Polygonzug angeordnet, um Parallaxen zu vermeiden und annähernd gleiche Sehenfernungen für den Betrachter zu erreichen

145

Abb. 36: Zentralwarte des Hochofens vom Ingenieurplatz aus gesehen

Abb. 37: Teil der Warte eines älteren, nicht mehr betriebenen Hochofens

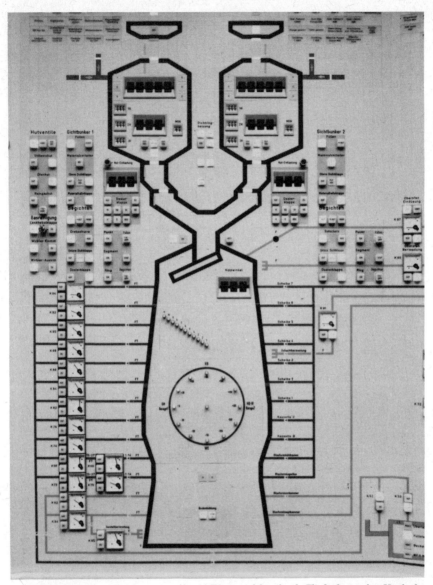

Abb. 38: Dieser Ausschnitt aus einer der 10 Wartentafeln gibt als Fließschema den Hochofen B im Querschnitt wieder. Die Symbole, z. B. die Durchflußrichtungen, dargestellt in Form von Pfeilen, oder die Klappen, dargestellt als rechteckige Balken, sind zur besseren Erkennbarkeit nicht durch Dioden, sondern durch Glühlampen beleuchtet. Vergleiche den Text

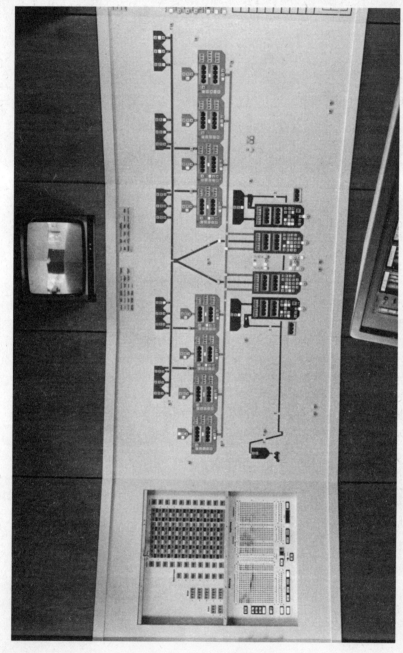

Abb. 39: Möllerung der Hochofenanlage B, dargestellt als Fließschema in Form eines Leuchtschaltbildes. Weitere Erläuterungen finden sich im Text

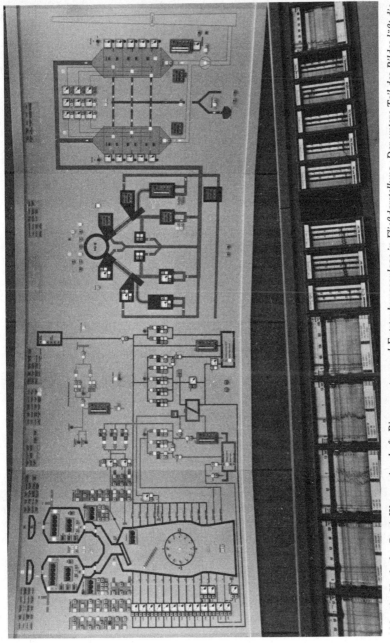

Abb. 40: Hochofen B mit Wasserwirtschaft, Rinnensystem und Entstaubungsanlage in Fließdarstellung. Der untere Teil des Bildes läßt die im Aufsatz des Wartenpultes angeordneten Instrumente erkennen, auf deren Glasscheiben sich weder Leuchten, noch andere helle Flächen spiegeln

149

pretation der Anzeigen und Symbole im Leuchtschaltbild wurden einheitlich folgende Bedeutungen gewählt: Anzeige leuchtet nicht = Aggregat nicht in Betrieb; Anzeige zeigt Dauerlicht = Aggregat in Betrieb; Blinklicht = Aggregat gestört.

– Die farbliche Gestaltung des Leuchtschaltbildes (sowie auch die der Wartentafeln, des Pultes und der anderen Warteneinrichtungen) erfolgte unter farbpsychologischen Gesichtspunkten und unter Berücksichtigung der hierfür einschlägigen Normen (DIN 2403 und DIN 4844). Die Farbgestaltung der Warte wurde auch von Außenstehenden insgesamt als ausgesprochen gelungen bezeichnet.

■ Die Monitoren zur Betriebsbeobachtung wurden so über den Wartentafeln angebracht, daß sie sich vom Pult aus gut und ohne Blendungen und Spiegelbilder betrachten lassen (s. Abb. 35, 36 und 40). Diesem Zweck dienen auch die oberhalb der Monitoren angebrachten Blenden und die Neigung der Schirme nach vorn.

■ Das Pult wurde in seiner Form, in seinen Dimensionen und in der räumlichen Plazierung so konzipiert, daß die gesamte Fläche der Wartentafeln von hier aus beobachtbar ist (s. z. B. Abb. 35), daß sich auf den Glasscheiben der Instrumente und auf den Bildschirmen am Pult keine Leuchten oder andere helle Flächen spiegeln (s. Abb. 40) und daß ausreichend Platz für alle übrigen Einrichtungen besteht.

Das Pult erhielt eine optimale Höhe der Tischplatte und des Aufsatzes. Der Pultaufsatz wurde geneigt, um senkrecht auf die Instrumente blicken zu können (s. Abb. 36). Im gesamten Bereich des Pultes wurde eine ausreichende Beinraumhöhe und Beinraumtiefe erreicht (s. z. B. Abb. 35). Der Beinraum ermöglicht den Meßwärtern das (insbesondere für die Beindurchblutung günstige) dynamische Sitzen. Unter dem gleichen Aspekt sind auch die Stühle ausgewählt worden.

■ Die Aufstellung der Bildschirme auf dem Pult wurde so geplant, daß eine gute Zeichenerkennbarkeit, Blendungsfreiheit (s. Abb. 41) und die Erreichbarkeit mit dem Lichtgriffel gewährleistet sind, ohne daß dies physiologisch ungünstige Körperhaltungen erfordert und ohne daß die Sicht auf die Wartentafeln beeinträchtigt wird (s. Abb. 42).

■ Die Bildschirmgeräte bieten durch Informationsverdichtung und durch die Möglichkeit der Darbietung gezielter Detailinformationen eine wesentliche Hilfe, um die Anlage zu überwachen, die Störungsursachen zu erkennen und den Hochofenprozeß zu führen. Die Bildschirminformationen sind als ein Angebot zu verstehen, mit dem sich vor allem die Anlagenvorgänge leichter überblicken lassen als anhand der vielen Einzelinformationen. Auf den Bildschirmgeräten wird folgendes dargestellt (s. z. B. Abb. 41):

– die Fließschemata aller Anlagen,
– die Regelkreise und Meßwerte,
– Betriebsdaten und Störwerte,

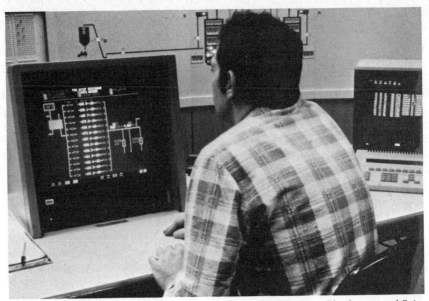

Abb. 41: Die Zeichen auf den Bildschirmen lassen sich gut erkennen, Blendungen und Spiegelbilder treten nicht auf. Vgl. den Text

Abb. 42: Die Bildschirme lassen sich mit dem Lichtgriffel gut erreichen

- Zeitreihen (Kurven) und
- Ereignisprotokolle.

Die Informationsverdichtung und die Möglichkeit des gezielten Abrufes von Störungsursachen sind nicht nur für eine günstige Ofenführung, sondern auch im Hinblick auf die Vermeidung individueller Überforderungssituationen von Bedeutung. Diese technologische Entwicklung stellt ein anschauliches Beispiel für die Verknüpfung produktionstechnischer, wirtschaftlicher und ergonomischer Vorteile dar.

■ Die der Gestaltung des Pultes zugrunde gelegten ergonomischen Überlegungen wurden in ähnlicher Weise auch bei der Anordnung und Gestaltung des Rechner- und Ingenieurarbeitsplatzes mit den an den Prozeßrechner angeschlossenen Bildschirmgeräten berücksichtigt (s. Abb. 36). Für die Optimierung des Hochofenprozesses mit den Zielgrößen eines niedrigen Energieverbrauchs, einer hohen Leistung, einer gleichmäßigen Qualität und einer langen Lebensdauer der Anlage soll der Prozeßrechner helfen, auf den Bildschirmgeräten alle erforderlichen Informationen und Auswertungen zu liefern (s. Abb. 43). Hierdurch können die Ingenieuraufgaben anforderungsgerecht und ohne Überforderungen ausgeführt werden.

■ Die Planung der Wartenbeleuchtung erfolgte unter dem Aspekt der guten Wahrnehmbarkeit aller Informationen und der Blendungsfreiheit der Leuchten. Zu diesem Zweck wurden Spezialleuchten in die Decke integriert. Es handelt sich dabei um sogenannte Sideko-BAP--Leuchten in Darklight-Technik, die bei arbeitsbedingten, üblichen Blickrichtungen kaum heller als die Deckenfläche erscheinen und sich darin von anderen Deckenleuchten unterscheiden (vgl. z. B. die Abb. 35 oder 36).

Durch die Anordnung der Leuchten wurden folgende Ziele erreicht:
- angemessene Ausleuchtung der ganzen Warte (s. Abb. 35),
- aufgabengerechte Beleuchtungsstärke an den Tafeln und Pulten und in den übrigen Zonen der Warte (s. Abb. 36),
- gleichmäßige vertikale Beleuchtungsstärke an den Wartentafeln (s. Abb. 39 oder 40),
- Vermeidung von Spiegelungen in Glasscheiben (s. Abb. 40) und
- Aufhellung der Schlagschatten in den Instrumenten (s. z. B. den linken unteren Teil von Abb. 38 und den unteren Teil von Abb. 40).

Das letzte Ziel ließ sich nur dadurch realisieren, daß die Leuchten in ihrer Längsrichtung rechtwinkelig zu den Tafeln angeordnet worden sind und nicht, wie sonst üblich, parallel dazu. Zu welch starken Schlagschatten, ungleichmäßigen vertikalen Beleuchtungsstärken und störenden Blendungserscheinungen dagegen eine unzureichende Tafelbeleuchtung führt, demonstriert die in Abbildung 37 dargestellte ältere Warte einer nicht mehr betriebenen Hochofenanlage.

Um sicherzustellen, daß sich die Leuchten nicht in den Bildschirmen spiegeln,

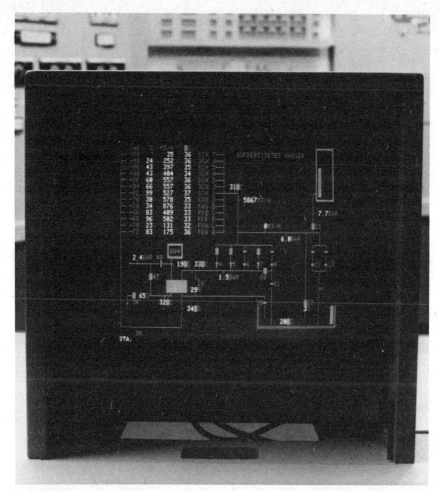

Abb. 43: Der Prozeßrechner liefert zur Optimierung des Hochofenprozesses Informationen und Auswertungen, die auf dem Bildschirmgerät am Ingenieurarbeitsplatz dargestellt werden. Vgl. den Text

153

wurden überdies bereits im Planungsstadium die Ein- und Ausfallwinkel der Leuchten für alle Dauerarbeitsplätze zeichnerisch überprüft und die Ergebnisse dieser Prüfung bei der Leuchtenanordnung berücksichtigt.

■ Die Klimatisierung wurde ergonomisch optimiert. Die Luftzufuhr erfolgt durch eine Vielzahl von Düsen an der Wartendecke. Nach Austritt aus diesen Düsen wird die Luft sofort verwirbelt, so daß Zugluft nicht auftreten kann. Zusätzlich wurden die Deckenzonen über den Dauerarbeitsplätzen von der Eindüsung ausgespart.

Zur Anpassung an das unterschiedlich ausgeprägte thermische Wohlbefinden, das intra- und interindividuell schwankt, ist die Temperatur in der Warte von den Mitarbeitern selbst regelbar.

■ Die Warte wurde so gestaltet, daß durch kurze Nachhallzeiten, hohe Schalldämpfung und gute Schallabschirmung gegenüber Außengeräuschen gute raumakustische Bedingungen geschaffen wurden. Als Mittel hierfür dienen Akustikdecke, absorbierende Wandverkleidungen, Teppichauskleidungen in den Schranknischen (s. Abb. 44) und eine insgesamt schalldämmende Bauweise.

■ Die ansprechende Gestaltung der Pausenzone, der Schränke, der Ablagefläche und der übrigen Warteneinrichtungen zeigen schließlich die Abbildungen 44 und 45.

5. Zusammenfassende und abschließende Bemerkungen

Je mehr ergonomische Probleme nach der Inbetriebnahme einer neuen Anlage auftreten, um so eher ist dies ein Zeichen für Defizite der Planungsergonomie. In diesen Fällen sind ergonomische Probleme in die Zukunft verlagert worden. Dies ist um so bedauerlicher, da sich die Ziele menschengemäßer Arbeitsgestaltung durch korrektive Ergonomie oft nur mit größerem Aufwand als durch Planungsergonomie erreichen lassen und ergonomische Korrekturen an fertiggestellten Anlagen in manchen Fällen nicht mehr möglich sind.

Die Mannesmannröhren-Werke haben sich daher seit langem dafür entschieden, die Ziele der menschengemäßen Arbeitsgestaltung vorzugsweise auf dem Wege der Planungsergonomie zu erreichen. Der ergonomische Planungsbeitrag muß aber nicht nur gewollt sein, er muß auch realisiert werden. Die Möglichkeiten der Realisierung hängen davon ab, inwieweit folgende Voraussetzungen gegeben sind:

– Qualifizierte ergonomische Fachkunde muß zur Verfügung stehen und frühzeitig in den Planungsprozeß eingebracht werden.

– Der Ergonom muß sich mit dem Gesamtplanungsziel identifizieren, er muß die Fähigkeit zur Teamarbeit und eine gewisse taktische Begabung besitzen.

– Die Gestaltungsvorschläge sind aus dem technischen und wirtschaftlichen

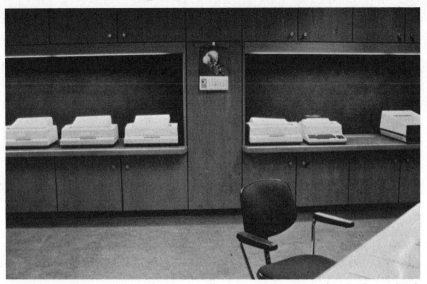

Abb. 44: Die Rückseite der Zentralwarte ist als geschlossene, bis zur Decke reichende Schrankwand gestaltet. Schranknischen dienen der Aufnahme der Protokolldrucker und der Hard-copy-Geräte. Zur Dämpfung der Druckergeräusche sind die Nischen mit schallschluk-kendem Teppich ausgekleidet

Abb. 45: Pausenzone in der Zentralwarte

155

Grundverständnis für die gesamte Anlage zu entwickeln, zur kritischen Diskussion zu stellen und ggf. den technischen und wirtschaftlichen Erfordernissen ohne Preisgabe des ergonomischen Zieles flexibel anzupassen.

– Planer und Hersteller müssen vom Erfordernis und der Richtigkeit konkreter ergonomischer Vorschläge überzeugt werden.

– Der Ergonom muß nicht nur über die erforderliche Beratungskompetenz verfügen, sondern für seine Empfehlungen auch die fachliche Verantwortung übernehmen.

– Die geplanten Arbeitssysteme sollen unter Hinzuziehung der betroffenen Mitarbeiter, Vorarbeiter, Meister und Belegschaftsvertreter schon im Planungsstadium systematisch darauf geprüft werden, welche Auswirkungen sie zukünftig auf die Mitarbeiter haben, um spätere Korrekturmaßnahmen im Sinne von § 91 BetrVG zu vermeiden. Die frühzeitige Unterrichtung des Betriebsrates und die Beratung mit ihm ist gemäß § 90 BetrVG eine gesetzliche Pflicht.

Wenn diese Bedingungen erfüllt sind, wenn die Planer und der Betrieb alle verfügbaren Fachkenntnisse nutzen, ergonomischen Aspekten gegenüber aufgeschlossen sind und wenn sich die Planungsarbeit zudem in einer ideenfördernden Atmosphäre vollzieht, wie es bei der Planung des Hochofens B der Mannesmannröhren-Werke der Fall war, dann darf ein in produktionstechnischer, wirtschaftlicher und arbeitsgestalterischer Sicht optimales Ergebnis erwartet werden.

Die Gestaltung der Arbeitsbedingungen in der Anlage des Hochofens B ist in Gruppenarbeit zustande gekommen. Das positive Ergebnis der technologischen Entwicklungen und der planungsergonomischen Bemühungen ist ein Verdienst aller Planungsbeteiligten, von den Planungsverantwortlichen und der Projektleitung bis hin zu den Fachberatern und den ausführenden Herstellern. Am Hochofen B wurden im Vergleich zu älteren Anlagen vor allem die negativen Umgebungseinflüsse auf ein Mindestmaß vermindert und die Tätigkeiten so gestaltet, daß schwere Körperarbeit im Normalfall nicht mehr auftritt. Über die deutlichen Verbesserungen der gesamten Arbeitsbedingungen, insbesondere über den Wegfall der meisten Hitzearbeiten, über die starken Staubminderungen, die Verringerung des Lärms und über die zahlreichen körperlichen Arbeitserleichterungen haben sich die Mitarbeiter am Hochofen B in den letzten eineinhalb Jahren immer wieder lobend geäußert. In diesen Äußerungen kommt uneingeschränkt eine hohe Zufriedenheit mit den Arbeitsbedingungen zum Ausdruck.

Die körperliche Arbeit wurde bis auf ein ergonomisch günstiges Niveau nicht nur durch technologische Neuerungen, sondern auch durch den Einsatz technischer Arbeitshilfen abgebaut. Die Steuerung dieser Arbeitshilfen stellt an die Mitarbeiter neue signalisatorisch-motorische Anforderungen, also Anforderungen an die Wahrnehmung, an die Sinnesorgane, die Informationsverarbeitung, die Reaktionsfähigkeit und an die Feinmotorik. Das Ausmaß dieser Anforderungen bewegt sich bezüglich ihrer Höhe und Dauer jedoch in einem Bereich, in dem weder

Unter- noch Überforderungen auftreten. Dies trifft sowohl für die Schmelzer, als auch für die Mitarbeiter in der Zentralwarte und in anderen Bereichen der Anlage zu.

Die jetzige, bezüglich körperlicher und psychischer Merkmale ausgewogene Anforderungsstruktur der Schmelzer- und Wärtertätigkeiten wird aufgrund des häufigen Anforderungs- und Arbeits(platz)wechsels, aufgrund der realisierten Arbeitserweiterungen und -bereicherungen sowie aufgrund der Vergrößerung des Handlungs- und Entscheidungsspielraumes von den Mitarbeitern positiv erlebt. Beigetragen hat hierzu insbesondere auch die einjährige, intensive Schulung und Vorbereitung der Mitarbeiter auf ihre neuen Aufgaben. Dadurch wurden sie nicht nur in die Lage versetzt, ihre Tätigkeiten ohne Überforderungen auszuüben, sondern sie konnten durch die Erfahrung, die Steuerung einer so hochtechnisierten Anlage und den Umgang mit den technischen Hilfen souverän zu beherrschen, auch persönlich Erfolge erleben.

Literaturverzeichnis

DGB-Bundesvorstand, Abt. Werbung-Medienpolitik (Hrsg.), Gewerkschaftsbarometer 1981, Gewerkschaftliche und politische Orientierungen in der Bundesrepublik, hektographierte Kurzfassung, o.O. o.J.

Hettinger, T., Müller, B. H., und *Peters, H.,* Verbesserung der Arbeitsbedingungen als Folge technischer Umgestaltung am Beispiel des Hochofens, in: Stahl und Eisen 103 (1983)3, S. 117-124.

Körner, H.-J., Munker, H., und *Schnauber, H.,* Grundlagen der menschengemäßen Gestaltung von Arbeitsplatz, -umgebung, -prozeß, in: Ausbildung Sicherheitsfachkräfte, Grundlehrgang A, hrsg. v. der Bundesanstalt für Arbeitsschutz und Unfallforschung und vom Hauptverband der gewerblichen Berufsgenossenschaften e.V., Köln 1976, Kap. II 14, S. 1-42.

Munker, H., Umgebungseinflüsse am Büroarbeitsplatz, Köln 1979.

Röbke, R., Wesen menschengerechter Arbeitsgestaltung, in: Taschenbuch der Arbeitsgestaltung, hrsg. v. IfaA, 3. Aufl., Köln 1980 a, S. 20-27.

Röbke, R., Arbeitsgestaltung, in: Grundbegriffe der Wirtschaftspsychologie, hrsg. v. *C. Graf Hoyos* u. a., München 1980 b, S. 316-327.

Röbke R., Ziele und Aufgaben der Arbeitsgestaltung und ihr Beitrag zur Humanisierung der Arbeit, in: Personalwesen als Managementaufgabe, Handbuch für die Personalpraxis, hrsg. v. *U. Spie,* Stuttgart 1983, S. 331-353.

Schneider, B., Grundlegende Übersicht über Methoden und Aufgaben der Arbeitsgestaltung, in: Arbeitssicherheit, Handbuch für Unternehmensleitung, Betriebsrat und Führungskräfte, hrsg. v. *H. Krause, R. Pillat* und *E. Zander,* Freiburg 1972, Gruppe 9, S. 1-10.

Schneider, B., Aspekte der Arbeitssicherheit und Ergonomie, Vortrag auf dem DGFP-Kongreß in Düsseldorf am 26. 11. 1981.

Schneider, B., Arbeitssicherheit als Führungsaufgabe – Vortrag auf dem 3. Internationalen Kolloquium für die Verhütung von Arbeitsunfällen und Berufskrankheiten in der eisen- und metallerzeugenden Industrie der I.V.S.S. in Palma de Mallorca am 15. 6. 1982.

Friedrich Kübel

Veränderung von Arbeitsplätzen aufgrund der Erfassung betrieblicher Gesundheitsrisiken

1. Einleitung

Die Rationalisierungsmaßnahmen in den vergangenen Jahren hatten auch Auswir-
kungen auf die Aktivitäten und Aussagemöglichkeiten unseres Betriebsärztlichen
Dienstes. Traditionelle Produktionsbereiche und -anlagen, wie z. B. Hochofen,
Thomas- bzw. Siemens-Martin-Stahlwerk, waren aufzugeben; sie haben modernen
Technologien weichen müssen. Die für diese Bereiche vorliegenden arbeitsmedizinischen Erkenntnisse, Daten und Maßnahmen, die auf Erfahrungswerten mehrerer Jahrzehnte basieren, haben daher heute für uns und weitgehend für die
Allgemeinheit keine Relevanz mehr. Für die neuen Technologien, wie Elektro-
stahlwerk und Stranggießanlage, mit ihren ergonomischen Problemen und Gesundheitsrisiken konnten bisher keine gesicherten arbeitsmedizinischen Erkenntnisse als Grundlage für umfassende Maßnahmen gewonnen werden.
Dieser Situation entsprechend kann ich für unsere Gesellschaft mit den beiden
Werken Duisburg-Hochfeld und Oberhausen[1] derzeit nur *exemplarisch* ausführen,
auf welchen Gebieten, mit welchen Methoden und für welche Zielgruppen sich
unsere arbeitsmedizinischen Aktivitäten zur Verringerung von betrieblichen Gesundheitsrisiken vollziehen.
Meine Ausführungen beziehen sich auf folgende Schwerpunkte:
– Ergonomie im kleinen
– Arbeitsmedizinische Vorsorgeuntersuchungen/Lärm
– Arbeitsmedizinische Untersuchung der Tätigkeit von Steuerbühnenmaschini-
sten im Walzwerk

2. Ergonomie im kleinen

Die menschengerechte Arbeitsplatzgestaltung krankt im wesentlichen noch an
zwei Dingen:

---

[1] Werk Oberhausen: Dr. med. Hans Nöllenheidt, Arzt für innere Medizin und Arzt für Betriebsmedi-
zin.
Werk Duisburg-Hochfeld: Dr. med. Klaus Jungsbluth, Arzt für Chirurgie und Arzt für Arbeitsmedizin
mit Weiterbildungsermächtigung für die Dienststellen Duisburg-Hochfeld und Oberhausen.

– Unter Ergonomie werden meistens große Aktionen verstanden, bei denen anhand und aufgrund von Messungen Aktivitäten entwickelt werden.

– Ergonomische Arbeitsplatzgestaltung wird betrieblicherseits vielfach mit hohen zusätzlichen Kosten gleichgesetzt; diese Einschätzung beruht häufig auf Informationsdefiziten hinsichtlich der Notwendigkeit und der wirtschaftlichen Auswirkungen ergonomischer Maßnahmen.

Messungen in bezug auf Staub, gefährliche Gase oder Lärm sind notwendig und müssen vorgenommen werden. Als Folge dieser Messungen sind oft aufwendige Umgestaltungen von Arbeitsbereichen unumgänglich; häufig sind für die Allgemeinheit nur solche komplexe Maßnahmen als Ergebnis ergonomischer Aktivitäten erkennbar.

Ergonomie am Arbeitsplatz spielt sich jedoch hauptsächlich im kleinen ab. Es bedarf keiner großen Messungen, oft nicht einmal der Einberufung z. B. des Ergonomieausschusses.

Einzelpersonen wenden sich an den Betrieb, den Betriebsarzt, den Betriebsrat oder andere zuständige Stellen im Unternehmen und klagen über bestimmte Beschwerden. Der Betriebsarzt untersucht ggf. Mitarbeiter *und* den Arbeitsplatz; bei Feststellung, daß die Beschwerden vom Arbeitsplatz herrühren oder herrühren könnten, sorgt er in Zusammenarbeit mit den übrigen Gremien für Abhilfe. Dazu einige Beispiele:

– An einem Rollgang mußte ein Mitarbeiter den Rollvorgang mit einer Meisterschaltung steuern. Seine Hand lag ständig auf dem Schalthebel, der Arm hing in der Luft. Er wandte sich mit Beschwerden im Nacken an den Betriebsarzt, der einen Verschleiß der Halswirbelsäule feststellte. Nachdem für den Ellenbogen eine Unterlage geschaffen wurde, gingen die Beschwerden zurück.

– Ein Mitarbeiter, der an einem Mikroskop arbeitete und dabei eine Tastatur bedienen mußte, litt an Verschleiß der Halswirbelsäule. Die Nackenbeschwerden traten nicht mehr auf, nachdem eine Unterlage für den Unterarm geschaffen wurde.

– Der Fahrer einer Steuerbühne war ständiger Zugluft von der Klimaanlage ausgesetzt. Durch einfachen Umbau der Anlage wurde erreicht, daß sich der Arbeitsplatz nicht mehr im Luftstrom befindet.

– Aus den gleichen Gründen und mit demselben Ergebnis wurde die Klimaanlage in einer Armaturenwerkstatt umgebaut.

– Betrieb und Betriebsrat wurden mit Beschwerden aus einer Werkzeugmacherei konfrontiert; Reizungen der Atemwege und Husten waren vermehrt aufgetreten. Eine Betriebsbegehung ergab, daß in der Werkzeugmacherei alte Maschinenteile mit Kaltreiniger abgespritzt wurden. Kaltreiniger ist konzentriertes Petrol und reizt die Atemwege. Daraufhin wurde in einer Ecke der Werkstatt ein Platz für das Abspritzen der Maschinenteile eingerichtet. Mit der gleichzeitigen Installation eines Absauggerätes waren die Ursachen der Beschwerden beseitigt.

Ergebnis: Aus den dargelegten Beispielen wird deutlich, daß wesentliche Verbesserungen vor Ort mit relativ geringem Aufwand erreicht werden können; Großaktionen mit erheblichen Investitionen stehen nicht im Vordergrund.

2.1 Arbeitsplatzkenntnis und Mitarbeiterorientierung

Wesentliche Voraussetzung ist, daß alle Gremien, die sich mit Ergonomie befassen, den Betrieb genau kennen bzw. durch regelmäßige Betriebsbegehungen kennenlernen. Hier scheint ein Hinweis besonders wichtig zu sein: Es ist nicht immer angebracht, daß Betriebsbegehungen von sechs bis acht Leuten aus verschiedenen Gremien vorgenommen werden, ähnlich einer Chefvisite im Krankenhaus. Vielfach ist es besser, wenn Einzelpersonen, z. B. Mitarbeiter der Personalabteilung, Mitglieder des Betriebsrates oder der Betriebsarzt regelmäßig Arbeitsplatzinspektionen vornehmen. Ein Gespräch mit den Belegschaftsmitgliedern kann ungezwungener zustande kommen. Sogenannte Kleinigkeiten, die am Arbeitsplatz verbessert werden können, werden dann leichter herausgefunden.

In Gesetzen, Verordnungen und Richtlinien werden Daten vorgegeben, die dem Ergonomen die Arbeit erleichtern sollen. Diese Vorschriften, insbesondere die Arbeitsstättenverordnung, sollten nicht immer buchstabengetreu ausgelegt werden, sondern es ist vielmehr eine flexible Orientierung an den individuellen Bedürfnissen der Belegschaft anzustreben. Hierzu ein Beispiel: Bei Neugestaltung einer zentralen Werkstatt in unserem Werk Duisburg wurde, wie es das Gesetz vorschreibt, der Ausschuß für Ergonomie in die Planung eingeschaltet. So war es möglich, von vornherein Drehbänke, Maschinen und Entlüftungsanlagen so zu installieren, daß gesundheitliche Gefährdungen der Mitarbeiter weitestgehend ausgeschlossen werden konnten.

Bei dieser Gelegenheit wurden auch die Pausenräume neu gestaltet. Nach der Arbeitsstättenverordnung sind Sitzgelegenheiten in Pausenräumen mit Rückenlehnen zu versehen. Es konnten genügend Stühle zur Verfügung gestellt werden, um für jedes Belegschaftsmitglied eine solche Sitzgelegenheit zu schaffen. Die Belegschaft beharrte jedoch darauf, während der Pause die vorhandenen Bänke ohne Rückenlehne benutzen zu dürfen. Der Grund war nicht deutlich ersichtlich. Die Mitglieder des Ergonomieausschusses kamen trotz gegenteiliger Festlegung in der Arbeitsstättenverordnung zu dem Schluß, diesem Wunsch der Belegschaft Rechnung zu tragen. Die Bänke blieben, die Stühle wurden nicht aufgestellt.

»Ergonomie im kleinen« bildet nach unseren Erfahrungen ein Schwergewicht der ergonomischen Aktivitäten und ist unseres Erachtens die wichtigste Art, Ergonomie zu betreiben. Sie orientiert sich primär an den Bedürfnissen des Mitarbeiters und nicht an Messungen oder vorgegebenen Richtlinien. Voraussetzung für ein solches Vorgehen ist, daß die Belegschaftsmitglieder jederzeit die Möglichkeit haben, sich im Unternehmen an die für diese Fragen zuständigen Stellen zu wenden; hier ist insbesondere auch der Betriebsarzt angesprochen. Betriebsärzte sollten nicht nur arbeitsmedizinische Untersuchungen durchführen und Betriebsbegehungen vornehmen, sondern einen Teil ihrer Arbeitszeit für eine regelmäßige Sprechstunde verwenden. Dies ist auch in kleineren Betrieben möglich. Im Vertrag mit dem Betriebsarzt kann z. B. festgelegt werden, daß dieser an bestimmten Tagen der Belegschaft als Ansprechpartner zur Verfügung steht. Bei uns ist es seit langem Übung, daß der Betriebsarzt von der Belegschaft zu festgesetzten Zeiten aufgesucht werden kann. Dabei nimmt er eine Mittlerrolle zwischen Betrieb, Arbeitnehmer und Hausarzt ein. Da die Beratungen häufig über rein arbeitsplatzspezifische Probleme hinausgehen, erwächst ein Vertrauensverhältnis des Mitarbeiters zum Betriebsarzt. Im Verlaufe der Konsultationen kommen auch Fragen der vorgenannten Art zur Sprache. Hierdurch ergibt sich für den Betriebsarzt die Möglichkeit, ergonomische Aktivitäten »im kleinen« anzuregen.

Für den erwähnten Fall – Verschleiß der Halswirbelsäule – bedeutet das: Bei einer Betriebsbegehung wird ein Belegschaftsmitglied den Betriebsarzt oder ein anderes Mitglied des Ergonomieausschusses kaum mit solchen Beschwerden konfrontieren; wohl aber wird der Mitarbeiter den Betriebsarzt in der Sprechstunde über solche Beschwerden informieren. Arbeitsplatzbedingte Beschwerden wird der Betriebsarzt aufgrund seiner betrieblichen Detailkenntnisse leicht erkennen.

Einige Anmerkungen zum Thema Vorsorgeuntersuchungen:
Der Betriebsarzt ist aufgrund gesetzlicher Vorschriften verpflichtet, bei bestimmten Gefährdungen arbeitsmedizinische Vorsorgeuntersuchungen durchzuführen. Ein guter Betriebsarzt wird über den gesetzlichen Rahmen hinaus Untersuchungen bei Mitarbeitern durchführen, die seiner Ansicht nach gefährdet sind. Diese Untersuchungen dürfen für den Betrieb jedoch kein Alibi sein; sie sind nur flankierende Maßnahmen. Das Hauptaugenmerk muß auf die Ausgestaltung der Arbeitsplätze gerichtet sein. Die Arbeitsplätze müssen so eingerichtet sein, daß Vorsorgeuntersuchungen durch den Betriebsarzt nicht notwendig werden. Auch hierzu ein Beispiel: In letzter Zeit mehren sich Untersuchungen bezüglich einer Krebsgefährdung durch Nickel. Bei vielen Schweißarbeiten, besonders mit legiertem Material, fällt im Schweißrauch Nickel an. Es ist ein falscher Weg, die Mitarbeiter zunächst zum Betriebsarzt zur Untersuchung zu schicken, so wichtig diese Untersuchung auch ist. Zuerst, zumindest aber gleichzeitig, muß dafür gesorgt werden, daß der Schweißarbeitsplatz mit einer so guten Absaugvorrichtung versehen wird, daß eine Nickelgefährdung nicht mehr zu befürchten ist. Die Untersuchung durch den Betriebsarzt sollte als Vorsichtsmaßnahme dennoch erfolgen.

2.2 Arbeitsplätze für Schwerbehinderte

Die Integration von behinderten Arbeitnehmern in das Berufsleben ist ein unbestrittenes gesellschaftspolitisches Erfordernis. Der Anteil schwerbehinderter Mitarbeiter liegt in unserem Unternehmen bei 15,9 Prozent der Gesamtbelegschaft bei einer gesetzlichen Beschäftigungspflichtquote von 6 Prozent. Die Eingliederung von Schwerbehinderten in der genannten Größenordnung ist nicht zuletzt auf die Kontinuität ergonomischer Maßnahmen zurückzuführen.

Bekanntlich gewähren die Hauptfürsorgestellen aus den Fonds der Ausgleichsabgabe finanzielle Hilfen zur behindertengerechten Ausgestaltung von Arbeitsplätzen. Die Hauptfürsorgestellen verfügen über versierte Fachleute, die vor Ort den Betrieb über mögliche Verbesserungen von Arbeitsplätzen aufgrund ihrer Erfahrungen fundiert beraten können. Unter Inanspruchnahme dieser Fachkräfte konnten wir in den letzten Jahren auch auf dem zuvor beschriebenen Wege Arbeitsplätze behindertengerecht ausgestalten.

– Ein oberschenkelamputierter Angestellter mußte häufig seinen Schreibtisch verlassen, um einem Schrank Unterlagen zu entnehmen bzw. sie dort zu deponieren. Der Schreibtisch wurde umgebaut und mit einem besonderen Schrank versehen, so daß der Mitarbeiter seinen Arbeitsplatz nur noch selten verlassen muß.

– Für einen anderen Amputierten wurde eine Schleifmaschine so eingerichtet, daß nur sehr kleine und leichte Stücke geschliffen werden. Außerdem wurden die Bedienungselemente (Ein- und Ausschalter, Einspanngeräte usw.) so installiert, daß Aufstehen nur in Ausnahmefällen notwendig ist.

– Ein im Bereich Werkschutz als Fahrradwächter eingesetzter oberschenkelamputierter Mitarbeiter kann aus medizinischen Gründen keine Prothese tragen. Für die von ihm mehrfach durchzuführenden Kontrollgänge im Umkreis von 500 bis 600 Metern wurde ein Elektrofahrzeug angeschafft.

– Mit erheblicher finanzieller Unterstützung der Hauptfürsorgestelle war die Anschaffung eines Treppenliftes möglich, mit dessen Hilfe ca. 70 Stufen zu einem Schrankenwärterhäuschen überwunden werden können. Die Umgestaltung des Treppenaufganges war erforderlich, da auf diesem Arbeitsplatz drei Belegschaftsmitglieder beschäftigt sind, die wegen Asthma bzw. schwerer Gehbehinderungen die Stufen nicht mehr oder nur sehr mühsam steigen konnten. Durch den Aufzug bleibt den Belegschaftsmitgliedern ihr Arbeitsplatz erhalten[2].

2.3 Sozialbetriebe/Werkstatt für Behinderte (WfB)

Über die anthropometrische Gestaltung von Einzelarbeitsplätzen hinaus gibt es in unserem Unternehmen eine historisch (die Anfänge lagen im Jahre 1922) gewach-

2 Vgl. »Neue Ruhr Zeitung« (NRZ) vom 28. März 1983, Duisburg.

sene Behindertenwerkstatt, die organisatorisch dem Arbeitsdirektor direkt unterstellt ist. Es handelt sich um die Sozialbetriebe im Werk Oberhausen, die mit ihren 200 Arbeitsplätzen von den organisatorischen, personellen und technischen Gegebenheiten her einer Werkstatt für Behinderte im Sinne des Schwerbehindertengesetzes entsprechen. Mit Bescheid vom 27. Dezember 1982 sind sie von der Bundesanstalt für Arbeit endgültig als WfB anerkannt worden.

Ohne auf die Besonderheit einer WfB einzugehen, sollen an dieser Stelle aus einigen Werkstattbereichen Arbeitsplätze beispielhaft beschrieben werden, die behindertengerecht umgerüstet worden sind:

Näherei

Die in den Sozialbetrieben verwendeten Nähmaschinentische sind so konstruiert, daß sie auf drei verschiedene Höhen eingestellt werden können. Außerdem läßt sich die Tischplatte um ca. plus/minus 45 Grad neigen. In einem speziellen Fall wurde wegen der Zwergwüchsigkeit der Näherin das Trittbrett in der Höhe versetzt. Die Verbindung zum Antriebsmotor wurde durch ein angeschraubtes Flacheisen und eine Kette erreicht.

Sattlerei

In der Sattlerei werden unter anderem Lederhandschuhe gefertigt. Ein Arbeitsgang besteht darin, den teilweise zusammengenähten Handschuh zu wenden. Dieser Arbeitsgang erfordert viel Kraft. Es wurde eine Handschuhwendemaschine konstruiert, welche mit geringem Preßluftdruck betrieben wird. Das Preßluftventil wird dabei über einen Kniehebel betätigt, so daß beide Hände frei bleiben und der Daumen des Handschuhs leichter umgestülpt werden kann. Zum Wenden des Faustteiles wurde eine Zweihandauslösung montiert. Hierdurch ist die Unfallgefahr ausgeschaltet, so daß diese Vorrichtung von einem geistig Behinderten gefahrlos bedient werden kann.

Aus Sicherheitsgründen ist in bestimmten Betriebsbereichen die Ausstattung von Lederfausthandschuhen mit rotem Warnfleck erforderlich. Das Aufnähen dieser Warnflecke wird von einem Spastiker durchgeführt. Daher wurde für diesen Arbeitsplatz ein Drehteller entwickelt, der an der Nähmaschine befestigt ist und mitten auf den Warnfleck aufgesetzt wird. Setzt der Spastiker die Maschine in Betrieb, wird durch Eigenantrieb eine einwandfreie Rundnaht mit gleichmäßigem Randabstand erreicht.

Zweiradwerkstatt

Alle im Unternehmen eingesetzten Zweiräder werden zentral in den Sozialbetrieben repariert bzw. gewartet. Die Mopeds werden hierzu mittels Hubzug und einem selbstentwickelten Spezialhaken auf fahrbare Montagetische gehoben, damit die Arbeiten in ergonomisch angepaßter Weise durchgeführt werden können. Für

Fahrradreparaturen wurde eine Halterung von uns entwickelt, die eine Fixierung des Rahmens in jeder gewünschten Stellung ermöglicht.

Kaufmännischer Bereich

Ein im kaufmännischen Bereich eingesetzter Mitarbeiter ist an multipler Sklerose erkrankt. Zu seinem Aufgabenbereich gehört unter anderem das Ausfüllen eines EDV-Formulares. Dies war ihm jedoch nach der Erkrankung handschriftlich nicht mehr möglich. Durch den Umbau einer Schreibmaschine konnte dem Mitarbeiter ermöglicht werden, die verschiedenen Daten formgerecht in das Formular einzutragen. Die geforderten Zahlenabstände wurden durch Einsetzen einer geänderten Zahnschiene erreicht. Alle überflüssigen Tasten wurden entfernt, so daß die benötigten Zahlentasten in ihrer Anordnung dem ebenfalls zu bedienenden Tischrechner angepaßt sind.

Für eine durch Kinderlähmung schwer Gehbehinderte wurde ein Bürostuhl entwickelt, der im Normalfall auf Rollen frei beweglich ist, sich jedoch bei Belastung so auf weiter innen liegende Stollen absenkt, daß er fest steht. Durch Verdrehen der Sitzfläche im entlasteten Zustand wird eine Sperre eingelegt, so daß auch der belastete Stuhl bei Bedarf auf seinen Rollen frei beweglich gefahren werden kann.

2.4 Ergonomische Maßnahmen und Kosten

Es erschien mir notwendig, eingangs die sogenannte »Ergonomie im kleinen« herauszustellen, um den Eindruck zu korrigieren, Ergonomie bedeute immer aufwendige Messungen, Reihenuntersuchungen von Arbeitnehmern, kostspielige Umbauten usw.

Selbstverständlich wird nicht bestritten, daß die menschengerechte Gestaltung von Arbeitsplätzen in gegebenen Fällen auch umfangreiche und konstenintensive ergonomische Maßnahmen erfordert. Hierzu einige Beispiele:

– Die intensive Sonneneinstrahlung an Fenstern unseres Duisburger Verwaltungsgebäudes konnte durch Anbringen von Blendschutzfolien wesentlich herabgesetzt werden.

– In einem Großraumbüro waren die Mitarbeiter durch Publikumsverkehr und Schreibgeräte einer erheblichen Geräuschbelästigung ausgesetzt. Diese Beeinträchtigungen wurden durch Einbau einer schallschluckenden Decke wesentlich reduziert.

– Für die Stapelung von Stabstahl in einer Beizerei ist die Installation einer Hubeinrichtung geplant. Diese kostenintensive Investition ist darauf zurückzuführen, daß der Betriebsarzt bei vier von sechs Staplern deutliche Wirbelsäulenschäden feststellte. Durch die Hubeinrichtung entfällt das ständige Bücken der Mitarbeiter, das für die festgestellten Wirbelsäulenschäden in erster Linie ursächlich war.

– Ebenso wie die Hubeinrichtung erfordern auch Absaugvorrichtungen, die nach Möglichkeit einen großen Raum staubfrei halten sollen, erhebliche Kosten. Das gilt in der Regel auch für Lärmminderungsmaßnahmen an Maschinen (Abkapselung).

Ich komme nun zu meiner einleitenden Aussage, daß der Betrieb vor den Kosten zurückscheut, die große Arbeitsplatzumgestaltungen verursachen.

Bei der Beurteilung ergonomischer Maßnahmen unter Kostengesichtspunkten ist folgendes zu beachten:

– Aus humanitären Gesichtspunkten hat die Gesundheit der Arbeitnehmer höheren Stellenwert als reines Kostendenken.

– Die Gesundheit der Arbeitnehmer kommt letzten Endes auch dem Betrieb zugute. Die Arbeitskraft wird länger erhalten; Fehlzeiten durch Krankheit gehen zurück.

– Erfahrungen zeigen, daß die betrieblichen Aufwendungen minimiert werden können, wenn alle für Ergonomie zuständigen Gremien bereits im Planungsstadium zusammenwirken.

Ergonomie muß bereits integraler Bestandteil der Planung sein, damit ergonomische Notwendigkeiten an den einzelnen Arbeitsplätzen von vornherein berücksichtigt werden. Ein solches Vorgehen ist wesentlich kostengünstiger als eine Umgestaltung von Arbeitsplätzen.

Im Zusammenhang mit § 16 unseres Manteltarifvertrages ist folgender Hinweis notwendig: § 16 MTV stellt eine wesentliche Verbesserung der materiellen Absicherung nicht mehr voll einsatzfähiger Belegschaftsmitglieder dar. Die Erfahrung hat jedoch gezeigt, daß als Folge der Umstrukturierung der Stahlindustrie mit erheblicher Personalreduzierung auch bei Vorliegen der Voraussetzungen für die Anwendung des § 16 MTV kein entsprechender Arbeitsplatz gefunden werden kann. Die »Warteliste« der aus gesundheitlichen Gründen umzusetzenden Mitarbeiter wächst ständig. Schon deswegen muß die Umgestaltung von Arbeitsplätzen intensiv vorangetrieben werden, so daß es zum einen erst gar nicht zu gesundheitlichen Beeinträchtigungen kommt, zum anderen ein leistungsgewandelter Mitarbeiter an einem entsprechend umgestalteten Arbeitsplatz weiterbeschäftigt werden kann.

Auch hierzu ein Beispiel für die Notwendigkeit einer umfassenden Kostenbetrachtung:

Ein Schlosser kann aus gesundheitlichen Gründen nicht mehr auf seinem bisherigen Arbeitsplatz eingesetzt werden. Er wird auf einen geringer bezahlten Arbeitsplatz im Werkschutz versetzt. Bei Anwendung von § 16 MTV erhält der Mitarbeiter seine bisherigen Bezüge weiter; es entsteht ein hoher Aufwand an Verdienstsicherungsbeträgen. Außerdem muß im Betrieb ein anderer Mitarbeiter angelernt oder neu eingestellt werden; auch hierdurch entstehen erhebliche Kosten. Die Addition beider Kostenblöcke übersteigt häufig die Kosten für die Umgestaltung des Arbeitsplatzes, an dem der Mitarbeiter dann hätte verbleiben können.

3. Lärm-Ist-Situation und daraus abgeleitete Maßnahmen

Der Belastungsfaktor Lärm hat sowohl für Alt-, als auch für Neuanlagen unveränderte Bedeutung; dies wird deutlich durch die Berufskrankheit Lärmschwerhörigkeit, die zwischenzeitlich – bezogen auf absolute Zahlen – die Spitzenstellung aller Berufskrankheiten in der Bundesrepublik Deutschland eingenommen hat. Ausgelöst durch gesetzliche Regelungen, Konkretisierung von Lärmminderungsmaßnahmen und arbeitsmedizinische Vorsorgeuntersuchungen ist zwar seit 1977 diese Berufserkrankung rückläufig, sie nimmt aber nach Aussage im Unfallverhütungsbericht der Bundesregierung 1981 mit 14 164 angezeigten und 2408 erstmalig entschädigten Fällen immer noch eine besondere Bedeutung im Berufskrankheitengeschehen ein.

Die Lärm-Ist-Situation im Werk Oberhausen wurde zur Konkretisierung Mitte der siebziger Jahre katastermäßig erfaßt. In diesem Zusammenhang verweise ich auf eine richtungsweisende Veröffentlichung unserer Mitarbeiter Rudel und Hölscher aus dem Jahre 1978[3]. Das Ergebnis dieser Untersuchung ergab den Sachverhalt, daß in 91 Betriebsanlagen (Maschinenbereiche, Pausenräume, Büroanlagen usw.) an ca. 2700 Meßpunkten die Lärmsituation charakterisiert wurde. Daraus abgeleitet, ergaben sich die Maßnahmen

– allgemeine Information zum Lärmkataster,
– Festlegung und Kennzeichnung der Lärmbereiche und
– Information und Handlungshilfen für die betroffenen Mitarbeiter.

Diese Maßnahmen betrafen die Erstabsicherung der Beschäftigten in Lärmbereichen, parallel dazu ergab sich als besonders wesentlicher Punkt die Prüfung der Anwendung von technischen Lärmminderungsmaßnahmen. Hierbei kamen sowohl primäre technische Maßnahmen mit dem Ziel, Lärm überhaupt nicht entstehen zu lassen, als auch sekundäre technische Maßnahmen mit dem Ziel, die Lärmübertragung Lärmquelle/Arbeitsplatz zu vermindern bzw. zu verhindern, zur Anwendung.

Ergänzend wurden sonstige Maßnahmen, wie der Einsatz von Lärmschutzkabinen und die Zusammenfassung lärmintensiver Arbeitsverfahren oder die Auslagerung derartiger Verfahren, veranlaßt.

---

3 Rudel, Klaus/Hölscher, Rolf, Thyssen Niederrhein AG, Oberhausen, »Lärmkataster/Erstellung eines Lärmkatasters und die sich daraus ergebenden Maßnahmen anhand eines praktischen Beispiels« in »Sicherheitsingenieur«, Heft 3/1978, S. 12 ff.
Dipl.-Ing. Rudel ist Abteilungschef des Bereiches Arbeitssicherheit/Ergonomie; Betriebsbereichsleiter Hölscher ist verantwortlich für das Gebiet Meßtechnik im Bereich Umweltschutz und Ergonomie.

Einige technisch notwendige Maßnahmen in Lärmbereichen, hier sei insbesondere an die Geräuschsituation durch Schleif-, Schneid- und Brennvorgänge sowie an den Betrieb von Ofenanlagen erinnert, konnten sowohl aus Kostengründen (z. B. Schalldämpfung eines gesamten Hallenbereiches, Kapselung zweier 120-t-Elektro-öfen), als auch aufgrund fehlender Lärmminderungstechniken (Handarbeitsma-schinen, Trennsägen) bisher nicht verwirklicht werden.

Die Durchführung der Maßnahmen zur Erfassung der Ist-Situation wie auch dar-aus abzuleitende Beschlüsse wurden im wesentlichen vom betrieblichen Arbeits-kreis Ergonomie initiiert, dessen Funktionsschema am Beispiel Lärm unten dar-gestellt wird.

Darstellung der Konzeption des Arbeitskreises Ergonomie am Beispiel Lärm

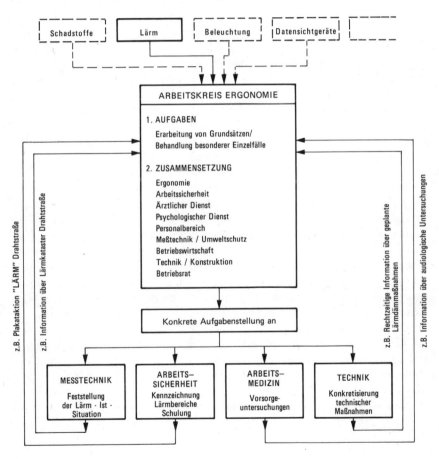

167

Arbeitsmedizinische Vorsorgeuntersuchungen Lärm konkretisieren sich durch
- Arbeitsplatznummer drückt Gefährdung »Lärm« aus;
- Speicherung des Lärmarbeitsplatzes in der EDV;
- Anlegen einer Gesundheitskarte für arbeitsmedizinische Vorsorgeuntersuchungen;
- Ausdrucken von Listen der lärmgefährdeten Betriebe mit Name und Stammnummer der eingesetzten Mitarbeiter.

Lärmgefährdete Belegschaftsmitglieder werden während der Arbeitszeit zum Siebtest bestellt. Dafür steht das Gerät Hansaton HTO6 zur Verfügung. Ist das Gehör des Probanden nach den Bestimmungen der UVV-Lärm G20 tauglich, erfolgt eine entsprechende Erfassung in der Gesundheitskarte mit Festlegung des Termins für die Wiederholungsuntersuchung (drei Jahre nach UVV-Lärm). Diese Daten werden gespeichert und zum gegebenen Termin in Form von Listen der betriebsärztlichen Dienststelle zur erneuten Gehörüberprüfung zugeführt.

Ist das Gehör nach UVV-Lärm nicht ausreichend, wird das Belegschaftsmitglied veranlaßt, in arbeitsfreier Zeit zu einem ausführlichen Hörtest, dem Ergänzungstest, zu kommen. Diese Zeit wird ihm vergütet.

Vor diesem Test müssen mindestens zwölf Stunden Lärmpause gewährleistet sein.

Der Ergänzungstest besteht aus einem Hörtest (Luft- und Knochenleitung), der mit dem Audiometer »Siemens Audiotest G« durchgeführt wird, und dem SISI-Test, durchgeführt mit PHONAK-SISI-Testgerät.

Wird ein Hörtest bei einer Einstellungsuntersuchung vorgenommen, erfolgt die Kontrolle des Gehörs bereits nach einem Jahr.

Nach Auswertung der Gehörkurven unter Berücksichtigung des Alters des Probanden werden Tauglichkeit und neuer Untersuchungstermin in die Gesundheitskarte »Arbeitsmedizinische Vorsorgeuntersuchungen« eingetragen und EDV-gespeichert.

Besteht Verdacht auf eine Berufskrankheit (Lärmschwerhörigkeit), erfolgt eine Meldung an die Berufsgenossenschaft, die dann den Gefährdeten zu einem Gutachter weiterleitet, der Art und Grad der Schwerhörigkeit feststellt sowie eine eventuelle Erwerbsminderung festlegt.

Ergeben sich über die arbeitsmedizinischen Vorsorgeuntersuchungen Lärm Hinweise auf Besonderheiten (Häufung von Verdachtsfällen usw.), so wird der Arbeitskreis Ergonomie angesprochen.

Bei einer anerkannten Lärmschwerhörigkeit ist in Absprache mit den tangierten Bereichen (Betriebe, Betriebsrat, Arbeitssicherheit, usw.) für den Einzelfall ein Maßnahmenkatalog festzulegen, der in besonderen Fällen bis zum Arbeitsplatzwechsel führen kann.

Von August 1974 bis einschließlich Januar 1983 wurden 5968 Siebtests durchgeführt, die 1155 (19,35 %) Ergänzungsuntersuchungen erforderten. In 125 Fällen (10,82 %) waren nach den Ergänzungsuntersuchungen Meldungen an die Berufsgenossenschaft erforderlich. Im Jahre 1982 waren in der Lärmkartei 2515 Belegschaftsmitglieder erfaßt.

4. Arbeitsmedizinische Untersuchung der Tätigkeit von Steuerbühnenmaschinisten im Walzwerk

Franz Koelsch, einer der Väter der Arbeitsmedizin, schreibt in seinem Lehrbuch im Abschnitt über Walzwerke[4]: »Im allgemeinen darf gesagt werden, daß die körperlich sehr anstrengende und durch Hitze komplizierte Arbeit an den Walzstraßen durch die Mechanisierung weitgehend gesundheitlich aufgebessert worden ist. Damit sind die Hitzeschäden gemindert worden. Allerdings ist die Verantwortung und damit die nervliche Beanspruchung besonders der Steuerleute gesteigert worden.«

Die beschriebene Veränderung der Arbeitsplätze findet sich in vielen Industriebereichen: An die Stelle körperlicher Schwerarbeit mit hoher Unfallgefährdung treten durch Mechanisierung und Teilautomatisierung zunehmend Bedien- und Überwachungstätigkeiten.

Die Arbeitsmedizin sieht sich durch diese Entwicklung vor neue Aufgaben und Fragen gestellt; sie muß Theorien und Methoden finden, um veränderte Belastungssituationen und deren Folgen zu erfassen. Allgemeine theoretische Ansätze müssen dabei ständig an konkreten Arbeitsplätzen überprüft und erprobt werden. Hierfür ist es notwendig, der Wissenschaft Betriebszugang zu verschaffen, eine Hürde, an der Forschungsvorhaben nicht selten scheitern können.

In den Jahren 1979/80 ist im Rahmen eines Dissertationsvorhabens eine arbeitsmedizinische Untersuchung der Steuerbühnenmaschinisten in den Bereichen Blech- und Profilwalzwerke durchgeführt worden[5]. Ziel der Arbeit war es, auf der Grundlage einer Analyse der Belastungssituation an diesen Arbeitsplätzen die psychophysische Beanspruchung der Maschinisten zu erfassen unter besonderer Berücksichtigung des Einflusses der Schichtarbeit.

Vor Schilderung des Untersuchungsablaufes möchte ich kurz das zugrundeliegende theoretische Konzept darstellen.

Angeregt durch Impulse der internationalen Streßforschung entwickelte die deutsche Arbeitsmedizin das Belastungs-/Beanspruchungskonzept. Josef Rutenfranz[6] verdeutlicht die Begriffe am Beispiel der Materialprüfung. Mit »Streß« bezeichnet man die von außen auf einen Stab einwirkende Kraft, die Verformung wird dagegen »Strain« genannt:

4 Koelsch, Franz, Lehrbuch der Arbeitsmedizin, Bd. II, 1966, S. 95.
5 Heinle, Caroline, »Experimenteller Teil eines medizinischen Dissertationsvorhabens«, gefördert von der Hans-Böckler-Stiftung.
6 Rutenfranz, Josef, »Arbeitsmedizinische Aspekte des Streßproblems« in Nitsch, Jürgen, »Streß – Theorien, Untersuchungen, Maßnahmen«, 1981, S. 380.

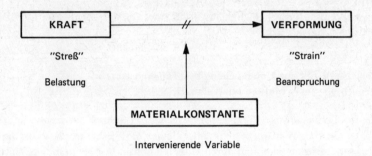

Bei gegebener, gleichbleibender Kraft (entsprechend Streß bzw. Belastung) ist das Ausmaß der hervorgerufenen Verformung (entsprechend Strain bzw. Beanspruchung) abhängig von der Materialkonstante, d. h. bezogen auf den arbeitenden Menschen, bei jedem Individuum unterschiedlich je nach körperlicher Konstitution, psychischer Verarbeitungsform und aktueller Situation.

Der bestechenden Einfachheit dieses Ansatzes stehen beträchtliche Schwierigkeiten in der konkreten Anwendung gegenüber. Ich will versuchen, dies in bezug auf die Steuerbühnenuntersuchung anschaulich zu machen. Beide Begriffe – Belastung und Beanspruchung – umfassen jeweils ein Bündel von Faktoren; je exakter wir die Situation analysieren, desto komplexer wird das Bild (vgl. Zusammenstellung auf Seite 171).

Bislang fehlen begründete Vorstellungen über den Zusammenhang der einzelnen Faktoren. »Es scheinen weder theoretische noch empirische Belege dafür zu existieren, ob Belastungen additiv bzw. kumulativ wirken oder auch ob die Wirkungen einzelner Stressoren durch andere kompensiert werden können«, schreibt der Schweizer Arbeitspsychologe Ivars Udris[7].

Aufgrund dieses Mangels fällt es schwer, gefundene statistische Zusammenhänge anders als auf dem Plausibilitätsniveau zu interpretieren. Im Unterschied zu den reinen Naturwissenschaften können Aussagen im Bereich der Medizin nicht mit absoluter Sicherheit, sondern zumeist nur mit statistischer Wahrscheinlichkeit getroffen werden. Gerade in dieser Hinsicht werden die Erwartungen sowohl der Verantwortlichen als auch der Betroffenen und ihrer Interessenvertretung daher häufig enttäuscht.

Die durchgeführte arbeitsmedizinische Untersuchung befaßte sich mit Arbeitsplätzen auf Steuerbühnen im Profilwalzwerk. Die Kommission »Technischer Fortschritt« des Betriebsrates hatte seit längerer Zeit auf die hohen Belastungen in diesem Bereich hingewiesen, die durch die Anlaufschwierigkeiten bei der Inbe-

7 Udris, Ivars, »Streß in arbeitspsychologischer Sicht« in Nitsch, Jürgen, »Streß – Theorien, Untersuchungen, Maßnahmen«, 1981, S. 399.

**Zusammenstellung von Belastungsfaktoren und Reaktionsvariablen
bezogen auf die Steuerbühnenuntersuchung (Reihenfolge stellt keine Rangordnung dar;
Aufzählung exemplarisch, ohne Anspruch auf Vollständigkeit)**

```
┌──────────────────┐          //      ┌──────────────────────┐
│    BELASTUNG     │ ─────────────▶   │   BEANSPRUCHUNG      │
└──────────────────┘                  └──────────────────────┘
```

ARBEITSAUFGABE:

— Schwierigkeit des Profils
  (Anzahl unterschiedlicher Arbeits-
  schritte, Störanfälligkeit)
— Geschwindigkeit des Walzvorgangs
— Verantwortung für Menschen und
  Werte

ARBEITSUMGEBUNG (physik. chem.):

— Lärm
— Vibration
— Hitze
— Staub
— räumliche Enge

ARBEITSUMGEBUNG (sozial):

— Verhältnis zu Vorgesetzten
— Verhältnis zu Kollegen
— Mitbestimmungsmöglichkeiten

ARBEITSORGANISATION:

— Lage der Arbeitszeit
— Pausenregelung

KÖRPERLICHE REAKTIONEN:

— Herzfrequenz
— Blutdruck
— Atemfrequenz
— Hautwiderstand
— Hormonausschüttung
— Körpertemperatur
— Reaktionsgeschwindigkeit
— körperliche Beschwerden

PSYCHISCHE PARAMETER:

— beobachtbares Verhalten
— verbales Verhalten
— Antwortverhalten in
  Fragebögen

```
┌──────────────────────────────────┐
│   INTERVENIERENDE VARIABLEN      │
└──────────────────────────────────┘
```

— körperliche Leistungsfähigkeit
— psychische Verarbeitungsformen
— persönliche Erwartungen und Ängste
— private Situation
— Qualifikation
— berufliche Erfahrungen

triebnahme neuer Walzgerüste noch verstärkt worden waren. Die Abteilung Arbeitssicherheit hatte Arbeitsplatzbegehungen durchgeführt, bei denen ergonomische Mängel der Bestuhlung, räumliche Enge und hohe Belastung durch Umgebungsfaktoren (Hitze, Lärm, Staub) festgestellt worden waren.

Von Maschinisten wurden vielfältige Klagen geäußert; auch von Vorgesetzten und Betriebsräten wird die Belastung an diesen Arbeitsplätzen hoch eingeschätzt. Anders als bei traditioneller Schwerarbeit kann die Art der Belastung weder direkt beobachtet, noch von den Betroffenen selbst klar benannt werden. »Das hier ist gar keine schwere Arbeit, und trotzdem ist man kaputt!« drückt ein Maschinist diese Schwierigkeit aus. Ziel der Untersuchung war es, den Zusammenhang zwischen konkreter Belastungssituation und meßbarer bzw. erlebter Beanspruchung der Maschinisten zu beschreiben, Belastungsschwerpunkte aufzuzeigen und Vorschläge zur Veränderung der Arbeitsplätze zu erarbeiten.

Während der Planungs- und Vorbereitungsphase wurde das Vorhaben in verschiedenen betrieblichen Gremien diskutiert; hierbei trug die Sachkompetenz der Beteiligten wesentlich zur Konkretisierung bei. Beispielsweise wurde die Anregung des Betriebsrates aufgenommen, auch während der Nachtschichten zu messen. Mit unterschiedlichen betrieblichen Stellen wurden Kooperationsmöglichkeiten vereinbart:

– Gemeinsam mit der Abteilung Arbeitssicherheit und Angehörigen des Betriebsrates werden Arbeitsplatzbegehungen vorgenommen und Kontakte zu den Maschinisten hergestellt.

– Mit Betriebsleitern und Meistern wird die organisatorische Abwicklung geklärt.

– Die Anlage zur telemetrischen Messung der Herzfrequenz wird von der Ergonomieabteilung in Betrieb genommen und gewartet.

– Die Untersuchung des Gesundheitszustandes der Maschinisten geschieht im Gesundheitsdienst in Zusammenarbeit mit dem Betriebsarzt.

– Die Personalabteilung gewährt Einsicht in vorhandene Arbeitsplatzbeschreibungen und kontrolliert die Durchführung der Untersuchung.

Doch nun zur Vorgehensweise: In bezug auf die Belastungssituation war eine genaue Arbeitsplatzkenntnis notwendig. Zu diesem Zweck wurden zahlreiche Gespräche mit Maschinisten geführt; neben der Beobachtung des Arbeitsablaufs wurden systematische Analysen mit Hilfe des Arbeitswissenschaftlichen Erhebungsverfahrens zur Tätigkeitsanalyse durchgeführt (AET von Rohmert und Landau[8]). Auf dieser Grundlage konnten Kategorien zur Arbeitsablaufprotokollierung aufgestellt und Störmöglichkeiten klassifiziert werden. Bei den Messungen selbst wurde die Tätigkeit des Maschinisten in Minutenabständen protokolliert; zusätz-

8 Rohmert, Walter/Landau, Kurt, Das Arbeitswissenschaftliche Erhebungsverfahren zur Tätigkeitsanalyse (AET), 1979.

liche Informationen über Störungen oder Besonderheiten und eine Beurteilung des Schichtverlaufs wurden festgehalten.

Hinsichtlich der Beanspruchung mußte eine Kombination von Methoden zusammengestellt werden, die sowohl körperliche als auch psychische Reaktionen erfassen konnte, die von den Maschinisten akzeptiert wurde und den betrieblichen Ablauf so wenig wie möglich störte. Neben der Messung physiologischer Parameter interessierte auch die Anwendung sogenannter subjektiver Verfahren; denn die Erkenntnisse der Streßforschung zeigen eindeutig, daß erst die individuelle Verarbeitung den Ausschlag gibt, ob eine Situation als streßauslösend erlebt wird oder nicht. Die genannten Überlegungen führten zu der folgenden Auswahl von Methoden:

– *Die Messung der Herzfrequenz* – das klassische, nahezu unumgängliche Verfahren der Arbeitsmedizin – konnte durch eine betriebseigene telemetrische Anlage erfolgen. Anders als bei körperlicher Belastung, bei der sich ein linearer Zusammenhang zwischen Belastungshöhe und Zunahme der Herzfrequenz findet, sind die Aussagen über das Verhalten der Herzfrequenz bei psychomentaler Belastung widersprüchlich. Für die Arbeitssituation auf den untersuchten Steuerbühnen war keine ausgeprägte Erhöhung der Frequenz zu erwarten; eventuell könnte sich jedoch eine Zunahme bei Belastungsspitzen oder emotionalen Reaktionen messen lassen.

– Ausgehend von Untersuchungen der Flugmedizin[9], die bei Piloten vor Flügen und bei Laborversuchen eine Erhöhung der Schilddrüsenhormone ergeben hatten, wurden als weitere physiologische Parameter *Hormone* bestimmt (T_3 und T_4). Das Nebennierenrindenhormon Cortisol eignet sich zur Untersuchung der Belastung durch Schichtarbeit, da es einen ausgeprägten und gut erforschten circadianen Rhythmus aufweist[10].

– Zur standardisierten *Erhebung von Belastung, Monotonie und Sättigung* stand ein von Plath und Richter[11] entwickelter Fragebogen zur Verfügung, der für Bedien- und Überwachungstätigkeiten anwendbar ist und sich zur wiederholten Durchführung eignet. Das Verfahren ermöglicht eine trennscharfe Beurteilung der Beanspruchungsfolgen: arbeitsbedingte psychische Ermüdung, Monotonie und psychische Sättigung. Es wurde bereits in einer Reihe von Labor- und Felduntersuchungen erprobt und kann für den Einsatz an Gruppen im Rahmen einer Verfahrensbatterie als valide angesehen werden. Die Bewertung der Belastungsskala

9 Habermann, J./Eversmann, T./Ulbrecht, G./Scriba, P. C., »Änderung der Schilddrüsenfunktionslage bei Vestibularisreizung und bei psychophysischen Belastungen« in »Wehrmedizinische Monatsschrift«, Heft 6, 1978, S. 167 ff.
10 Atcheson, J. B./Tyler, F. H., »Circadian rhythm, man and animals« in »Handbook of Physiology«, Section 7 Endocrinology, Volume VI, Page 127–134.
11 Plath, H. E./Richter, P., »Der BMS (I)-Erfassungsbogen – ein Verfahren zur skalierten Erfassung erlebter Beanspruchungsfolgen« in »Probleme und Ergebnisse der Psychologie«, Heft 65/1978, S. 45–85.

erfolgte nach einem Interpretationsschema, das eine Beurteilung in Hinsicht auf Zumutbarkeit erlaubt.

– Bei der *Erfassung der subjektiven Beeinträchtigung* war es nicht möglich, auf vorhandene Instrumente zurückzugreifen, da diese meist auf den klinischen Bereich abgestimmt sind. Trotz der negativen Konsequenz in bezug auf die Vergleichbarkeit mußte für die durchzuführende Untersuchung eine modifizierte Erfassungsmethode entwickelt werden. Dafür wurden Items aus einer validierten Beschwerdenliste[12] ausgewählt und zu einem Fragebogen zusammengestellt; es handelt sich um Fragen nach allgemeinen Befindlichkeitsstörungen, wie Müdigkeit und Erschöpfung, oder nach lokalisierbaren körperlichen Beschwerden, wie Sodbrennen, Gelenk- und Gliederschmerzen. Unspezifische körperliche Beschwerden können zwar nicht im Sinne einer kausalen Klärung des Zusammenhangs von Belastung und Beanspruchung interpretiert werden, als Indikator für besondere Belastungsschwerpunkte können sie jedoch wichtige Hinweise für den betrieblichen Gesundheitsschutz geben.

Im folgenden sollen in Kurzform einige *Ergebnisse* dargestellt werden:

Die Messung der *Herzfrequenz* ergab weder ausgeprägte Frequenzänderungen durch die normale Steuertätigkeit, noch einen statistisch abzusichernden Unterschied zwischen Früh-, Spät- und Nachtschichten. Damit entsprachen die Ergebnisse denen, die bereits in anderen Untersuchungen gefunden worden waren und zeigten, daß es sich um körperlich leichte Arbeit handelt, die keine stärkeren Reaktionen von seiten des Herz-Kreislauf-Systems hervorruft. Kurzzeitige Anstiege der Herzfrequenz traten jedoch auf bei Störfällen und während Auseinandersetzungen mit Vorgesetzten oder Kollegen. Dabei ist eine Besonderheit anzumerken: Maschinisten und Walzmannschaft, die in bezug auf den Arbeitsablauf eine funktionelle Einheit bilden, waren disziplinarisch unterschiedlichen Betrieben zugeordnet; während die Walzer zum Produktionsbetrieb gehörten, war die Besatzung der Steuerbühnen dem Maschinenbetrieb zugeordnet. Aufgetretene Stillstandszeiten werden jeweils einem der beiden Betriebe als verursachender Stelle zugeschrieben. Obwohl dies keinen Einfluß auf die Lohnhöhe des einzelnen Beschäftigten hat, gab diese Organisationsform Anlaß zu Reibungen zwischen beiden Gruppen. Noch während der arbeitsmedizinischen Untersuchung im Profilwalzwerk wurde die betriebliche Organisation dahingehend geändert, daß auch die Steuerbühnenmaschinisten dem Produktionsbetrieb zugeordnet wurden. Durch die organisatorische Zusammenlegung ist auch die Grundlage geschaffen worden, die Qualifikation zu vereinheitlichen und zu erweitern. Walzer werden auf Steuerbühnen angelernt und verbreitern ihr Qualifikationsprofil, so daß zukünftig die Möglichkeit von job-rotation gegeben ist mit den Vorteilen des flexibleren Personaleinsatzes und des Abbaus einseitiger Belastungen sowie Minderung von Mono-

---

12 Zerssen, D. v., Die Beschwerdenliste, Beltz-Verlag 1975.

tonie. Daß gerade hier ein besonderes Problem der Steuerbühnenarbeitsplätze besteht, zeigen die Ergebnisse des Fragebogens, der *Belastung, Monotonie und Sättigung* erfaßt. Die Werte für Belastung im Sinne körperlicher Ermüdung waren erwartungsgemäß nach der Nachtschicht am negativsten. Der Monotoniemeßwert, der Eintönigkeit und Langeweile erfaßt, war nach der Spätschicht am stärksten im negativen Bereich. Der mit Abstand deutlichste Abfall zeigte sich auf der Skala »Sättigung«, die psychische Erschöfung und Widerwillen mißt, und zwar im Verlaufe der Nachtschicht.

Ein gleichartiger Trend findet sich in den Ergebnissen der *Beschwerdenliste*. Bereits vor der Nachtschicht waren die Ausgangswerte deutlich schlechter als vor Früh- und insbesondere Spätschicht. Bei den Nachmeßwerten ergab sich nach der Spätschicht kaum eine Veränderung (Zunahme um 7,5 %), nach der Frühschicht jedoch eine deutliche Zunahme der Beschwerden (um 50 %) und nach der Nachtschicht sogar eine Verdopplung des Punktwertes.

Wenden wir uns einzelnen Unterfragen zu, finden wir bei den *Organbeschwerden* die absolut höchste Nennung bei Schulter-, Rücken- und Nackenschmerzen (51 Punkte von maximal 84 erreichbaren); nach der Nachtschicht gaben ausnahmslos alle Maschinisten Schmerzen in diesen Bereichen an, lediglich deren Ausmaß variierte. Über Augenschmerzen nach der Nachtschicht klagten 12 von 14 Maschinisten, über Kopfschmerzen die Hälfte und über Gelenk- und Gliederschmerzen 8 von 14. Bei den Unterfragen nach allgemeiner Befindlichkeit findet sich der mit Abstand höchste Wert beim Item »Müdigkeit« nach der Nachtschicht (64 von 84 möglichen Punkten). Auch bei den Fragen nach Erschöpfung, körperlicher Schwäche und Energielosigkeit sind die Werte nach der Nachtschicht am höchsten. Diese Ergebnisse werden niemanden verwundern, der um die Schwankungen menschlicher Leistungskraft weiß, doch ist deshalb eine wissenschaftliche Erhebung nicht sinnlos. Mit einem standardisierten Instrument lassen sich Daten gewinnen, die Vergleiche zwischen Arbeitsplätzen erlauben. Bezogen auf Steuerbühnenmaschinisten wurden *Schulter-, Rücken- und Nackenschmerzen* und *brennende, schmerzende Augen* als Leitbeschwerden ermittelt.

Erfreulicherweise konnte bereits während des Meßzeitraums eine wesentliche ergonomische Verbesserung registriert werden: Auf einer der drei Steuerbühnen wurde eine *neue Bestuhlung* installiert mit optimaler Gestaltung der Sitzfläche (Polsterung, Verstellbarkeit) und besserer Anordnung und Handhabung der Bedienelemente. Durch diese Maßnahme gingen die Klagen über Gelenk- und Gliederschmerzen sowie Schulter-, Rücken- und Nackenschmerzen sofort eindeutig zurück.

Bei den Ergebnissen der Beschwerdenliste zeigt sich ein starker *Einfluß des Lebensalters*; die jungen Maschinisten äußern nach Schichtende mehr Beschwerden als die im mittleren Lebensalter stehenden. Die Ursache dafür dürfte in der noch mangelnden Anpassung zu sehen sein und im Effekt der Selektion, der bei der

Gruppe der über 25jährigen zur Auswahl einer gesundheitlich stabilen Gruppe geführt hat. Die älteren Maschinisten unterscheiden sich deutlich von den beiden anderen Gruppen: Sie äußern schon vor Schichtbeginn beträchtliche Beschwerden, die sich nach der Schicht noch verstärkt haben.

Ein älterer Maschinist fiel durch besonders negative Ergebnisse auf, die durch erhebliche gesundheitliche Beeinträchtigung zu erklären waren. Im Rahmen des institutionalisierten Umsetzungsverfahrens wurde nach Feststellung des vorhandenen Eignungsprofils für diesen Mitarbeiter ein geeigneterer Arbeitsplatz gefunden.

Bezogen auf einzelne Belastungsfaktoren oder den Einzelfall, wurden bereits im Untersuchungszeitraum Verbesserungen durchgeführt. Viele Probleme jedoch lassen sich nur mittel- oder langfristig angehen: Eine bessere Lärmdämmung und Klimatisierung erfordert eine völlige Umgestaltung der Steuerbühnen. Die räumliche Enge wird wahrscheinlich auch bei einer Neugestaltung bestehen bleiben, da die Anordnung der Steuerbühnen an der Kranbahn keine Ausweichmöglichkeit bietet. Aufgrund der Gestaltung der Anlage wird auf einer der Steuerbühnen ein Einzelarbeitsplatz unvermeidbar sein. Hier lassen sich die negativen Auswirkungen der Isolation nur durch eine großzügige Pausenregelung vermindern.

Betrachten wir die negativen Folgen der Schichtarbeit, die sich nicht in physiologischen Parametern, wie Herzfrequenz oder Hormonausschüttung, fassen lassen, sondern sich in der gestörten Befindlichkeit der Beschäftigten zeigen, stehen wir vor einem Problem, das sich nicht einzelbetrieblich lösen läßt, sondern nur im gesellschaftlichen Rahmen anzugehen ist.

Hervorzuheben bleibt, daß Felduntersuchungen dieser Art unverzichtbare Impulse für wissenschaftliche Arbeit geben können und müssen. Insbesondere bei der Suche nach den Ursachen arbeitsbedingter Erkrankungen dürfte sich die Erfassung realer Belastungssituationen und die gleichzeitige arbeitsplatzbezogene Erhebung subjektiver Beschwerden in zunehmendem Maße als unerläßlich erweisen. Menschengerechte Gestaltung der Arbeit durch Veränderung von Arbeitsplätzen aufgrund der Erfassung betrieblicher Gesundheitsrisiken erfordert Teamarbeit aller Beteiligten im Betrieb. Die Notwendigkeit enger Zusammenarbeit von Wissenschaft und Praxis sowie deren positive Wechselwirkung sind offensichtlich.

Hartmut Thiemecke

Betrieblicher Arbeitsschutz beim Umgang mit gefährlichen Arbeitsstoffen

1. Vorwort

Die Menschen vor gesundheitsschädigenden Einwirkungen der gefährlichen Arbeitsstoffe zu schützen, ist ein immer bedeutungsvoller werdendes Teilgebiet des betrieblichen Arbeitsschutzes. Insgesamt sind die Gefahren durch gefährliche Arbeitsstoffe in den letzten Jahren größer geworden. Dies liegt u. a. daran,
– daß die Chemie uns ständig neue, darunter auch gefährliche Arbeitsstoffe beschert;
– daß neue Arbeitsstoffe »in den Verkehr«, zur weiteren Be- und Verarbeitung kommen, ohne daß hinreichend Klarheit besteht über mögliche schädigende Wirkungen;
– daß Technologien entwickelt werden, die es erforderlich machen, daß große Mengen von gefährlichen Stoffen bzw. Energien konzentriert vorhanden sein müssen;
– daß in Betrieben und an Arbeitsplätzen häufig mit einer Vielzahl auch gefährlicher Arbeitsstoffe gearbeitet werden muß und die Aufsichtsführenden wie die Arbeitnehmer überfordert sind im Hinblick auf die damit verbundene Vielzahl von Gefährdungsmerkmalen bzw. abverlangten Sicherheitsgeboten oder -verboten.
Der folgende Beitrag gibt Anregungen, *wie* im Betrieb den vielfältigen Problemen in Verbindung mit gefährlichen Arbeitsstoffen begegnet werden kann. Den Ausführungen liegen Erfahrungen aus mehreren der qualifizierten Mitbestimmung angehörenden Unternehmen zugrunde.
Eine erfolgreiche Bewältigung setzt das Eintreten und die Unterstützung des Arbeitsdirektors, dem zuständigen Vertreter der Unternehmensleitung, sowie eine gute Zusammenarbeit von Stabs- und Linien-Verantwortlichen mit den Betriebsräten und den Betroffenen voraus.
Es wurde weniger Wert gelegt auf eine Berichterstattung über den Verlauf einzelner Aktionen: Ihre Analyse und die Aussage, warum sie erfolgreich waren, erschien dem Verfasser wichtiger; denn ein wesentlicher Sinn liegt darin, demjenigen besonders *methodische* Hinweise zu geben, der den Entschluß gefaßt hat, mit vorbeugenden Maßnahmen den Gefahren der gefährlichen Arbeitsstoffe zu begegnen.

Gefährliche Arbeitsstoffe sind Teil des Arbeitsschutzes und einer umfassenden betrieblichen Arbeitsschutzstrategie; es wäre daher grundsätzlich zu fragen, wie Arbeitsschutzanforderungen zu verwirklichen sind und welche Details sodann für Arbeitsstoffe gelten. Die »Systembetrachtung« erfordert die Schaffung entsprechender (sicherheits-)technischer, organisatorischer sowie verhaltens- oder personenbezogener Voraussetzungen.

Bei der Beurteilung der damit verbundenen arbeitsgestalterischen Maßnahmen rangieren die sicherheitstechnischen Lösungen vor den organisatorischen und verhaltensbedingten Maßnahmen. Bei der Verwirklichung einer Arbeitsschutzstrategie jedoch sind die organisatorischen Maßnahmen vorrangig.

Die organisatorischen Voraussetzungen bestimmen sehr wesentlich, in welchem Umfang und mit welcher Qualität die im Betrieb Tätigen (vor allem die entscheidenden Leitungs- und Aufsichtskräfte) und die betroffenen Arbeitnehmer sicherheits- und verantwortungsbewußte Personen werden. Sind sie es erst einmal, so werden sie in ihr Handeln die Arbeitsschutzanforderungen – auch bezüglich der Schaffung humaner Arbeitsbedingungen – einbeziehen. Daher ist die konsequente Verwirklichung dieser sogenannten Integrationsprinzipien ein wichtiges und vorrangiges Ziel.

Außerdem sollte bedacht werden: Das Vermeiden arbeitsbedingter Erkrankungen und Unfälle ist ein wichtiges Grundbedürfnis der Arbeitnehmer; viele gesetzliche Arbeitsschutzvorschriften, wie auch spezifische betriebliche Regelungen, sind auf Drängen der Arbeitnehmer, Betriebsräte und Gewerkschaften zustande gekommen. Andererseits muß auch dem Unternehmer, nicht zuletzt aus wirtschaftlichen Erwägungen, daran gelegen sein, so wenig Unfälle, Sachschäden bzw. Betriebsstö-

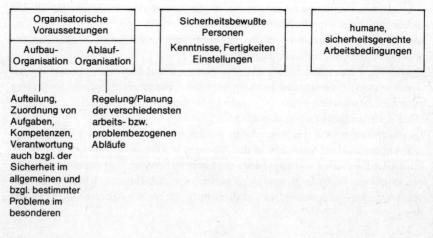

rungen wie möglich zu haben. Es dürfte daher normalerweise keinen Konflikt über das Ziel »Arbeitsschutz« geben, möglicherweise aber über den Weg dorthin. Darüber kann bzw. muß man sich verständigen. Einseitiges bzw. isoliertes Handeln ignoriert die Interessen und Bedürfnisse des Partners.

Es ist daher bei allen Problemlösungen Gemeinsamkeit und Zusammenarbeit anzustreben. Mit Arbeitsschutzmaßnahmen, die »in gemeinsamer Verantwortung« zwischen Arbeitgebern und Arbeitnehmern beschlossen und durchgeführt werden, identifizieren sich die Beteiligten und Betroffenen in größerem Maße, als dies der Fall ist, wenn entsprechende Befehle, Anweisungen, Auflagen einseitig (Fremdbestimmung) von Arbeitgeber, Gewerbeaufsicht oder Berufsgenossenschaft erteilt werden.

Die rechtzeitige Beteiligung der Arbeitnehmer oder ihrer Vertreter bei der Planung, Durchführung und Überwachung von Arbeitsschutzmaßnahmen hat auch zur Folge, daß nie der Verdacht aufkommt, daß der Arbeitgeber Arbeitsschutzmaßnahmen bzw. die damit verbundenen Mühen auf die Arbeitnehmer abwälzt, indem er eher Verbote und Gebote veranlaßt, als arbeitsgestalterische Maßnahmen durchzuführen. Besonders bei dem schwierigen und komplexen Gebiet der gefährlichen Arbeitsstoffe ist die Verwirklichung dieses Subsidiaritäts-Prinzips (Problemlösung zwischen den Betroffenen: nicht bei jeder Gelegenheit übergeordnete Instanzen zur Entscheidung auffordern) durch kooperative Zusammenarbeit Voraussetzung für einen Erfolg.

1.2 Allgemeines zum Problem der gefährlichen Arbeitsstoffe

Es wird geschätzt, daß weltweit ca. 50 000 verschiedene Chemikalien für die Herstellung von Produkten (ein Teil davon ist schädlich bzw. gefährlich) eingesetzt werden; jährlich kommen ca. 2500 neue Stoffe dazu. Über die Wirkung vieler Stoffe, insbesondere über ihre akuten und chronischen schädlichen Auswirkungen gibt es in steigendem Maße neuere Erkenntnisse; bezüglich des Erkennens solcher Wirkungen hinkt die Forschung häufig hinter bereits eingetretenen Schäden her. Durch ein neues Stoffrecht[1], insbesondere das Chemikalien-Gesetz (mit dem eine Prüfung neuer Chemikalien erreicht werden soll), wird eine Verbesserung dieser Situation angestrebt.

Das Ziel – Schutz vor gefährlichen Arbeitsstoffen – beinhaltet mehrere Teilziele:

a) Vorrangig den Schutz der Arbeitnehmer bzw. der Verbraucher, die mit den Arbeitsstoffen arbeiten bzw. damit produzieren müssen. Es geht um die Beach-

---

1 Vgl. Alfred Mertens, Das neue Stoffrecht, in: Zentralblatt für Arbeitsmedizin, Arbeitsschutz, Prophylaxe und Ergonomie, Bd. 30, 1980, S. 389–396.

tung der Schutzvorschriften beim Umgang mit gefährlichen Arbeitsstoffen entsprechend Arbeitsstoffverordnung, Unfallverhütungsvorschriften usw.;

b) Anforderungen bezüglich des Umweltschutzes, d. h. Einwirkungen von gefährlichen Arbeitsstoffen über den »Betriebszaun« hinaus. Beachtet werden müssen Umweltschutzgesetze, wie z. B. die TA Luft, das Abfallbeseitigungsgesetz, das Gesetz über die Beförderung gefährlicher Güter usw.;

c) Anforderungen bzw. Schutzmaßnahmen, die von Unternehmern zu beachten sind, die neue Arbeitsstoffe herstellen bzw. vertreiben wollen, vorher jedoch ihre Ungefährlichkeit prüfen bzw. nachweisen müssen; Grundlage dafür ist insbesondere das Chemikaliengesetz.

Nachfolgend soll nur der unter a) aufgeführte Aspekt weiter behandelt werden. Das besondere Problem dabei ist, daß je nach Art des Betriebes bereits wegen der Vielzahl gefährlicher Arbeitsstoffe und ihrer häufig unzureichenden Kennzeichnung (viele Stoffe werden als Gemische bzw. Zubereitungen mit unterschiedlichsten Decknamen/Firmenbezeichnungen vertrieben) die Führungs- und Aufsichtskräfte bzw. die damit Arbeitenden über den Gefährdungsgrad nicht ausreichend informiert sind.

Lückenhafte Kenntnisse sind die Ursache für eine mangelhafte Einstellung bzw. Motivation. Es wird oft leichtfertig darauf vertraut, daß beim Umgang mit gefährlichen Arbeitsstoffen schon nichts passieren wird, insbesondere wenn sicherheitstechnische Vorkehrungen getroffen sind oder aus der Erfahrung heraus, »daß bisher ja alles gut ging«. Man übersieht, daß Menschen und auch sicherheitstechnische Einrichtungen einerseits nicht unfehlbar sind, andererseits das Risiko mit der Anzahl (quantitativer Aspekt) und der unterschiedlichen Gefährlichkeit (qualitativer Aspekt) der verschiedenen Arbeitsstoffe steigt. Die Folge: steigende gesundheitliche Schäden bzw. arbeitsbedingte Erkrankungen (z. B. Anstieg der Hauterkrankungen) sowie immer wieder bekanntwerdende schwere Brände und Explosionen. Es ist daher zu empfehlen, gefährliche Arbeitsstoffe im Betrieb möglichst genau zu erfassen, zu analysieren und entsprechende Schutzmaßnahmen einzuleiten.

2. Gefährliche Arbeitsstoffe – betriebliche Maßnahmen

2.1 Initiative für eine Aktion »Gefährliche Arbeitsstoffe« – Beauftragung einer Arbeitsgruppe »Gefährliche Arbeitsstoffe«

Den Anstoß, das Problem der gefährlichen Arbeitsstoffe im jeweiligen Betrieb zu untersuchen, um bei festgestellten technischen, organisatorischen oder personenbezogenen Mängeln Schutzmaßnahmen durchzuführen, kann jede verantwortungsbewußte Mitarbeiterin bzw. jeder Mitarbeiter geben. Naheliegend wäre, wenn der Unternehmer (bzw. seine Beauftragten) selber aktiv würde; denn bei

**Zusammensetzung einer
Arbeitsgruppe „Gefährliche Arbeitsstoffe"**

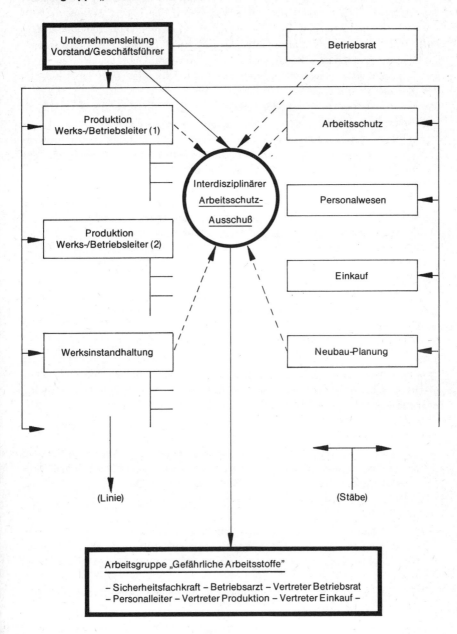

ihm allein liegt die Verantwortung. Tut er nach Ansicht der Betroffenen nichts oder zuwenig, so hat der Betriebsrat entsprechend § 89 Betriebsverfassungsgesetz (BetrVG) ein Initiativrecht bzw. entsprechend § 80 BetrVG die allgemeine Aufgabe, »darüber zu wachen, daß die zugunsten der Arbeitnehmer geltenden Gesetze, Verordnungen, Unfallverhütungsvorschriften . . . durchgeführt werden«. Von diesen Rechten bzw. Pflichten sollte der Betriebsrat Gebrauch machen, wenn der Verdacht bzw. Nachweis gegeben ist, daß Vorschriften oder arbeitswissenschaftliche Erkenntnisse nicht beachtet werden.

Auch von einem Betriebsarzt oder einer Sicherheitsfachkraft kann bezugnehmend auf die im Arbeitssicherheitsgesetz formulierten Aufgaben erwartet werden, daß er auf Mängel bzw. erforderliche Arbeitsschutzmaßnahmen hinweist. Die Notwendigkeit könnte durch ein bedenkliches Ergebnis aufgrund einer stichprobenartigen Prüfung belegt werden (vergleiche hierzu die Checkliste, Anlage 1).

Ist vom Unternehmer oder seinem Beauftragten nach einer *allgemeinen Behandlung des Problems im Arbeitsschutzausschuß* der Auftrag erfolgt, das Problem der gefährlichen Arbeitsstoffe zu untersuchen und Maßnahmen zur Verbesserung der Arbeitssicherheit vorzuschlagen und durchzuführen, so sollte dies entsprechend dem in Punkt 1.1 Gesagten kooperativ geschehen: Die Koordination einer hiermit beauftragten *Arbeitsgruppe* könnte dabei der Sicherheitsfachkraft übertragen werden.

Die Ziele bzw. Aufgaben und Kompetenzen der benannten Arbeitsgruppe sollten unter Berücksichtigung der betrieblichen Gegebenheiten möglichst eindeutig formuliert werden:

1. Sicherstellung einer qualifizierten Beratung hinsichtlich gefährlicher Arbeitsstoffe. Gesetze, Vorschriften, Veröffentlichungen müssen ausgewertet und die Produktionsverfahren dem Arbeitsschutzstandard angepaßt werden.

2. Die Verantwortlichkeiten für den Arbeitsschutz bzw. für gefährliche Arbeitsstoffe müssen klar geregelt werden. Fachkräfte, die die Verantwortlichen im Zusammenhang mit der Verwendung von Arbeitsstoffen zu beraten haben, müssen hierzu qualifiziert sein.

3. Die Einführung bzw. Verwendung weiterer gefährlicher Arbeitsstoffe sollte weitgehend vermieden werden; gefährliche Arbeitsstoffe sollten durch ungefährliche ersetzt werden. Gegenüber dem Betriebsrat ist bei den weiterverwendeten gefährlichen Arbeitsstoffen nachzuweisen bzw. zu begründen, warum ein Ersatz technisch nicht möglich ist.

4. Das Ausmaß der Gefährdung durch gefährliche Arbeitsstoffe, die im Betrieb bereits eingesetzt sind, ist durch eine Erfassung/Auflistung, ggf. Messung, zu ermitteln. Über die Ergebnisse sind die Verantwortlichen und Betroffenen zu informieren.

5. Wenn Einwirkungen nicht auszuschließen sind, müssen Arbeitsschutzmaßnahmen eingeleitet werden, u. a.

– technische Maßnahmen, damit MAK- und TRK-Werte nicht überschritten werden, z. B. geschlossene Systeme, Absaugung, Entstaubung usw.;
– die Begrenzung/Verkürzung der Einwirkungszeit, z. B. durch Arbeitszeitverkürzung, Pausen usw.;
– eine Kennzeichnung der entsprechenden Arbeitsstoffe und Arbeitsplätze;
– Körperschutzmittel.
6. Zugleich muß eine Schulung, Information und Unterweisung derjenigen erfolgen, die verwaltungsmäßig und direkt mit gefährlichen Arbeitsstoffen zu tun haben. Dazu gehört, daß gut verständliche Betriebsanweisungen erlassen werden und die Unterweisung der Beschäftigten über die Gefährdungen und notwendige Schutzmaßnahmen geregelt wird.
7. Zu regeln sind schließlich Hilfsmaßnahmen, wenn es bei der Arbeit mit gefährlichen Arbeitsstoffen zu Erkrankungen, Unfällen und Katastrophen kommen sollte. Es ist sicherzustellen, daß schnell und richtig geholfen werden kann. Soweit erforderlich, sind entsprechende Pläne (Katastrophen-Schutzplan) zu erstellen.
8. Die Arbeitnehmer/innen, die möglicherweise schädlichen Einwirkungen ausgesetzt sind, sind gesundheitlich zu überwachen; arbeitsbedingte Erkrankungen bzw. Schädigungen sollten in einem möglichst frühen Stadium erkannt werden.
Dieser Aufgabenkatalog kann vereinfacht, erweitert bzw. weiter detailliert werden, wenn dies die jeweils vorliegende besondere Betriebssituation verlangt bzw. ermöglicht. Zugleich sollten mit dieser Aufgabenstellung auch die erforderlichen Befugnisse bekannt sein. Jeder im Unternehmen hat die Aufgabenerfüllung im Rahmen seiner Kompetenzen zu unterstützen.
Sodann wird die Aktion in ihrem Ablauf geplant. Hierbei kann man sich an dem auf Seite 184 wiedergegebenen Ablaufschema orientieren, das jedoch sinngemäß den unterschiedlichen betrieblichen und organisatorischen Gegebenheiten angepaßt werden muß:

2.2 Verantwortung und Zuständigkeit für gefährliche Arbeitsstoffe im Betrieb

Jeder im Betrieb sollte sich seiner Verantwortung bewußt sein und entsprechend handeln. Zwei Gesichtspunkte sind dabei zu bedenken:
1. Die Klärung der organisatorischen Fragen[2]. Wer ist wo, wann, wofür, für wen und mit welchen Entscheidungsbefugnissen verantwortlich *(Aufbau-Organisation)*. – Was ist zu beachten bei besonderen Abläufen, z. B. bei der Einführung von neuen Arbeitsstoffen *(Ablauforganisation)*?

---

2 Vgl. Hans Rehahn, Wie überträgt der Unternehmer seine Sicherheitspflichten? in: Sicherheitsingenieur, Nr. 8/1978, S. 18 ff., und ders., Die Verantwortung des Managements für die Arbeitssicherheit, in: Zeitschrift für Arbeitswissenschaft, Nr. 4/1977, S. 193 ff.

Ablauforganisation der „Schadstoff-Aktion"

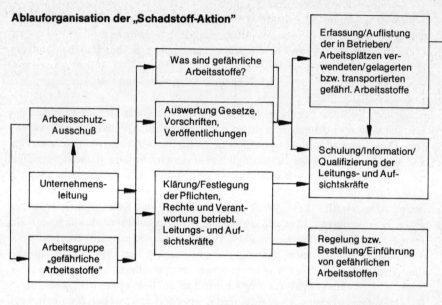

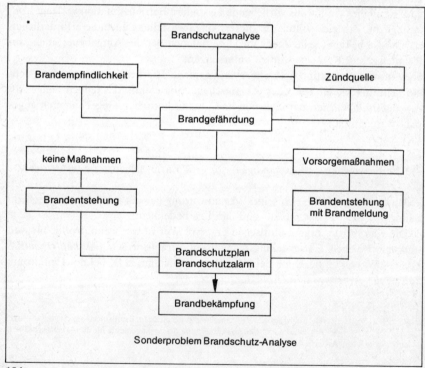

Sonderproblem Brandschutz-Analyse

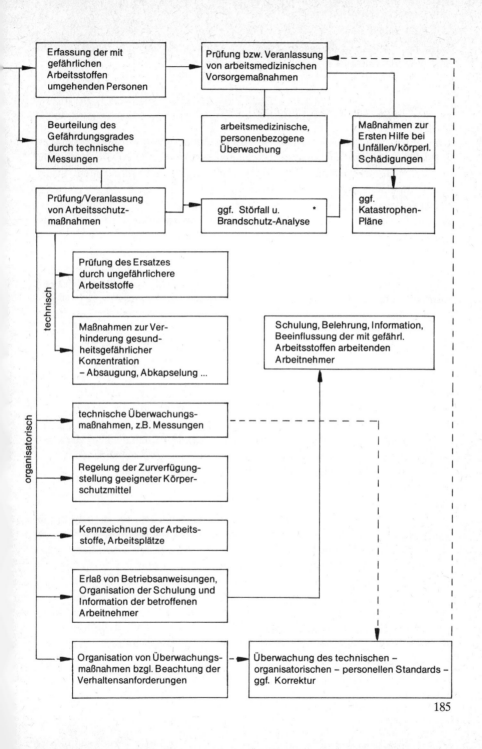

Erfassung der mit gefährlichen Arbeitsstoffen umgehenden Personen

Prüfung bzw. Veranlassung von arbeitsmedizinischen Vorsorgemaßnahmen

Beurteilung des Gefährdungsgrades durch technische Messungen

arbeitsmedizinische, personenbezogene Überwachung

Maßnahmen zur Ersten Hilfe bei Unfällen/körperl. Schädigungen

Prüfung/Veranlassung von Arbeitsschutzmaßnahmen

ggf. Störfall u. Brandschutz-Analyse *

ggf. Katastrophen-Pläne

technisch

Prüfung des Ersatzes durch ungefährlichere Arbeitsstoffe

Maßnahmen zur Verhinderung gesundheitsgefährlicher Konzentration – Absaugung, Abkapselung ...

Schulung, Belehrung, Information, Beeinflussung der mit gefährl. Arbeitsstoffen arbeitenden Arbeitnehmer

organisatorisch

technische Überwachungsmaßnahmen, z.B. Messungen

Regelung der Zurverfügungstellung geeigneter Körperschutzmittel

Kennzeichnung der Arbeitsstoffe, Arbeitsplätze

Erlaß von Betriebsanweisungen, Organisation der Schulung und Information der betroffenen Arbeitnehmer

Organisation von Überwachungsmaßnahmen bzgl. Beachtung der Verhaltensanforderungen

Überwachung des technischen – organisatorischen – personellen Standards – ggf. Korrektur

185

2. Ebenso wichtig ist die zweite Frage: In welchem Ausmaß soll oder kann im Sinne des Arbeitsschutzes entschieden werden?

2.2.1 Der organisatorische Aspekt der Verantwortung

Die aufbau- und ablauforganisatorischen Fragen der Verantwortung hinsichtlich gefährlicher Arbeitsstoffe sind in Anlehnung an das geltende Arbeitsschutzrecht und unter Berücksichtigung der betrieblichen Gegebenheiten zu klären. Dabei kann man einige allgemeingültige Regeln aufstellen:

■ *Die Gesamtverantwortung für den Arbeitsschutz, also auch für gefährliche Arbeitsstoffe, liegt bei der Unternehmensleitung und verbleibt auch dort.* Die Organisations- und Regelungspflicht verlangt vom Unternehmer, daß er auch zum Problem der gefährlichen Arbeitsstoffe Unternehmens-Teilziele setzt und entsprechende Aufgaben verteilt. Vor Erlaß grundsätzlicher Regelungen und Anweisungen muß darüber mit dem Betriebsrat Übereinstimmung hergestellt werden (§ 87 BetrVG). Für das Durchsetzen der Anforderungen ist Voraussetzung, daß der Unternehmer nur solche Leitungs- und Aufsichtskräfte auswählt und bestellt, die Arbeitsschutz-Kenntnisse haben. Hierzu ist er verpflichtet. Er sollte auch in angemessenem Maße von seiner nicht weiter delegierbaren Pflicht Gebrauch machen, seine Beauftragten zu kontrollieren, ob sie ihre Arbeitsschutzpflichten ordentlich erfüllen.

Der Erfolg von Arbeitsschutzmaßnahmen hängt entscheidend davon ab, ob und wie der Unternehmer »aktiv« wird und seinen Beauftragten zeigt, daß er es mit dem Arbeitsschutz ernst meint.

■ *Der Unternehmer kann Sicherungspflichten delegieren* (nähere Hinweise dazu sind in Anlage 2 enthalten). Dies gilt sowohl für die instanzengebundenen Aufgaben und Befugnisse der Linie, als auch für die auftragsgebundenen Arbeitsschutzaufgaben und -befugnisse der Stäbe.

Entsprechend dieser Aufgabendelegation ist jeder Vorgesetzte für seinen Bereich verantwortlich. Dabei ist davon auszugehen, daß ausschließlich die Linien-Verantwortlichen die Weisungs- bzw. die Entscheidungsbefugten sind. Die Stabsverantwortlichen jedoch tragen Verantwortung für ihre Arbeitsergebnisse, Beratungen und durchgeführten Arbeitsaufträge. Man muß auf sie vertrauen können. Sie dürfen nicht »den Kopf in den Sand stecken«, wenn sie in Wahrnehmung ihrer Aufgaben Mißstände und Mängel erkennen. Zu den Arbeitsvertragspflichten aller Beauftragten sollte eine *Meldepflicht* an die Unternehmensleitung gehören, wenn von ihnen wahrzunehmende Sicherungspflichten nicht erfüllt werden können oder von ihnen vorgeschlagene Maßnahmen nicht in einer angemessenen Frist durchgeführt wurden.

Die entsprechend § 12 der Unfallverhütungsvorschrift »Allgemeine Vorschriften«

notwendige *schriftliche* Sicherheitspflichtenübertragung als Teil oder Anhang zum Arbeitsvertrag kann nur die allgemeinen, sachlichen, zeitlichen, räumlichen, personellen und organisatorischen Aspekte der Sicherungspflichten bzw. die damit verbundenen Kompetenzen[3] beinhalten. Über die besonderen Pflichten, Arbeitsteilungen und Zuständigkeiten bezüglich gefährlicher Arbeitsstoffe kann ein Vortrag oder eine Bekanntmachung der Unternehmensleitung informieren.

2.2.2 Der qualitative Aspekt der Verantwortung

Es geht dabei darum, daß die Verantwortlichen den »Stellenwert« kennen, der dem Arbeitsschutz im allgemeinen – und hier dem Problem der gefährlichen Arbeitsstoffe im besonderen – im Betrieb beigemessen wird. Entsprechende Orientierungshilfen (durch Entscheidungen im Sinne des Arbeitsschutzes) zu geben, ist eine der wichtigsten Arbeitsschutzaufgaben einer Unternehmensleitung. Der Sicherheitsgrad eines Betriebes verbessert sich mit steigendem Sicherungsaufwand. Bezüglich solcher Aufwendungen gibt es jedoch Grenzen. Diesen Maßstab so hoch wie irgendwie wirtschaftlich vertretbar anzusetzen, bedarf grundsätzlicher und spezifischer »Fall«-Entscheidungen einer Unternehmensleitung.

Auf das Sicherheitsbewußtsein der Verantwortlichen im Betrieb würde sich sehr negativ auswirken, wenn zum Beispiel in Verbindung mit bestimmten Projekten der zur Realisierung von Arbeitsschutzanforderungen verbundene Aufwand (z. B. Ersatz von Asbest durch teurere, aber ungefährlichere Ersatzstoffe oder technische Maßnahmen zur Lärmminderung) von der Unternehmensleitung nicht bewilligt bzw. wiederholt abgelehnt oder in Frage gestellt würde; hier würden Zeichen im negativen Sinne gesetzt werden!

Bei Entscheidungen über Investitionsanträge wird gleichzeitig über die Gestaltung der Arbeitsbedingungen entschieden. Wiederholt negative Entscheidungen zur Verbesserung der Arbeitsbedingungen können sehr leicht den Eindruck erwecken, daß die Unternehmensleitung für den Arbeitsschutz »nichts übrig hat«. Um ein solches Bild nicht aufkommen zu lassen, sollten Entscheidungen im Sinne des Arbeitsschutzes gefällt werden. Über positive Entscheidungen ist umfassend zu informieren.

Der Stellenwert der Arbeitssicherheit soll auch bei wechselnden Unternehmensprioritäten (insbesondere infolge konjunktureller Entwicklungen) stets beständig bleiben.

Voraussetzung für jede Arbeitsgestaltung muß die Erfüllung der Kriterien »Ausführbarkeit« und »Schädigungslosigkeit« sein. Dabei sollte der Grundsatz gelten, daß Sicherheit und Gesundheit *den Vorrang* gegenüber betriebswirtschaftlichen

---

3 Vgl. Hans Rehahn, Wie überträgt der Unternehmer seine Sicherungspflichten, a.a.O.

Gefährliche Arbeitsstoffe – betriebliche Aufgaben:	Zuständig dafür:
Informationen über Materialeigenschaften bei Arbeitsstoffen, die verwendet werden oder eingeführt werden sollen (Sicherheits-Datenblatt). Aus ihnen soll ersichtlich sein, ob bzw. unter welchen Umständen Gefährdungen bestehen.	*Einkauf* Im Zweifelsfall Arbeitsschutzabteilung einschalten. Informationspflicht an Arbeitsschutz bei gefährlichen Arbeitsstoffen.
Sicherstellen, daß nur vorschriftsmäßig gekennzeichnete Arbeitsstoffe eingeführt, gelagert und an Verbraucher weitergegeben werden.	*Einkauf und Lagerwirtschaft* Bei weiterer Auf-/Verteilungen die dafür zuständigen Betriebs-/Abteilungsleiter.
Erfassen (und Melden an Arbeitsschutz) der verwendeten gefährlichen Arbeitsstoffe. Überprüfen, ob eingesetzte gefährliche Arbeitsstoffe durch ungefährlichere ersetzt werden können.	*Betriebs-/Abteilungsleiter,* welche die gefährlichen Arbeitsstoffe verwenden.
Wenn mit gefährlichen Arbeitsstoffen gearbeitet werden muß: – Erfüllen der technischen und organisatorisch vorgeschriebenen Schutzmaßnahmen. – Sicherstellen, daß damit nur geeignete (gesundheitlich untersuchte) Arbeitnehmer arbeiten. – Erlaß von Betriebsanweisungen – Sicherstellen der Unterweisung der Arbeitnehmer (§ 7 VBG 1) – nur sicheres Arbeiten mit gefährlichen Arbeitsstoffen.	*Betriebs-/Abteilungsleiter*
Kontrolle über das sicherheitsgerechte Verhalten beim Umgang mit gefährlichen Arbeitsstoffen.	*Meister, Vorarbeiter* bzw. die unmittelbaren Vorgesetzten von Arbeitsgruppen.
Messung und Beurteilung der Arbeitsbedingungen beim Einsatz von gefährlichen Arbeitsstoffen (Einhaltung der MAK-, TRK-Werte).	*Sicherheitsfachkraft* Gegebenenfalls Einschaltung von Spezialisten.
Sicherstellen einer gesundheitlichen Überwachung der Arbeitnehmer, die mit gefährlichen Arbeitsstoffen arbeiten, ggf. arbeitsmedizinische Untersuchungen.	*Personalwesen* Organisation und Veranlassung. *Betriebsarzt* Personenbezogene arbeitsmedizinische Untersuchungen.
Direkte und indirekte Gefährdungsanalysen (komplexe Arbeitsplatzanalyse/Arbeitsplatzkarte); Unfall- und Krankenstandsuntersuchung in Verbindung mit gefährlichen Arbeitsstoffen.	*Sicherheitsfachkraft* und *Betriebsarzt*

Erfordernissen haben müssen. Bei der Behandlung der Asbest-Problematik zum Beispiel war eine Zeitlang die Weiterverwendung von Asbest unter Inkaufnahme eines Gesundheitsrisikos befürwortet worden, um Arbeitsplätze zu sichern (»lieber krank als arbeitslos ...«). Die Interessen und Bedürfnisse der betroffenen Arbeitnehmer haben sich jedoch mit wachsendem Problembewußtsein verändert – eine solche Wertung ist heute nicht mehr möglich.

Qualitativer Arbeitsschutz heißt aber auch, personenbezogene Interessen nach mehr Freizügigkeit, angemessenen Arbeitsinhalten etc. bei der Arbeitsgestaltung zu berücksichtigen. Deswegen ist es nützlich und sinnvoll, in allen Phasen der Behandlung von Arbeitsschutzproblemen die Betroffenen mit einzubeziehen.

2.3 Einführung bzw. Einkauf von Arbeitsstoffen

Vorbeugender Arbeitsschutz soll verhindern, daß Gefährdungen überhaupt auftreten. Bei gefährlichen Arbeitsstoffen wäre dies am wirkungsvollsten zu erreichen, wenn sie erst gar nicht in den Betrieb eingeführt würden. Deshalb ist ein strenges Prüfverfahren notwendig, mit dessen Hilfe geklärt werden soll:
– Ist der gewünschte neue Arbeitsstoff gefährlich – und wenn ja – mit welchen gefährlichen Eigenschaften?
– Gibt es statt dessen ungefährliche oder weniger gefährliche Arbeitsstoffe?
– Erst wenn die letzte Frage verneint wird, müssen die notwendigen Vorkehrungen zur Einführung eines gefährlichen Arbeitsstoffes getroffen werden. Siehe dazu das Ablaufschema auf Seite 190.
Entsprechend dem oben Gesagten besteht bei der Durchführung des Prüfverfahrens Klarheit über die Verantwortlichkeit und die Methode:
In der Regel fordert ein Betriebs- oder Abteilungsleiter einen Arbeitsstoff an, der Einkäufer wickelt die entsprechenden Formalitäten ab. Beide haben daher die Sicherheitsaspekte in ihre Aktivitäten mit einzubeziehen (siehe dazu auch Anlage 3).
Der Anforderer bzw. spätere Verwender sollte bereits vor der Anforderung überprüfen (allgemeine Erfahrung oder aus der Fach- bzw. Arbeitsschutzliteratur), ob ein gewünschter Arbeitsstoff mit Gefährdungen verbunden ist. Wird ein Arbeitsstoff angefordert, dessen Eigenschaften nicht oder nicht ausreichend bekannt sind, so sollten die Eigenschaften vom Anfordernden genau formuliert werden, die der Stoff beim Einsatz erfüllen soll. Auf diese Art und Weise wird es dem Einkäufer möglich, auf dem Markt auch nach ungefährlichen Ersatzstoffen zu forschen.
Bei der üblichen Anfrage bzw. dem erbetenen Angebot wird bei Arbeitsstoffen grundsätzlich auch ein Sicherheitsdatenblatt (siehe Anlage 3) angefordert. Verweigert ein Lieferant entsprechende Informationen, so kann der Arbeitsstoff bei die-

Ablaufschema für die Einführung eines Arbeitsstoffes

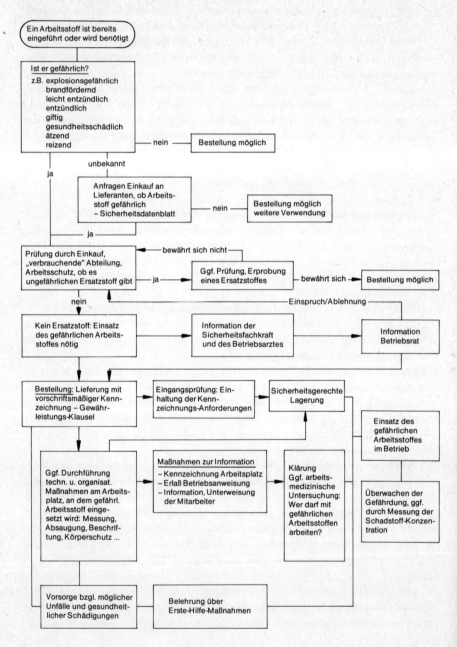

Ein Arbeitsstoff ist bereits eingeführt oder wird benötigt

Ist er gefährlich?
z.B. explosionsgefährlich
brandfördernd
leicht entzündlich
entzündlich
giftig
gesundheitsschädlich
ätzend
reizend

nein → Bestellung möglich

unbekannt

ja

Anfragen Einkauf an Lieferanten, ob Arbeitsstoff gefährlich – Sicherheitsdatenblatt

nein → Bestellung möglich weitere Verwendung

ja

Prüfung durch Einkauf, „verbrauchende" Abteilung, Arbeitsschutz, ob es ungefährlichen Ersatzstoff gibt

bewährt sich nicht

ja → Ggf. Prüfung, Erprobung eines Ersatzstoffes

bewährt sich → Bestellung möglich

Einspruch/Ablehnung

nein

Kein Ersatzstoff: Einsatz des gefährlichen Arbeitsstoffes nötig

Information der Sicherheitsfachkraft und des Betriebsarztes

Information Betriebsrat

Bestellung: Lieferung mit vorschriftsmäßiger Kennzeichnung – Gewährleistungs-Klausel

Eingangsprüfung: Einhaltung der Kennzeichnungs-Anforderungen

Sicherheitsgerechte Lagerung

Einsatz des gefährlichen Arbeitsstoffes im Betrieb

Ggf. Durchführung techn. u. organisat. Maßnahmen am Arbeitsplatz, an dem gefährl. Arbeitsstoff eingesetzt wird: Messung, Absaugung, Beschriftung, Körperschutz ...

Maßnahmen zur Information
– Kennzeichnung Arbeitsplatz
– Erlaß Betriebsanweisung
– Information, Unterweisung der Mitarbeiter

Klärung Ggf. arbeitsmedizinische Untersuchung: Wer darf mit gefährlichen Arbeitsstoffen arbeiten?

Überwachen der Gefährdung, ggf. durch Messung der Schadstoff-Konzentration

Vorsorge bzgl. möglicher Unfälle und gesundheitlicher Schädigungen

Belehrung über Erste-Hilfe-Maßnahmen

sem nicht bestellt werden. Eine weitere Möglichkeit besteht darin, das Gewerbeaufsichtsamt in solchen Fällen um Unterstützung zu bitten. Mit den entsprechenden Informationen des mitgelieferten, ausgefüllten Sicherheitsdatenblattes kann die Entscheidung getroffen werden, ob der gewünschte Arbeitsstoff nunmehr eingeführt wird oder nicht. Soll ein gefährlicher Arbeitsstoff eingeführt werden, so ist darüber die Sicherheitsfachkraft zu informieren; die Entscheidung, was getan wird, sollte einvernehmlich mit der Sicherheitsfachkraft und ggf. dem Betriebsrat geschehen.

Einer Bestellung vorangehen könnte eine sorgfältige Erprobung; auch dafür sind Schutzmaßnahmen zu treffen. Verantwortlich ist der Betreiber bzw. Verwender. Auch hier besteht eine Informationspflicht gegenüber der Sicherheitsfachkraft, dem Betriebsarzt und dem Betriebsrat. Kommt es zur Bestellung, so sollten die erforderlichen Sicherheitsbedingungen

– Gewährleistung bestimmter Stoffeigenschaften,
– vorschriftsmäßige Verpackung und Kennzeichnung,
– sicherheitsgerechter Transport und Anlieferung,
– Mitlieferung von Betriebs- bzw. Arbeitsanweisungen

zur Auflage gemacht werden.

2.4 Erfassung und Beurteilung der im Betrieb eingesetzten gefährlichen Arbeitsstoffe

Wer Gefährdungen durch Arbeitsstoffe vermeiden will, muß zunächst genau wissen, wo und in welchem Umfang im Betrieb die entsprechenden Stoffe bzw. Chemikalien verwendet werden. Zur Beurteilung des Risikos gehört es sodann, die Umstände zu analysieren, unter denen die Arbeitnehmer mit den Arbeitsstoffen zu tun haben. Es gilt daher festzulegen, wer diese Bestandsaufnahme durchführt.

Wie bereits ausgeführt sollte dies jeder Betriebs- bzw. Abteilungsleiter für seinen Bereich tun. Die Koordinierung und Beratung obliegt den Sicherheitsfachkräften. Grundlage für diese »Bestandsaufnahme« sind die Stoffe, die als »gefährlich« in der Arbeitsstoffverordnung aufgelistet sind.

Es ist nun möglich, mit diesen Auflistungen (Muster siehe Anlage 4) im Betrieb, beim Einkauf, in den Magazinen abzuchecken, mit welchen gefährlichen Arbeitsstoffen an den einzelnen Arbeitsplätzen gearbeitet wird.

So gelingt es, einen großen Teil der gefährlichen Arbeitsstoffe zu erfassen; in welchem Maße sich dieser Anteil der 100-Prozent-Grenze annähert, hängt ab von der Gründlichkeit, mit der man versucht, die häufig unbekannten Zusammensetzungen von Zubereitungen oder Stoffgemischen der zahlreichen Produkte zu ermitteln. Die Produktbezeichnung gibt in der Regel keinen Hinweis auf ihre che-

Aufbau der Verordnung über gefährliche Arbeitsstoffe

Gefährliche Arbeitsstoffe (Stoffe, Zubereitungen u. Erzeugnisse)

gemeinsame Vorschriften

Inverkehrbringen
Verpackung, Kennzeichnung, beizufügende Mitteilungen, verkehrsrechtl. Vorschriften

Umgang mit gefährlichen Arbeitsstoffen, Schutzmaßnahmen, Verpackung und Kennzeichnung, Beschäftigungsverbote, behördliche Anordnungen

Gesundheitliche Überwachung. Ermächtigte Ärzte, arbeitsmedizinische Vorsorgeuntersuchungen, behördliche Entscheidungen, Gesundheitskartei, Maßnahmen nach der Vorsorgeuntersuchung

Anhang I

	Stoffe
Nr. 1.1	
Nr. 1.2	Gefahrensymbole und Gefahren-bezeichnungen
Nr. 1.3	Gefahrenhinweise R-Sätze
Nr. 1.4	Sicherheitsratschläge S-Sätze
Nr. 1.5	Apparate und Verfahren zur Bestimmung der Flammpunkte der flüssigen Stoffe u. Zubereitungen
Nr. 2.1	Zubereitungen, die giftige oder schädliche Lösemittel enthalten
Nr. 2.2	Zubereitungen, die als Anstreich-mittel, Lacke, Druckfarben, Kleb-stoffe u. dgl. verwendet werden
Nr. 2.3	Arsenhaltige Zubereitungen
Nr. 2.4	Schmälzmittel und geschmälzte Faserstoffe

Anhang II

	Krebserzeugende Arbeitsstoffe
Nr. 1	
Nr. 2	Tetrachlorkohlenstoff, Tetrachlor-äthan und Pentachloräthan
Nr. 3	Strahlmittel
Nr. 4	Thomasphosphat
Nr. 5	Blei
Nr. 6	Fluor
Nr. 7	Oberflächenbehandlung in Räumen und Behältern
Nr. 8	Silikogener Staub
Nr. 9	Magnesium
Nr. 10	Schmälzmittel und geschmälzte Faserstoffe
Nr. 11	Ammoniumnitrat
Nr. 12	Antifouling-Farben

Technische Regeln für gefährliche Arbeitsstoffe

Vorblatt 001	Allgemeines
TRgA 101	Allgemeines, Aufbau und Anwendung der TRgA (Hinweise des BMA)
TRgA 102 Blatt 1	Technische Richtkonzentration (TRK) für Vinylchlorid
TRgA 102 Blatt 2	Technische Richtkonzentration (TRK) für Benzol

TRgA 110   Hochgiftige Stoffe (Kriterien, Liste)
TRgA 400   Anleitung zur Beurteilung der gefährlichen Eigenschaften von Stoffen
TRgA 401 Blatt 1   Anwendung von Technischen Richtkonzentrationen (TRK)
TRgA 410   Statistische Qualitätssicherung

Technische Regeln für gefährliche Arbeitsstoffe – Verpackung/Kennzeichnung –

TRgA 200	Kennzeichnung, Mitlieferung von Sicherheitsratschlägen
TRgA 201	Kennzeichnung von Aluminiumpulver

Technische Regeln für gefährliche Arbeitsstoffe – Umgang –

TRgA 501	Arsen
TRgA 502 Blatt 1	Benzol
TRgA 502 Blatt 2	Tetrachlorkohlenstoff, Tetrachloräthan und Pentachloräthan
TRgA 503	Strahlmittel
TRgA 505 Blatt 1	Blei
TRgA 506	Fluor
TRgA 507	Oberflächenbehandlung in Schiffsräumen
TRgA 508	Silikogener Staub
TRgA 509	Magnesium
TRgA 510	Schmälzmittel und geschmälzte Faserstoffe
TRgA 511	Ammoniumnitrat
TRgA 901	Richtlinie für die Prüfung von Schmälzmitteln (Schmälzmittelprüfrichtlinie)
TRgA 902	Richtlinie für die Rückführung abgesaugter Luft in Betriebsräume der keramischen und Glasindustrie
TRgA 903	Richtlinien für Schutzmaßnahmen für die Verwendung von giftigen oder gesundheitsschädlichen Antifouling-Farben
TRgA 904	Richtlinien für Reinigung und Oberflächenbehandlung an Innenflächen und Einbauten von Räumen
TRgA 951	Ausnahmeempfehlung nach § 13 Abs. 2 in Verbindung mit Anhang II Nr. 11 der ArbStoffV für die Lagerung von Ammoniumnitrat und ammoniumnitrathaltigen Zubereitungen

Anmerkung

Die gesetzlichen Bestimmungen sollen an dieser Stelle nicht weiter erläutert werden. Die Arbeitsstoffverordnung beantwortet uns jedoch, was nach heutigem Stand gefährliche Arbeitsstoffe sind,
– mit der alphabetischen Liste der gefährlichen Arbeitsstoffe im Anhang I, Nr. 1.1,
– mit der Auflistung weiterer, besonderer gefährlicher Arbeitsstoffe im Anhang II, Nr. 1 bis Nr. 12.

mische Zusammensetzung; auch in Produktbeschreibungen und Gebrauchsanleitungen fehlen solche Hinweise häufig oder verharmlosen die Gefährdung, um die Kunden nicht von einer weiteren Verwendung des Produktes abzuhalten.

Die betriebsbezogene Erfassung soll erkennen lassen, mit welchen gefährlichen Arbeitsstoffen an den verschiedenen Arbeitsplätzen gearbeitet werden muß (wobei noch nicht feststeht, ob dabei gefährdende Einwirkungen entstehen).

Nachfolgend dazu das Muster einer solchen Erfassung:

Eine solche Übersicht ist für den verantwortlichen Betriebsleiter die Grundlage
– für eine weitergehende Untersuchung bzw. Ermittlung der spezifischen Gesundheitsgefährdung der an den jeweiligen Arbeitsplätzen beschäftigten Arbeitnehmer (siehe dazu auch nachfolgenden Abschnitt 2.5). Es zeigt sich in der Regel keine gleichmäßige Streuung der gefährlichen Arbeitsstoffe auf alle Arbeitsplätze bzw. Arbeitnehmer, sondern sowohl qualitativ als auch quantitativ eine mehr oder weniger starke Häufung! An einigen Arbeitsplätzen hatten die dortigen Beschäftigten mit bis zu 15 verschiedenen gefährlichen Arbeitsstoffen zu tun, was noch nicht heißen soll, daß sie auch Einwirkungen ausgesetzt sein müssen, die eine Gesundheitsschädigung hervorrufen;
– für die Planung und Durchführung *technischer Maßnahmen*: alternative, ungefährliche technologische Verfahren, Substitution der gefährlichen Arbeitsstoffe, geschlossene Systeme, Absaugung, technische Überwachungssysteme usw. sowie *organisatorischer Maßnahmen*: Begrenzung der Lager- und Transportmengen – Organisation eines technischen Überwachungssystems, von Informations- und Schulungsmaßnahmen, Erlaß von Betriebsanweisungen, Organisation arbeitsmedizinischer Vorsorgeuntersuchungen, Erste-Hilfe- und ggf. Katastrophenpläne usw.;
– für *personenbezogene Maßnahmen*: Qualifizierung der Leitungs- und Aufsichtskräfte sowie der betroffenen Arbeitnehmer bezüglich des sicherheitsgerechten Umganges mit den entsprechenden gefährlichen Arbeitsstoffen.

Für weitergehende Überlegungen kann es nützlich sein, die betriebsbezogenen Daten auf werks- bzw. unternehmensbezogene zu verdichten, beispielsweise entsprechend dem nachfolgenden Muster:

Diese Aufstellung bzw. Zusammenfassung zeigte für ein Hüttenwerk die vorher von keinem vermutete Anzahl von nahezu *300 erfaßten verschiedenen* gefährlichen Arbeitsstoffen (das chemische Labor nicht mit eingerechnet!). Im jährlichen Vergleich einer solchen Übersicht zeigt sich, ob die wichtigste Arbeitsschutzmaßnahme, nämlich der Ersatz oder eine Verringerung der verwendeten Mengen (ggf. hochgerechnet auf veränderte Produktionszahlen) erfolgreich betrieben wurde.

Für die Planung und Durchführung zentraler Maßnahmen, wie
– technologische Rationalisierungsmaßnahmen,
– technische Überwachung, Lagerung, Transport, Deponie/Vernichtung,
– Systematisierung der Schulung usw.

194

»Gefährliche Arbeitsstoffe« bezogen auf Arbeitsplätze/Belegschaft

Nr.	Arbeitsplatzbezeichnung	Blg.	Acetylen 1,5%	Asbest	Aluminiumpulver	Benzin/Kraftst. 0,6%	Blei	Butan 1,5%	Propan 2,12%	gebr. Kalk	Kohlenmonoxid	Manganstaub	Natriumcarbonat	Sauerstoff	Schwefligsäure-anhydrid	Tellur	Thomasmehl
MAK ng/m³							0,2	2350	1800			5			1	0,1	
MAK pp=							1000	1000	1000		50						
119401	Oberschmelzer	09															
119406	1. Konvertermann	13			×			×	×	×	×				×		
119407	2. Konvertermann	21						×	×	×	×	×		×	×		
119408	Steuermann	06						×	×	×	×		×		×		
119413	Mischereisenfahrer							×	×	×	×		×		×		
119415	1. Schmelzer E-Ofen	03			×		×			×	×	×		×	×		
119416	Legierungsfahrer	06								×	×	×		×	×		
119417	Raupenführer					×				×	×				×		
119419	Gleisreiniger	06															
119420	Betriebsarbeiter		×				×							×			×
119422	Vorarbeiter (Gießbetrieb 1)	03		×						×		×				×	
119425	Gießer	09		×			×										

195

Werk: NE
Stand: 1982
»Gefährliche Arbeitsstoffe«
bezogen auf Betriebe/Belegschaft

Blatt 1

	Sauerstoff		Azetylen		Propan		Waschbenzin		Salzsäure		Petroleum	
	Belegschaft	Menge m³	Belegschaft	Menge l in 1000	Belegschaft	Menge kg	Belegschaft	Menge kg	Belegschaft	Menge kg	Belegschaft	Menge kg
Adjustage Zurichtung	34	246	34	1,16					6	2043 t	21	260
Adjustage Weiterverarbeitung	54	2391	54	8,12	48	7524	2	20				
Lehrwerkstatt	140	1029	140	5,72			4	20			140	20
Elektrobetrieb Nord	162	22	162	0,12			162	34	162	2	162	30
Maschinenbetrieb MW	144	2620	144	14,56	117	264	137	8000			172	180
Energie-, Wirtschafts- u. Wärmestelle	60	1468	47	8,16			31	100	27	5	4	2
Zentralwerkstatt	146	6880	146	32,76	33	176			12	8		
Walzwerk Drahtstraße	81	2151	81	9,56	72	2277	24	210				
Walzwerk Feinstahlstraße	85	3500	85	15,56			36	4200				
Kranbetrieb	55	1418	55	7,88			54	10			376	600
Baubetrieb	9	72	9	0,40	7	11						
Summe	970	21797	957	104,00	277	10252	450	12594	201	15	875	1092

kann eine solche Aufstellung wichtige Anhaltspunkte geben. Werks- und unternehmensbezogene Maßnahmen (Koordination durch die Sicherheitsfachkraft) sollten mit den betriebsbezogenen (verantwortlich dafür ist der Betriebsleiter) abgestimmt werden.

2.5 Die Beurteilung der spezifischen Gefährdung durch gefährliche Arbeitsstoffe

Das richtige Beurteilen und Einschätzen der von den verschiedensten Arbeitsstoffen ausgehenden Gefährdungen kann im Einzelfall sehr schwierig sein, u. a.
– aus analytischen und meßtechnischen Gründen (das Messen des in Abschnitt 3.2 erläuterten polycyklischen Kohlenwasserstoffes Benzo(a)pyren und die damit verbundene Beurteilung von Kokereischadstoffen war lange wegen des hohen apparativen und analytischen Aufwandes nicht möglich;
(Asbestfeinstaub kann nur von Spezialisten bzw. mit einer Spezialausrüstung gemessen und beurteilt werden);
– wegen häufig mangelnder Qualifikation der Fachkräfte und ggf. fehlender meßtechnischer Geräte;
– wegen fehlender arbeitsmedizinischer bzw. epidemiologischer Erfahrungen (bis heute ist die Einschätzung der Asbestgefährdung bzw. der Krebsgefährdung durch eine Anzahl neuer Arbeitsstoffe sehr unterschiedlich);
– wegen fehlender bzw. mangelhafter oder uneinheitlicher methodischer Ansätze zur Beurteilung der Gefährdung, insbesondere wenn mehrere Schadstoffe vorhanden sind;
– wegen der »begrenzten Fähigkeit«, auch anormale Abläufe oder mögliche Fehlverhaltensweisen von Arbeitnehmern vorherzusehen, die Ursache vieler Schadensfälle sind (Unfälle, Erkrankungen, Explosionen, Brände).
Vorbeugender Arbeitsschutz ist um so erfolgreicher, je mehr es gelingt, mögliche Fehler, Abweichungen vom Normalen bzw. Gewollten vorherzusehen. Dieses sollte bei den nachfolgend beschriebenen Schritten zur Ermittlung der Gefährdungen stets beachtet werden.
Die bisherigen Ausführungen machen deutlich, daß es verschiedener Voraussetzungen bedarf, damit ein relativ genaues Urteil über Arbeitsstoffgefährdungen möglich ist.
Bezogen auf die erfaßten gefährlichen Arbeitsstoffe muß geklärt werden, wer im Betrieb qualifiziert ist, mögliche Emissionen und Immissionen zu messen und inwieweit die dafür erforderlichen Meßgeräte bzw. Einrichtungen vorhanden sind. Es empfiehlt sich, dies schriftlich festzulegen bzw., falls Mängel festgestellt werden, vorher für entsprechende Abhilfe zu sorgen. Auch Sicherheitsfachkräfte und Betriebsärzte sollten – soweit sie dies können – bei der Messung und Beurteilung einbezogen werden: Grundsätzlich bietet sich eine Arbeitsteilung derart an, daß

Gefährdete Bereiche werden regelmäßig überwacht – hier auf giftige und explosionsgefährliche Gase

Analyse und Beurteilung gefährlicher Arbeitsstoffe

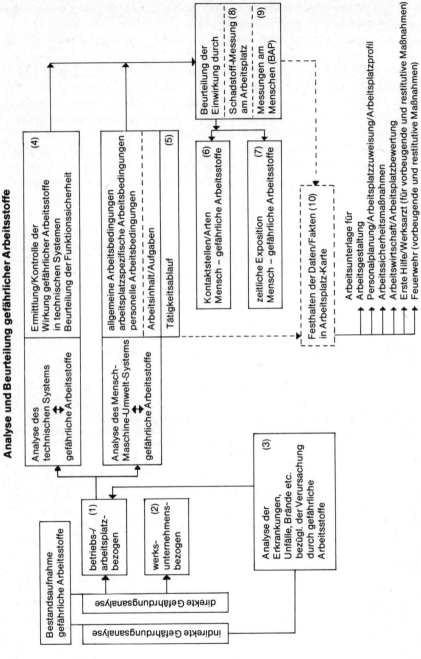

199

»technische Messungen am Arbeitsplatz – dies gilt auch für Arbeitsstoffe – von Technikern, ggf. auch von Sicherheitsfachkräften vorgenommen werden; Messungen bzw. Untersuchungen am Menschen obliegen selbstverständlich nur einem Arzt.

Soweit die Schwierigkeit der Überwachungsaufgabe es erfordert, ist die Lösung einem Fachteam (Ingenieur, Chemiker, Hygieniker, Arzt) zu übertragen.

Über die erfaßten und im Betrieb verwendeten gefährlichen Arbeitsstoffe sollte stets die dem letzten Stand entsprechende *Arbeitsschutzliteratur* vorhanden sein: Dazu gehört neben der Arbeitsstoffverordnung und Spezialvorschriften die jeweils gültige MAK-Liste. Sehr nützlich ist auch ein Nachschlagewerk; von guter Qualität ist die Sammlung »Merkblätter gefährlicher Arbeitsstoffe« von Kühn und Birett (Muster siehe Anlage 7) mit Hinweisen auf die Art der Gefährdung, Sicherheitsratschlägen, Erste-Hilfe-Maßnahmen etc. Aus dem ZH1-Verzeichnis (Richtlinien, Sicherheitsregeln, Grundsätze, Merkblätter und andere berufsgenossenschaftliche Schriften für Arbeitssicherheit) bzw. den entsprechenden Unterlagen ergeben sich weitere nützliche Anregungen zur Analyse, Beurteilung sowie für Arbeitsplatz- und Sicherungsmaßnahmen[4].

Entsprechend untenstehenden Gefährdungsmodellen können Schadensfälle
a) ohne momentanes Zutun vom Menschen, durch unzureichende Sicherheitstechnik bzw. durch technische Fehler bzw. technisches Versagen entstehen:

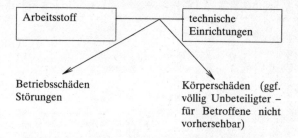

Forderung: – technische Sicherheit
– Funktionssicherheit der technischen Elemente

Kritische Vorgänge bzw. Ereignisse werden bei der Planung nicht erkannt (siehe Unfallbericht in der Anlage 5/1). Diese Art von Unfällen ist nur durch eine höhere Zuverlässigkeit des technischen Systems abwendbar. Die Konstrukteure, Planer

---

4 In diesem Zusammenhang besonders zu erwähnen sind die
 – ZH1/561: Messung und Beurteilung gesundheitsgefährlicher mineralischer Stäube – Zefu 1977;
 – TRgA 401: Messung und Beurteilung giftiger und gesundheitsschädlicher Arbeitsstoffe Blatt 1 TRK-Werte (Blatt 2: MAK-Werte in Vorbereitung) – herausgegeben vom Bundesminister für Arbeit und Soziales 1979;
 – VDI 2265: Feststellen der Staubsituation am Arbeitsplatz zur gewerbehygienischen Beurteilung (VDI 1980).

und sonstigen Verantwortlichen haben dies auch durch Anwendung entsprechender Analysetechniken (Ausfall-Effekt-Analyse – DIN 25448, Fehlerbaum-Analyse – DIN 25424) zu gewährleisten.

b) Des weiteren entstehen Gefährdungen (Unfälle bzw. Gesundheitsschäden) des Menschen bei der *Arbeitsverrichtung* mit den gefährlichen Arbeitsstoffen. Dies ist *aufgabenmäßig, räumlich und zeitlich eindeutig fixiert*, d. h. damit auch erfaßbar und überprüfbar.

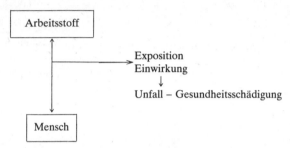

Die Arbeitsvorgänge müssen (»der Teufel liegt im Detail«) bis hin zu den Teiltätigkeiten untersucht und aufgeschlüsselt werden, damit die gefährlichen Arbeitsverrichtungen (siehe Beispiele 2.5 und Punkt 3.2.2), die Kontaktstelle und die Expositionszeiten erkennbar werden. Entsprechend dem oben Gesagten ist es wichtig, dabei auch Unregelmäßigkeiten, Betriebsstörungen, Reparaturen usw. einzubeziehen. Sinnvoll wäre es, diese »Teilanalysen« über die Einwirkungen von gefährlichen Arbeitsstoffen einzufügen in das Gesamtbild einer *komplexen Arbeits(platz)analyse*, deren Ergebnisse bzw. Daten in einer sogenannten *Arbeitsplatzkarte* (siehe Anlage 6) erfaßt werden.

Für die Beurteilung des Gefährdungsgrades sind in der Regel Messungen notwendig. Die Zusammenhänge und Kriterien für technische Messungen ergeben sich aus der auf Seite 202 wiedergegebenen Übersicht.

Das der jeweiligen Situation angepaßte Meßverfahren anzuwenden, um richtige, allgemeingültige Ergebnisse zu bekommen, erfordert große Erfahrung. (Stationäre Messungen kontinuierlich und/oder diskontinuierlich, Messungen am Menschen, getrennte Probenahme und Analyse, Erkennen und Berücksichtigen von Störfaktoren, Art der Anzeige und Auswertung, dabei zu berücksichtigende Zeitfaktoren u. a. sind zu bedenken, um für die verschiedensten Anwendungsfälle die geeignetsten Methoden auszuwählen.) Während eines internationalen Seminars der Kommission der Europäischen Gemeinschaften empfahlen die dortigen Experten die Entwicklung und Anwendung kontinuierlicher, individueller Überwachungstechniken (Individual-Probenahmegerät, chemisch reagierende Plaketten usw.), um die Situation der individuellen Exposition noch exakter zu erfassen und zu bewerten.

201

Der Zusammenhang vom Umgang bis zur Schädigung durch gefährliche Arbeitsstoffe

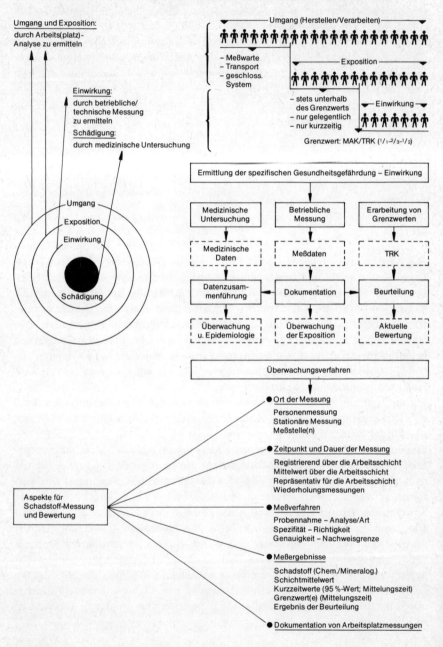

Gewarnt sei deswegen davor, diese Messungen von »Neulingen« oder »Unerfahrenen« durchführen zu lassen, sie können sich selbst und andere in große Gefahr bringen.

In den letzten Jahren haben die Berufsgenossenschaften ihre Möglichkeiten zur Messung und Beurteilung von gefährlichen Arbeitsstoffen im Berufsgenossenschaftlichen Institut für Arbeitsschutz (BIA) sehr stark erweitert. Die zuständigen technischen Aufsichtsbeamten können bei Bedarf qualifiziert beraten und Dienste des BIA vermitteln: Dort gibt es inzwischen für 150 Stoffe standardisierte, dezentrale Probenahme-Praktiken in Verbindung mit zentraler Analyse und Bewertung.

Weiterhin sei darauf hingewiesen, daß unter bestimmten Umständen die Gefahrenbeurteilung sehr schnell erfolgen muß:

– Bei der Meldung einer Gasgefahr kann es auf Sekunden ankommen, eine Leckage und die damit verbundene Gas-/Explosionsgefahr zu ermitteln;
– für einen bewußtlos Aufgefundenen entscheidet der schnelle Hinweis auf den toxischen Wirkstoff, d. h. es entscheiden Sekunden über Leben und Tod.

Entsprechende Fachkräfte müssen in solchen Fällen mit den notwendigen Meß- und Schutzgeräten möglichst mobil schnellstens einsetzbar sein.

Das angewandte Meßverfahren soll möglichst genau und gefahrlos sein; im Zweifelsfall sind Verbesserungen anzustreben, selbst wenn das mit nicht unerheblichem Aufwand verbunden ist.

Beispiel: Der Bereich einer Hochofen-Gicht ist ein gasgefährdeter Bereich: Das COhaltige Gichtgas kann an der Hochofen-Gicht sowie aus undichten oder entgasten Gasleitungen stammen; je nach thermischen oder windmäßigen Verhältnissen können Arbeitnehmer, die in diesem Bereich arbeiten müssen, sehr wechselhaften Gaskonzentrationen ausgesetzt sein. Diese wechselhaften Bedingungen bzw. Konzentrationen mit einem »Moment-Stichproben-(örtlich und zeitlich punktuell fixiert)CO-Prüfröhrchen-Test« ausreichend und genau zu erfassen, ist nicht möglich. Es wurde hier entschieden, kontinuierlich messende Geräte anzusetzen, die entweder verschiedene Meßstellen kurzfristig abprüfen, oder kontinuierlich möglichst an der gefährdeten Person messen bzw. bei Gefahr warnen, damit sich die Gefährdeten aus dem Gefahrenbereich begeben oder sich durch Masken schützen[5].

Besonders schwierig ist es, zu repräsentativen Ergebnissen und Urteilen zu kommen, wenn es sich um gelegentliche und/oder kurzfristige Einwirkungen handelt oder von Fall zu Fall sehr unterschiedliche betriebliche Verhältnisse vorliegen. Durch Absprachen mit den Betroffenen und guter Organisation (wann, wo, bei welcher Tätigkeit ergibt sich die nächste Exposition – wer informiert wen in diesem

---

5 Vgl. Hartmut Thiemecke, Schnelles Erkennen von CO-Einwirkungen durch Einsatz kontinuierlich arbeitender Meß-, Warn- und Steuergeräte, in: Drägerheft Nr. 283, S. 1-71.

Falle zwecks Messung, Beurteilung, Überwachung?) wird es gelingen, Grenzwerte zu erfassen und Mittelwerte zu errechnen.

Meßzeit und Meßdauer hängen dabei sehr stark ab von der Schwankungsbreite der Konzentrationen. Nachfolgendes Bild[6] zeigt Vinylchlorid-Konzentrationen im 10-Tages-Verlauf.

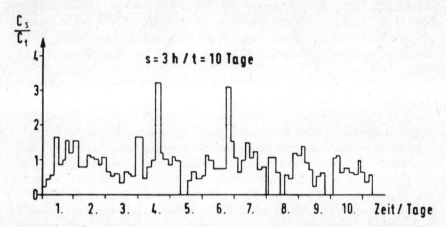

Je kürzer die Mittelsbildungszeit einzelner oder mehrerer Messungen ist, um so größer wird die Schwankung bzw. Ungenauigkeit des Meßergebnisses. Wenn stichprobenartige, diskontinuierliche Messungen gemacht werden, erfordert ein statistisch gesicherter Schichtmittelwert nachfolgende Probezahl in Abhängigkeit von der Probenahmezeit.

Probenahmezeit	Probenzahl	
10 sec	≥ 30	
1 min	≥ 20	
5 min	≥ 12	
15 min	4–8	
30 min	3–6	
1 Std.	2–4	
2 Std.	1–3	
4 Std.	1–2	
> 4 Std.	1	
1979 B 221	Probenzahl pro Arbeitsschicht	STF

6 Vgl. W. Coenen, Grenzwerte gefährlicher Arbeitsstoffe – Messungen, Beurteilung am Arbeitsplatz, Vortrag anläßlich des Jahresseminars des Europäischen Gewerkschaftsbundes am 8. September 1982.

Im Zweifelsfall sollte immer bei der Bestimmung des Meßverfahrens und der daraus gefolgerten Maßnahmen im Sinne des Arbeitsschutzes entschieden werden, dies trifft ganz besonders zu, wenn es sich um gesundheitsgefährliche kanzerogene Arbeitsstoffe handelt, für die Grenzwerte (TRK) sowieso fraglich und umstritten sind: Der Schwellenwert für Asbest beispielsweise sollte Null sein – bereits eine Asbestfaser kann die »Initial-Zündung« für eine bösartige Krebswucherung sein!

Hinsichtlich der arbeitsmedizinischen Untersuchungen sei darauf verwiesen, daß die Arbeitnehmer sehr kritisch darauf achten, daß kein Mißbrauch getrieben wird. Dieses Mißtrauen ist in der Vergangenheit aus mehreren Gründen entstanden; einige sollen hier genannt werden:

– Es wird befürchtet, daß Untersuchungsergebnisse zum Nachteil der Betroffenen ausgelegt werden: Es gibt bei der Beurteilung von Meß- und Untersuchungsergebnissen Bandbreiten bzw. einen Auslegungsspielraum – und die Arbeitnehmer registrierten sehr genau, daß bei schlechter Arbeitsmarktsituation nachteilige Beurteilungen (»nicht geeignet«) erfolgten. Auch arbeitsmedizinische Untersuchungsergebnisse sollten daher einen hohen Grad von Vertrauenswürdigkeit und Validität (Genauigkeit – Gültigkeit – Objektivität) haben; der die Untersuchungsergebnisse Beurteilende sollte sich verantwortungsvoll der Folgen seines Urteils bewußt sein.

– Nachteilig für das Verhältnis zwischen Arbeitnehmer und untersuchendem Arzt kann sich auch bemerkbar machen, wenn durch unzureichende Schutzmaßnahmen und unzureichende technische Überwachungsmaßnahmen gesundheitliche Schäden entstanden sind. Der Arzt wird (unberechtigt) zum »Buh-Mann«, wenn er dann dem untersuchten Arbeitnehmer eine Eignungseinschränkung testieren muß. In solchen Fällen ist es die schlechteste Lösung, den betreffenden Arbeitnehmer für den gesundheitsschädigenden Arbeitsplatz für »nicht mehr geeignet« zu befinden. Richtiger ist, die schädigenden Wirkungen zu beseitigen und dafür engagiert einzutreten. Wenn dies durch eine gefahrlose Technologie nicht völlig lösbar ist, rangiert an zweiter Stelle die technische Überwachung vor der arbeitsmedizinischen. Dabei muß man sich jedoch bewußt sein, daß es – wie oben schon geschildert – teilweise sehr schwierig ist, durch meßtechnische Überwachung sicherzustellen, daß es nicht zu Einwirkungen von Schadstoffen kommen kann.

Der Betriebsarzt hat die arbeitsmedizinischen Untersuchungsergebnisse in einer personenbezogenen Gesundheitskartei zu führen. Er ist zur Geheimhaltung verpflichtet – selbstverständlich nicht gegenüber seinem Patienten, der vom Betriebsarzt Aufklärung über gefährdende Bedingungen und über die Untersuchungsergebnisse erbitten sollte.

Laut Arbeitssicherheitsgesetz (Pkt. 3 c § 3 ASIG) sollte der Betriebsarzt die Ursachen der arbeitsbedingten Erkrankungen ermitteln (indirekte Gefährdungsanalyse). Eine verantwortungsbewußte Erfüllung dieser gesetzlichen Aufgabe, an der

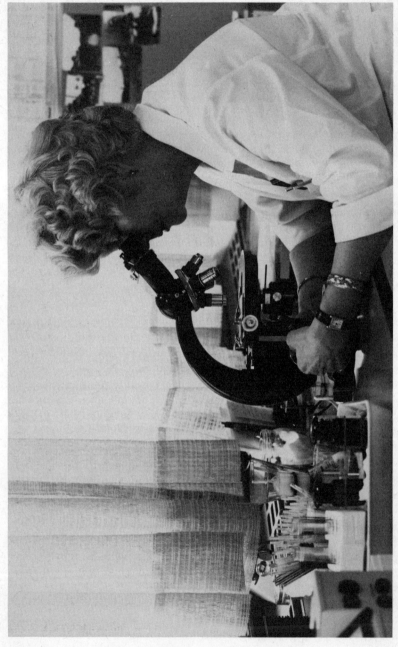

Bei möglichen bzw. festgestellten Einwirkungen ist wie vorgeschrieben eine arbeitsmedizinische Überwachung durchzuführen. Hier erfolgt eine Untersuchung bei vermuteter Blei-Einwirkung (Blut-Blei-Werte).

Die Apparatur wird von der getrennt angeordneten Meßwarte aus bedient, so daß auch bei Leckagen eine Gefährdung der Beschäftigten ausgeschlossen ist

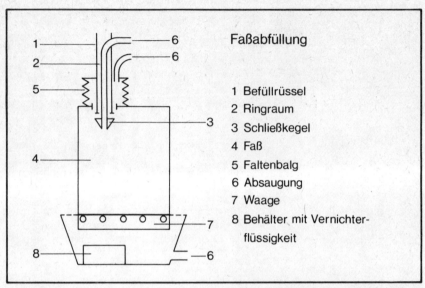

Faßabfüllung

1 Befüllrüssel
2 Ringraum
3 Schließkegel
4 Faß
5 Faltenbalg
6 Absaugung
7 Waage
8 Behälter mit Vernichterflüssigkeit

Foto und Grafik zeigen eine vorbildliche Faßabfüllung. Die einzufüllende Substanz wird durch den Ringraum des »Füllrüssels« bei geöffnetem Kegel in das Faß eingefüllt. Die dabei aus dem Faß verdrängten, schadstoffhaltigen Abgase werden über den am Spundloch aufgesetzten und an eine Entlüftung angeschlossenen Faltenbalg abgeführt. Nach Beendigung des Füllvorganges wird der Ringraum durch Anheben des Kegels verschlossen. Die außen am Kegel anhaftende Flüssigkeit folgt der Schwerkraft zur Spitze des Kegels hin und wird dort durch die zentrale Absaugung entfernt. Sollte ausnahmsweise dennoch etwas Flüssigkeit vom Füllkegel herabtropfen, fällt sie in eine spezielle Vernichterflüssigkeit und wird hier unwirksam gemacht, so daß eine Gefährdung der Beschäftigten durch unkontrolliertes Abtropfen mit Sicherheit ausgeschlossen ist.

auch die Betroffenen größtes Interesse haben müßten, würde bedeuten, daß möglichst umfassend die mit chronischen Erkrankungen verbundenen Daten mit beruflichen bzw. arbeitsplatztypischen Belastungen, Bedingungen und Einflüssen verglichen werden. Schädigende Einflüsse – auch von gefährlichen Arbeitsstoffen ausgehend – könnten so durch statistische Methoden analysiert werden. Methodische Hinweise liefert das »IVAAK«[7] (Integriertes Verfahren zur Analyse arbeitsbedingter Erkrankungen).

2.6 Zur Durchführung von Arbeitsschutzmaßnahmen

Art und Umfang von Arbeitsschutzmaßnahmen hängen von dem ermittelten Gefährdungsgrad und den sicherheitstechnisch-wirtschaftlichen Möglichkeiten ab.

7 Vgl. L. v. Ferber, W. Slesina, Integriertes Verfahren zur Analyse arbeitsbedingter Krankheiten, in: Zeitschrift für Arbeitswissenschaft, Nr. 2/1981, S. 112 ff.

Ein weiteres Beispiel für eine vorbildliche Abfüllvorrichtung: Hier wird der »Füllrüssel« für den Füllvorgang in das Faß ausgefahren. Die entweichenden Gase und Dämpfe werden über die trichterförmige Absaugung abgeführt. Nach Beendigung des Füllvorganges wird der »Rüssel« in ein äußeres Schutzrohr hochgezogen und dieses Schutzrohr durch eine gewichtsbelastete Klappe gegen die Umgebung abgeschlossen.

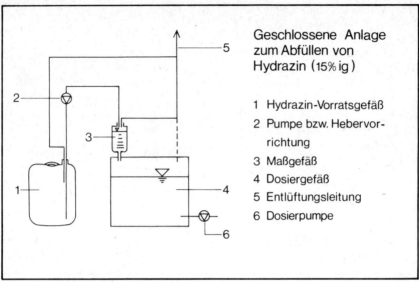

Geschlossene Anlage zum Abfüllen von Hydrazin (15%ig)

1 Hydrazin-Vorratsgefäß
2 Pumpe bzw. Hebervor-
 richtung
3 Maßgefäß
4 Dosiergefäß
5 Entlüftungsleitung
6 Dosierpumpe

In diesem Fall wird die wäßrige Hydrazinlösung mit einer Pumpe bzw. über eine Hebeanord-nung in ein Maßgefäß geleitet und von dort in das Dosiergefäß abgelassen, das bereits Wasser enthält. Aus diesem Vorrat wird Hydrazin in das Kesselspeisewasser dosiert. Vorlage und Maßgefäß, eventuell aber auch Dosierbehälter, sind über eine gemeinsame Leitung zur Beat-mung über das Dach zu belüften.
Diese Anlage hat einer der Mitgliedsbetriebe der Berufsgenossenschaft der chemischen Indu-strie entwickelt. Sie wird jetzt auch auf dem Markt angeboten.

Grundsätzlich gilt folgende Rangreihe:
1. *Gefahrlose Technologie:* Ersatz der gefährlichen durch ungefährliche Arbeits-stoffe!
Beispiel:
 Benzol – Ersatz durch Toluol oder Xylole
 2-Nitropropan – Ersatz durch Ethylpropylglykol, Butylglykol, Cyclohexanon und andere Mittel
 Zinkchromat – Ersatz durch Zinkphosphat, organische Zinkverbindungen
 Tri- u. Perchloräthylen – Ersatz durch Kalkreiniger
 Brennbare Hydrauliköle – Ersatz durch nicht brennbare Öle
 Asbest – siehe Beispiel Punkt 3.1
2. *Sicherheitstechnische Lösungen:* Diese sollen unbedingt und total (zeitliche und räumliche Komponente) wirksam sein und eine hohe Funktionsgüte haben. Nach-folgend dazu Ausführungen und Beispiele der BG Chemie[8].

8 Vgl. BG-Chemie, Programm zur Verhütung von Gesundheitsschädigungen durch Arbeitsstoffe, S. 15–22.

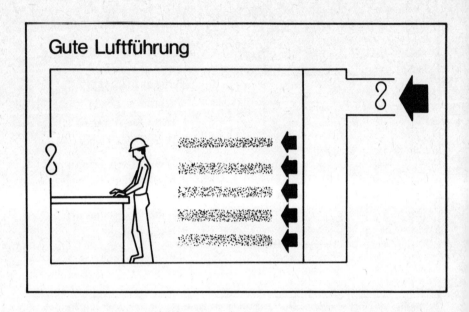

Gute Luftführung

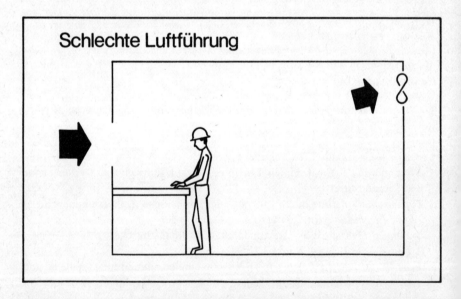

Schlechte Luftführung

Die beiden Abbildungen zeigen schematisch Beispiele für technische Lüftungen. Die Luftströmung verläuft hier im günstigen Fall (oben) so, daß sie die Schadstoffe aus dem Atembereich des Beschäftigten wegträgt.

3. Soweit technische Lösungen nicht möglich sind, müssen bedingt wirkende Arbeitsschutzmaßnahmen eingeleitet werden:
– *Kennzeichnung der Arbeitsstoffe und Arbeitsplätze.* Dabei sollte der Grundsatz beachtet werden, daß auch die Kennzeichnung so nahe wie möglich an der Gefahrenstelle erfolgt.
– *Betriebsanweisungen* sollen in verständlicher Form erlassen werden. Soweit es grundsätzliche Regelungen sind, die das Verhalten der Betroffenen regeln, sollten sie mit den Betroffenen, auf alle Fälle mit ihren Vertretern, den Betriebsräten (Mitbestimmungsrecht entsprechend § 87 BetrVG), abgestimmt sein. Diese Anweisungen sind die Grundlage für *gezielte Unterweisungen*, bei Neulingen vor der ersten Arbeitsaufnahme mit den betreffenden Stoffen, ansonsten regelmäßig, mindestens jährlich einmal (das Muster einer Anweisung siehe Anlage 8/0).
– *Die Unterweisung*, insbesondere auch die entsprechend § 7 VBG 1 notwendige regelmäßige Information der Beschäftigten, soll nicht nur im Vorlesen von Vorschriften und Anweisungen bestehen, richtige Einstellungen ergeben sich besonders aus dem Verständnis, *warum* Gebote oder Verbote beachtet werden sollen. Dieser Erkenntnisprozeß kann durch Versuche (Beispiel: Abbrennen mit Sauerstoff angereicherter Putzwolle) sehr gefördert werden, denn die »optische Wahrnehmung« ist wirkungsvoller als die »akustische«.
– Erforderlichenfalls sind *Körperschutzmittel* zur Verfügung zu stellen. Sie sollen nur dann angewendet werden, wenn andere Aktivitäten zur Verhütung von Gesundheitsschädigungen nicht ausreichen.
Auch hier ist konkret festzustellen, *welche* Körperschutzmittel (z. B. welcher von vielen möglichen Atemschutzfiltern) für die jeweilige gefährliche Arbeitssituation zu verwenden sind; diese notwendigen Körperschutzmittel sind arbeitsplatz- und tätigkeitsbezogen zu katalogisieren und zur Verfügung zu halten, so daß Mißverständnisse nicht auftreten können.

2.7 Hilfsmaßnahmen bei Unfällen, Schadensfällen, Bränden Katastrophen etc.

Es kann nicht ausgeschlossen werden, daß sich dort, wo mit gefährlichen Arbeitsstoffen gearbeitet wird, Unfälle, Brände etc. ereignen.
Beim Eintritt von Unfällen ist das wichtigste Ziel, den Schaden einzugrenzen, d. h. schnell und richtig Gegenmaßnahmen einzuleiten und zu helfen:
Soweit nicht zwangsläufig wirkende Bekämpfungsmaßnahmen installiert sind (Rauchmelder löst Löscheinrichtung aus), ist der Erfolg der Hilfsmaßnahmen in erster Linie abhängig vom schnellen und richtigen Reagieren des Ersthelfers. Aus der jeweiligen Notsituation ergibt sich, ob In-Not-Geratenen unmittelbar geholfen werden muß oder zuerst eine Notrufmeldung abzugeben ist an diejenigen, die helfen können (Betriebsleiter, Feuerwehr, Sanitäter, Betriebsarzt, sonstige Fachkräfte bzw. Gefahrenmeldezentrale). Richtiges Helfen setzt also voraus

Zur Verfügung gestellte Schutzmittel müssen höchste Zuverlässigkeit haben – hier werden CO-Filter-Masken einer sorgfältigen Prüfung unterzogen.

– ein entsprechendes Gefahren-Meldesystem/Notrufnummer;

– Aufsichtskräfte, Belegschaftsmitglieder, Ersthelfer, die entsprechend ausgebildet und informiert sind (siehe dazu eine Anleitung zur Ersten Hilfe bei Unfällen bzw. eine Anweisung über das Verhalten der Belegschaft im Brandfall – Anlage 8/1);

– ein funktionierendes Informationssystem von der Gefahrenmelde-Zentrale aus, um weiteres Rettungs- und Hilfspersonal zu informieren.

In welchem Umfang Hilfsmaßnahmen eingeleitet werden, hängt von der akuten Gefahrensituation bzw. dem Schadensbild ab; da, wo schwerwiegendere Explosionen und Schäden nicht ausgeschlossen sind, sollen entsprechende Alarm- und Katastrophenpläne erstellt sein (siehe dazu auch die Störfallverordnung). Das Mu-

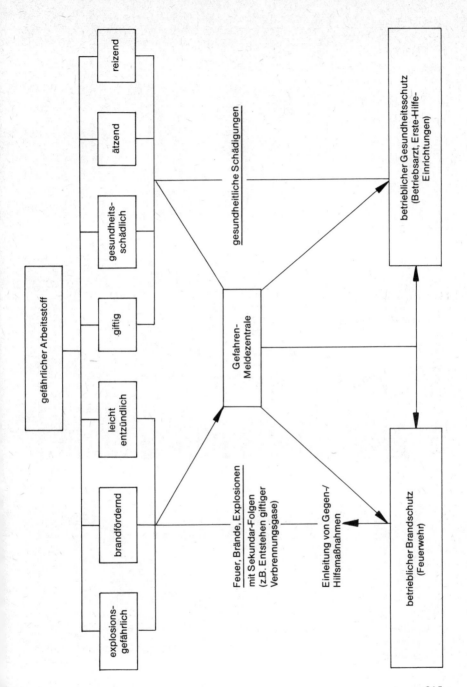

gefährlicher Arbeitsstoff

- explosionsgefährlich
- brandfördernd
- leicht entzündlich
- giftig
- gesundheitsschädlich
- ätzend
- reizend

Feuer, Brände, Explosionen mit Sekundar-Folgen (z.B. Entstehen giftiger Verbrennungsgase)

gesundheitliche Schädigungen

Gefahren-Meldezentrale

Einleitung von Gegen-/Hilfsmaßnahmen

betrieblicher Gesundheitsschutz (Betriebsarzt, Erste-Hilfe-Einrichtungen)

betrieblicher Brandschutz (Feuerwehr)

215

Erste Hilfe bei Blausäure-Vergiftungen

A Für den 1. Helfer

Höchste Eile geboten / überlegt handeln!
Bergung: Unter Selbstschutz: Vollmaske/Filtertyp B.

1. Vergifteten sofort aus Gefahrenbereich bringen.
2. Beatmung! möglichst mit Gerät und 100% O_2 (kein Mund/Mund-Kontakt; für Helfer Vergiftungsgefahr!)
3. Heilgehilfen und Arzt mit Hinweis „Blausäure-Vergiftung" anfordern lassen.
4. Bei Bewußtlosigkeit eine Ampulle 4-DMAP in Oberschenkelmuskel injizieren.
5. Giftbenutzte Kleidungsstücke ausziehen und entfernen (mit Schutzhandschuhen!).
6. Patienten warmhalten in absoluter Körperruhe.
7. Chemische Einwirkungsstoffe und durchgeführte Maßnahmen notieren auf Blatt C (ins Krankenhaus mitgeben).

Zusätzliche Maßnahmen bei Kontakt

– mit Haut: sofort reichlich und anhaltend mit Wasser spülen, entstandenen Brand und Ätzschorf nicht verletzen – reichlich und anhaltend mit Wasser spülen, keimfrei verbinden;
– mit Augen: unter Schutz des nicht betroffenen Auges ausgiebig spülen;
– mit Verdauungsorganen:
a) bei erhaltenem Bewußtsein reichlich Wasser, auch körperwarme Kaliumpermanganat-Lösung 2%ig trinken lassen und Erbrechen herbeiführen (Reizung der Rachenhinterwand mit Finger), anschl. 3 Eßlöffel Medizinalkohle/Aktivkohle in Wasser aufgeschlämmt eingeben;
b) bei Bewußtseinsstörung/Bewußtlosigkeit Magenspülung nur: durch Arzt – Lösung, Trichter, Schlauch, Kohle vorbereiten.

B Für den Arzt

Helfer berichtet kurz über den Hergang und bisherige Maßnahmen.

A Bei leichten Intoxikationen mit typischen Schleimhautreizungen, evtl. Kopfschmerzen und Erbrechen:
20 ml Natriumthiosulfat 10 % und 10 ml Natriumthiosulfat 25 % langsam intravenös spritzen. Dosis kann bis zu einer Gesamtmenge von 100 ml wiederholt werden (Handelsname: S-Hydril).
Achtung! (kein Natriumnitrit, Blutdrucksenkung) (Weiter: Beatmung, Körperruhe, Beobachtung/einige Stunden).

B Schwere Intoxikation: Bewußtlosigkeit, evtl. Krämpfe, Dyspnoe und evtl. Zeichen terminaler Atmung.

Therapie bei schwerer Vergiftung:
1. Falls noch keine 4-DMAP verabreicht ist, eine Ampulle à 5 ml.
2. Nach 4-DMAP-Gabe – auf jeden Fall 50 ml Natriumthiosulfat 25 % langsam intravenös injizieren.
3. Bei bedrohlicher Blutdrucksenkung im weiteren Verlauf in 500 ml Infusionslösung, z.B. Rheomakrodex 1-2 Amp. Akrinor 10 ml Blutdruck und Kreislauf-Symptomatik überwachen und unbedingt danach Tropfgeschwindigkeit einregulieren.
Bei oraler Aufnahme der Cyan-Verbindung und a) erhaltenem Bewußtsein 2%ige Kaliumpermanganat-Lösung – Erbrechen herbeiführen – 2 Eßlöffel Medizinalkohle;
b) bei gestörter Bewußtseinslage/Bewußtlosigkeit:
Magenspülung.

Bogen C ins Krankenhaus mitnehmen.

C Für den Klinik-Arzt

Blausäure-Vergiftung
Hinweise für den Klinik-Arzt

(Name)   (Vorname)   (Geb.-Datum)

Zeitpunkt der Vergiftung:
Art der Vergiftung: Einatmung/oral/Verbrennung
Art des/der Stoffe:

Folgende Therapie ist erfolgt:

☐ Sauerstoff-Beatmung

☐ Natriumthiosulfat 10% (-Hydril) _____ (Dosis)

☐ Natriumthiosulfat-Infusion 25 % _____ (Dosis)

☐ 4-DMAF (4-Dimenthylaminophenol) _____ (Dosis)
   i.m. oder i.v.
   Zeitpunkt der Injektion:

☐ Akrinor _____ (Dosis)

Falls noch kein DMAP verabreicht ist, eine Ampulle à 5 ml DMAP möglichst intravenös injizieren. Nach DMAP-Gabe 50 ml 25%iges Natriumthiosulfat langsam intravenos injizieren.
Präparate wercen mitgegeben.

ster eines Alarmplanes findet man unter Anlage 9. Den einzelnen Alarmstufen können allgemeine und/oder fallspezifische Hilfs- und Bekämpfungsmaßnahmen zugeordnet werden. Eine Übersicht über den Ablauf von Erste-Hilfe-Leistungen im Brandfall findet man unter Anlage 8/2[9].

Erste Hilfe bei Vergiftungen und sonstigen Einwirkungen gefährlicher Arbeitsstoffe

Auch hier ist es notwendig, die für die Rettung und Erste Hilfe arbeitsstofftypischen personellen, organisatorischen und technischen Voraussetzungen zu schaffen. Hinweise liefern Kühn-Birett in einer Merkblattsammlung (Muster siehe Anlage 7) bzw. das Handbuch des Rettungswesens (C II 4.2.3 bis 4.2.5 – Vergiftungen/Verätzungen). Richtiges Reagieren und Helfen setzt richtige differenzierte Information und Organisation voraus, was mit dem Beispiel auf Seite 216 belegt werden soll. Es handelt sich um die Erste-Hilfe-Leistung bei einer Blausäure/Cyan-Vergiftung.

3. Beispiele

Im Rahmen der betrieblichen Maßnahmen kann es erforderlich sein, sich um bestimmte gefährliche Arbeitsstoffe besonders zu bemühen, oder es kann der Fall vorliegen, daß angestrebte Arbeitsschutzlösungen besonders problematisch sind und nur kooperativ gelöst werden können. Dazu zwei Beispiele:

3.1 Der Ersatz von Asbest[10]

Sämtliche oben beschriebenen methodischen Schritte wurden in einem größeren Hüttenwerk bei einer »Asbestaktion«, wie nachfolgend dargestellt, durchgeführt:
Die durchgeführten Schritte:
1. Zunächst erfolgte eine *Anweisung der Unternehmensleitung*, die Asbest-Substitution bzw. weitere wirkungsvolle Arbeitsschutzmaßnahmen zu betreiben. Dieser Anweisung vorangegangen war ein Gutachten über Asbestgefährdung insbesondere aus arbeitsmedizinischer Sicht: Auch die Leitung mußte erst einmal von der Notwendigkeit und Dringlichkeit solcher Maßnahmen überzeugt werden; die wichtigste Voraussetzung für den Ersatz von Asbest ist die Bereitschaft einer Unternehmensleitung und der maßgebenden Führungs- und Aufsichtskräfte, die als notwendig erachteten Schutzmaßnahmen durchführen zu wollen. Diese Maßnah-

9 Handbuch des Rettungswesens, v. d. Linnepe Verlagsgesellschaft KG, Hagen, Teil C II, Organisation im betrieblichen Bereich 1/83.
10 Vgl. Hartmut Thiemecke, Ersatz von Asbest, in: Die Berufsgenossenschaft Nr. 6/1981, S.308–314, Sowie Nr. 5/1982, S. 292–298.

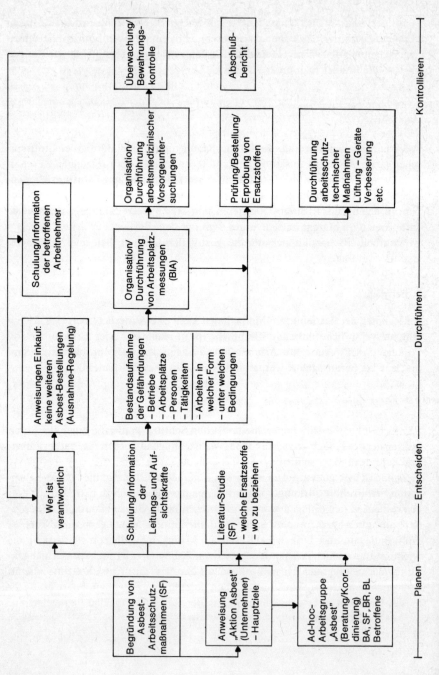

Überwachung/
Bewahrungs-
kontrolle

Abschluß-
bericht

Organisation/
Durchführung
arbeitsmedizinischer
Vorsorgeunter-
suchungen

Prüfung/Bestellung/
Erprobung von
Ersatzstoffen

Durchführung
arbeitsschutz-
technischer
Maßnahmen
Lüftung – Geräte
Verbesserung
etc.

Schulung/Information
der betroffenen
Arbeitnehmer

Organisation/
Durchführung
von Arbeitsplatz-
messungen
(BIA)

Anweisungen Einkauf:
keine weiteren
Asbest-Bestellungen
(Ausnahme-Regelung)

Bestandsaufnahme
der Gefährdungen
– Betriebe
– Arbeitsplätze
– Personen
– Tätigkeiten

– Arbeiten in
welcher Form
– unter welchen
Bedingungen

Wer ist
verantwortlich

Schulung/Information
der
Leitungs- und Auf-
sichtskräfte

Literatur-Studie
(SF)
– welche Ersatzstoffe
– wo zu beziehen

Begründung von
Asbest-
Arbeitsschutz-
maßnahmen (SF)

Anweisung
„Aktion Asbest"
(Unternehmer)
– Hauptziele

Ad-hoc-
Arbeitsgruppe
„Asbest"
(Beratung/Koor-
dinierung)
BA, SF, BR, BL
Betroffene

Planen ———— Entscheiden ———— Durchführen ———— Kontrollieren

218

men werden um so wirkungsvoller sein, je nachhaltiger Arbeitnehmer und deren Vertreter (Vertrauensleute und Betriebsräte) im ureigensten Interesse ihre Mitwirkung zum Mitbestimmungsrecht in Arbeitsschutz und Arbeitsgestaltung dazu nutzen, den Einsatz von Asbest im Betrieb abzubauen. Im vorliegenden Fall lagen wesentliche Initiativen bei Vertrauensleuten und Betriebsräten: Durch das zügige Reagieren wurden Konflikte vermieden und die vertrauensvolle Zusammenarbeit der Unternehmensverantwortlichen mit den Arbeitnehmern und Betriebsräten zur Verbesserung des Arbeitsschutzes im Betrieb verstärkt.

2. *Einsatz eines ad-hoc-Ausschusses* zur Planung und Koordinierung mit den wichtigsten Aufgaben

– Klärung der Verantwortlichkeit: Wer ist wofür zuständig? – Siehe dazu die Ausführungen der Anlage 10.

Wichtig war bereits in dieser Phase, daß ohne Absprache mit der Sicherheitsfachkraft kein Asbest mehr bestellt werden durfte.

– Ausarbeitung eines Ersatzstoffkataloges: Welche Arbeitsstoffe gibt es, mit welchen Eigenschaften? Wo sind diese zu beziehen? Inzwischen gibt es einen Asbest-Ersatzstoff-Katalog der BAU.

3. *Durchführung der Maßnahmen* durch die Verantwortlichen der Betriebe unter Beratung, Koordinierung, Unterstützung durch die Sicherheitsfachkräfte.

– Erfassung der Stellen und Tätigkeiten, bei denen Asbest eingesetzt wurde;
– Bestellung, Erprobung und Einführung von Ersatzstoffen.

Eine bei diesen Aktionen immer wiederkehrende Frage war, ob eine Gefährdung durch Asbest bereits bei einem relativ geringen Kontakt besteht. Da es problematisch ist, bei unregelmäßigen, gelegentlichen Kontakten repräsentative Asbeststaub-Meßergebnisse zu erhalten, kam man wiederholt zu dem Ergebnis, daß unbedingt angestrebt werden sollte, die Verwendung von Asbest völlig zu vermeiden. Das entsprach weitgehend auch der Auffassung des Internationalen Krebsforschungsinstitutes der Weltgesundheitsorganisation: Es gibt keine Asbeststaub-Konzentration, die ein Krebsrisiko ausschließt. Der Schwellengrenzwert für Asbest sollte daher Null sein. Es ist richtig, sich möglichst frühzeitig auf diese Zielsetzung einzustellen.

Die Einstellung der Führungskräfte wurde auch durch Hinweise auf mögliche weitere günstige Aspekte in Verbindung mit asbestfreien Materialien positiv beeinflußt, u. a.:

a) Aufzeigen wirtschaftlicher Vorteile, zum Teil sind neue Materialien billiger, zum Teil sind ihre Standzeiten wesentlich höher (z. B. neuentwickelte asbestfreie Bremsbeläge).

b) Asbestfreie Körperschutzmittel sind in der Regel leichter und bequemer. Sie werden daher auch in größerem Maße benutzt.

c) Wegfall aufwendiger und kostspieliger Arbeitsschutz-Präventivmaßnahmen, die bei Beibehaltung von Asbestmaterialien notwendig wären: u. a. Ausgabe, Rei-

nigung und Vorhaltung von Masken, regelmäßige ärztliche Überwachungsuntersuchungen, Kennzeichnung der Arbeitsstoffe, Erlaß von Betriebsanweisungen,
Durchführung jährlich zu wiederholender Informationen.
4. Einleiten und Betreiben von Asbeststaubmessungen für die Tätigkeiten, bei
denen weiter mit Asbest gearbeitet werden sollte, weil Einwirkung unterhalb der
TRK vermutet wird bzw. bisher kein Ersatzstoff gefunden worden war. Bei diesen
verbleibenden »Asbesttätigkeiten« handelt es sich ausschließlich um gelegentliche,
kurzfristige Einwirkungen. Die Messung und Bewertung geschah unter Zugrunde-
legung der ZH1/561 »Regelung zur Messung und Beurteilung gesundheitsgefährlicher mineralischer Stoffe« in Verbindung mit der ZH1/600.21 »Einwirkung von
Asbestfeinstaub bzw. asbesthaltigem Feinstaub«.

Es überraschte, daß bei fünf von zehn Meßpunkten, bei denen die Verantwortlichen kaum eine Einwirkung vermutet hatten, obige Grenzwerte deutlich unter-
schritten wurden. Dies war wiederum Anlaß zur erfolgreichen Prüfung der Einführung von asbestfreien Materialien an diesen Stellen.

Ergebnisse und Zusammenfassung

Nach Einführung dieser Ersatzmaßnahmen konnte für den Bereich eines Hütten-
werkes die Folgerung gezogen werden: Asbest ist durch andere Stoffe ersetzbar,
wenn dazu bei den Verantwortlichen und ihren Beratern der ernsthafte Wille
besteht und darauf aufbauend die gewollten Arbeitsschutzmaßnahmen systematisch und konsequent durchgeführt werden.

3.2 Kokereischadstoffe[11]

Die intensive Beschäftigung mit Kokerei-Schadstoffen hatte sich aufgedrängt
– durch mehrere Krebserkrankungen,
– durch neuere arbeitsmedizinische Erkenntnisse und Veröffentlichungen.
Weil insbesondere Schwierigkeiten bei der Analyse und Beurteilung der Schadstoffe bestanden, wurde eine Arbeitsgruppe – Betriebsarzt (Projektleiter), Betriebsleiter, Chemiker, Kokereiarbeiter, Betriebsrat, Sicherheitsingenieur – mit
der Untersuchung bzw. Einleitung von Arbeitsschutzmaßnahmen betraut.
Durch eine Literaturauswertung setzten sich Sicherheitsfachkräfte und Betriebsarzt selber in Kenntnis über das Gefährdungsproblem und beschlossen eine ge-
nauere Untersuchung der Schadstoffsituation in der Kokerei: In Vorträgen und
Gesprächen interessierten sie daran die Unternehmensleitung, die Berufsgenossenschaft (finanzielle Unterstützung), die Betriebsleitung, den Betriebsrat und die
Beteiligten.

11 Vgl. Hartmut Thiemecke, Benzo(a)pyren im Bereich von Steinkohlenkokereibatterien, in: Sicher ist
sicher, Nr. 9/1981.

Ablaufplan einer Kokerei-Schadstoff-Aktion

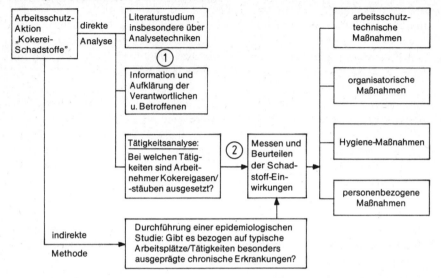

Nachfolgend allgemeine Informationen über die Schadstoffeinschätzung:

In der Liste der MAK-Werte wird 1980 unter der Stoffgruppe III-A1 »Stoffe, die beim Menschen erfahrungsgemäß bösartige Geschwülste zu verursachen vermögen« auch Steinkohlenteer (Hautkrebs nach langer und intensiver Exposition) aufgeführt. In Anhang II Nr. 1 der Arbeitsstoffverordnung sind Peche/Teere unter krebserzeugenden Arbeitsstoffen aufgeführt, gefährdend bei 5 Gewichtsprozenten im Arbeitsstoff.

Erst in letzter Zeit sind, sicherlich angeregt durch alarmierende Untersuchungsergebnisse im Ausland, intensivere Untersuchungen der Zusammenhänge auch in der Bundesrepublik durchgeführt worden. Dabei geht es nicht nur um Hautkrebsverursachung, sondern um ein allgemeines Krebsrisiko (Krebs der Atem- und Harnwege).

Manz[12] untersuchte die Krebsmortalität bei Beschäftigten der Gasindustrie mit alarmierenden Ergebnissen. Worauf ist das zurückzuführen? In den feinen, lungengängigen Flugstäuben von Kokereiabgasen sind Teersubstanzen enthalten. Aus der Menge der Teersubstanzen können Rückschlüsse auf die Krebsgefahr gezogen werden.

Teersubstanzen sind je nach Art der Kohlengrundsubstanz zwischen 2 bis 30 Gewichtsprozenten in den Flugstäuben enthalten. In den USA dürfen in der freien

12 Vgl. A. Manz, Krebs als Todesursache bei Beschäftigten der Gasindustrie, Forschungsbericht 151 der BAU, Dortmund 1976.

221

Atmosphäre maximal 0,2 mg/m^3 Teersubstanz enthalten sein. Wegen seiner besonders hohen kanzerogenen Aktivität ist der polyzyklische Kohlenwasserstoff – Benzo(a)pyren – bekannt geworden. Er entsteht u. a. in Steinkohlenteeren durch Verkokung der Kohlencharge unter Luftabschluß bei Temperaturen über 600 °C. Er wird in immer größerem Maße als »Leit- bzw. Pilot-Stoff« analysiert und zur Beurteilung des Grades der Krebsgefährdung zugrunde gelegt.

Angaben zur Charakterisierung des Benzo(a)pyrens

a) *Zur Chemie der Benzo(a)pyrene:*
Sie gehören zur *Substanzgruppe* der polyzyklischen, aromatischen Kohlenwasserstoffe und werden auch als 1,2 Benzopyren (veraltet auch 3,4 Benzpyren) bezeichnet, bestehen aus gelblichen Blättchen oder Nadeln (Schmelzpunkt 179 °C, Siedepunkt 496 °C), die im Benzol löslich sind.
Nachweis: Fluoreszenzspektrographische Bestimmung in Luft, Gaschromatographie/Massenspektrometrie, quantitative Bestimmung in Luft mittels Hochdruck-Flüssigkeits-Chromatographie. Nachweisgrenze: ca. 4–10 ng.

b) *Zum Vorkommen:*
In der Erdöl- und Kohlechemie, in Kokereien, Gasanstalten, Schwelereien, Teer- und Brikett-Fabriken, Destillationsbetrieben, Farbindustrie, Treibstoffsynthese, Gummi- und Reifenindustrie; bei Arbeiten mit Anthrazenöl, Generator- und Kohlengasen, hydrierten Kohleölen, Mineralöl, Erdöl, Teeren, Pech, Rußen, Wachsen, Bitumen, Lignitöl, Tabak-Rauche.

c) *Zur Toxikologie:*
Aufnahme über Haut und Atmungsorgane, Ausscheidung über Atmungsorgane, Darm, Niere. Möglich sind Karzinome bei Haut, Lunge, Kehlkopf, Blase. Kanzerogen wirken besonders entsprechende Stoffgemische.
Chronische toxische Wirkungen: Dermatitis, Hautatrophie, Hyperkeratose, Pigmentverschiebung (Leuko-Melanoderm). Diagnostische Hinweise der *Haut*: Warzen, Papillome, Photosensibilität; der *Lunge*: Sputumzytologie, Bronchoskopie (Biopsie); *Kehlkopf*: Laryngoskopie (Biopsie), Expositionszeiten: 8 bis 30 Jahre; Latenzzeiten 9 bis 35 Jahre (durchschnittlich 17 Jahre).

d) *Schutzmaßnahmen:*
Geschlossene Herstellungsverfahren, Naßtechnologie, Be- und Entlüftungs-(Absaug)Anlagen, Mechanisierung/Abschirmung/Atemschutz, Arbeitsschutzkleidung (möglichst täglicher Wechsel), entsprechende Umkleide-/Wasch-/Duschanlagen, ärztliche Überwachungsuntersuchungen.
Benzo(a)pyren ist zwischen 0,01 bis 4 Gewichtsprozent Bestandteil der Teersubstanzen bzw. zwischen 5 bis 135 000 ng/m^3 analysiert worden.
Grenzwerte für Benzo(a)pyren: in der Sowjetunion: 150 ng/m^3, in Amerika

Benzo(a)pyren-Konzentration in verschiedenen Industriebereichen

Industriebereich	Meßplatz	Benzo(a)pyren-konzentration (ng/m³)	Literatur
Koksofenanlagen	oberhalb des Koksofens außerhalb des Füllwagens innerhalb des Füllwagens Füllwagenfahrer Fahrer des Kokskuchenführungswagen Fahrer der Koksausdrückmaschine Rampenmann Kokslöschwagenfahrer	8000–135 000 8000 57 000 1800–43 000 500–5820 172–4420 21 500 790	Bjorseth, A., O. Bjorseth und P. E. Fjeldstad. Scand. J. Work Environ + Health, 4, 224–236 (1978). Jackson, J. O., P. O. Warner und T. F. Mooney. Am. Ind. Hyg. Assoc. J. 35, 276–289 (1974).
Aluminium-Reduktions-Anlagen	Herstellung von vorgebrannten Anoden	30–27 900	
	Ofenhalle mit vorgebrannten Anoden (Elektrolyseraum) Metallsauger, Anodensetzer Kranführer	20–50 100 100	Bjorseth, A., O. Bjorseth und P. E. Fjeldstad. Scand. J. Work Environ + Health, 4, 212–223 (1978). Shuler, P. J. und P. J. Bierbaum, Environmental Surveys of Aluminium Reduction Plants. DHEW (NIOSH) Publication No. 74–101.
	Søderberg-Ofenhalle (Elektrolyseraum) Metallsauger Saugkranfahrer Nippelschläger, -zieher, -kranfahrer Søderberg-Massefüller Søderberg-Massefahrer Anodenblockproduktion Kneterfahrer, Herstellung der Anodenmasse	500–9000 200–3400 3100 28 000–116 000 700 500 1000	
Teertränkanlagen		220–21 900	
Gießereien		5–260	
Dachdecker	Teeren	14 000	Sawicki, E. Arch. Environ. Health 14, 46–53 (1967).

200 ng/m³/8 Stunden. Bei einer Benzo(a)pyren-Konzentration von 10 ng/m³ während einer Einwirkung von 24 Stunden täglich besteht nach dem Medizinischen Institut für Lufthygiene und Silikoseforschung ein deutliches Restrisiko!

2. Im zweiten Schritt ging es darum, den Gefährdungsgrad durch Messung – auf die an dieser Stelle nicht weiter eingegangen werden soll – genau zu beurteilen: Jeder »Teil-Arbeitsvorgang« mußte erfaßt – und bezüglich Schadstoffeinwirkung gemessen werden: Nachfolgend ein Auszug aus der Arbeitsanalyse:

08.11 – Drücken einer Kammer

08.15 – Füllen; Ofendeckel sind bereits geöffnet – Rohrdeckel werden geschlossen; 4 Personen (1 auf dem Wagen – 2 unter dem Wagen) (s. Bild und Diagramm 1)

08.18 – Verdichten der Deckel – 1 Mann

08.20 – Drücken einer Kammer

08.25 – Füllen einer Kammer

08.28 – Drücken einer Kammer

08.30 – Schließen der Rohrdeckel

08.31 – Füllvorgang
08.34 – Schließen der Ofendeckel – 1 Mann öffnet die Deckel des nächsten Ofens
08.35 – Verdichten der Deckel
08.35 – Öffnen eines Rohrdeckels – 1 Mann tätig
08.37 – Drücken einer Kammer
08.40 – Öffnen von 3 Rohrdeckeln – 1 Mann tätig
08.41 – Füllen einer Kammer
08.45 – Schließen der Deckel und Verdichten
08.46 – Drücken einer Kammer
08.50 – Öffnen der Rohrdeckel und Öffnen der Ofendeckel
08.55 – Säubern der Steigrohre/Teervorlage (siehe Bild und Diagramm 2)
Zwei Situationen
08.15 – Schließen der Füll-Löcher/Aufenthalt auf der Ofendecke – siehe Bild und Diagramm 1;
08.55 – Säubern der Steigrohre/Teervorlage – siehe Bild u. Diagramm 2
machen deutlich:

a) Die Schadstoffeinwirkungen sind bei bestimmten Tätigkeiten (Teerschieber, Säubern der Leitungen) extrem hoch. Das zeigt, wie wichtig es ist, u. U. die Arbeit bis hin zu Teilvorgängen aufzugliedern, um diesen Verrichtungen *die unterschiedlichen* Belastungen zuzuordnen.

b) Für einzelne Meßpunkte gab es eine große Schwankungsbreite durch sich verändernde betriebliche und wetterbedingte Verhältnisse; d. h. es ist zum Teil erheblicher Meßaufwand nötig, um zu wirklichkeitsnahen Werten zu kommen.
Die Meßwerte gaben Anlaß, sofort Arbeitsschutzmaßnahmen zu planen bzw. durchzuführen. Bei der Einleitung der Maßnahmen zeigte sich, wie berechtigt zwei »alte« Erfahrungen aus der Unfallverhütung sind:
1. »Der Teufel liegt im Detail.«
2. »Gefahr erkannt – Gefahr gebannt.«
Je eindeutiger und klarer die Gefahrenquellen im Sinne des oben Genannten analysiert und bewertet werden können, desto einfacher wird es, Maßnahmen zur Vermeidung oder Verminderung der Gefährdung zu folgern.
Neben dieser direkten Methode der Gefährdungsanalyse wurde eine Auswertung der Daten in Verbindung mit arbeitsbedingten Erkrankungen und Todesfällen (Zusammenarbeit AOK, Gewerbearzt, Betriebsrat) von durch Kokereischadstoff gefährdeten Arbeitnehmern in Angriff genommen, um die Zusammenhänge zwischen typischen Arbeitsbelastungen, schädigenden Arbeitsbedingungen und dadurch besonders ausgeprägten Erkrankungen noch weiter zu vertiefen.

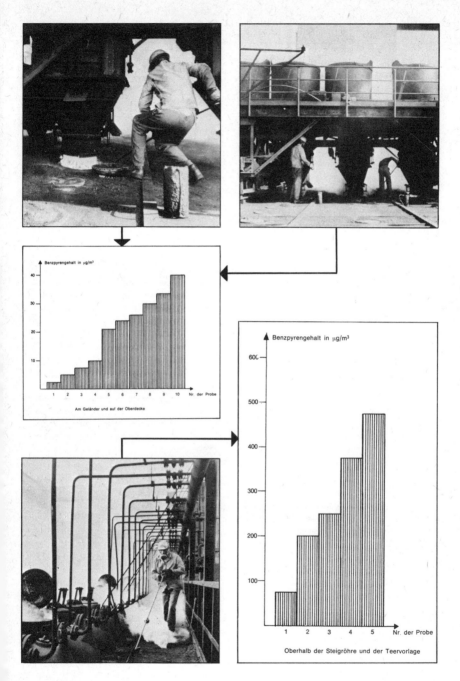

Benzpyrengehalt in μg/m³

Am Geländer und auf der Oberdecke

Benzpyrengehalt in μg/m³

Oberhalb der Steigröhre und der Teervorlage

Anlage 1

Prüfliste (Beispiel)
Sicherheitstechnische Überprüfung von Arbeitsstoffen (Stoffe und Zubereitungen) vor der Einführung

---

Firma:

Angaben zum Arbeitsstoff/Zubereitung

    Bezeichnung:

    Handelsname:

    Hersteller/Lieferer:

Angaben zum Verwendungszweck und -ort

    Verwendung:

    Halle:

    Abteilung:

Beteiligte Personen

    verantwortlicher Vorgesetzter:
    (z. B. BL, AL, Meister)

    Betriebsarzt:

    Betriebsrat:

    Sonstige (z. B. Labor):

    Sicherheitsbeauftragter:

    SFK:

Datum der Prüfung

Bewertung der Prüfergebnisse

    gegen die Verwendung bestehen keine Bedenken   ☐

    Verwendung trotz bestehender Mängel möglich,
    die in der Prüfliste genannten Mängel sind umgehend
    zu beseitigen. Ersatzweise Sicherheitsmaßnahmen
    sind zu treffen   ☐

    Verwendung wegen bestehender Mängel nicht möglich,
    solange diese Mängel nicht beseitigt sind   ☐

    Verwendung nicht möglich   ☐

Datum: Unterschrift:

Verteiler: zur Veranlassung an:
           zur Kenntnis an:

Prüfumfang	ja	nein	entfällt	Bemerkungen
1. Allgemeines				
1.1 Sind die Eigenschaften bekannt?				
1.2 Eigenschaften				
explosionsgefährlich?				
brandfördernd?				
leicht entzündlich?				
entzündlich?				
giftig?				
gesundheitsschädlich?				
ätzend?				
reizend?				
1.3 Besteht Kennzeichnungspflicht nach ArbStoffV?				
1.4 Sind Gefahrensymbol - Gefahrenbezeichnung vorhanden?				
1.5 Sind Gefahrenhinweise vorhanden?				
1.6 Sind Sicherheitsratschläge vorhanden?				
1.7 Ist ein MAK-Wert TRK-Wert festgelegt?				
1.8				
1.9				
1.10				

Prüfumfang	ja	nein	entfällt	Bemerkungen
Auf der Basis der Gefahrenhinweise und Sicherheitsratschläge (z.B. R- und S-Sätze) der Hersteller/Lieferanten und weiterer sicherheitstechnischer Festlegungen in Nachschlagewerken (z. B. Kühn-Birett) sind im Betrieb zu überprüfen:				
2. Lagerung				
Sind Stoffe zu lagern, die z.B.				
explosionsgefährlich sind				
leicht entzündlich sind				
giftig sind				
bei gemeinsamer Lagerung gefährlich miteinander reagieren?				
3. Verpackung				
Sind z. B. geeignete Behälter				
vorhanden und				
gekennzeichnet?				
4. Vorratshaltung am Arbeitsplatz				
Sind die Mengen z. B.				
begrenzt und				
geeignet aufbewahrt?				
5. Technische Einrichtungen zum Umgang				
Sind sie z. B. widerstandsfähig?				
6. Technische Einrichtungen zum Gesundheitsschutz				
Sind vorhanden z. B.				
geschlossene Apparatur				
Wasseranschlüsse				
Waschmöglichkeit				
Maßnahmen zur Vermeidung von Brand- und Explosionsgefahren, z. B.				
elektrische Einrichtungen				
Be- und Entlüftung				
Feuerlöscheinrichtungen				

Prüfumfang	ja	nein	entfällt	Bemerkungen
7. Hilfsmittel zum Umgang				
Sind vorhanden z. B.				
Ballonkipper				
Saugheber				
8. Persönliche Schutzmaßnahmen				
Sind PSA erforderlich?				
Stehen geeignete PSA zur Verfügung?				
Werden Speisen und Getränke geeignet aufbewahrt?				
Ist Hautschutz erforderlich?				
9. Maßnahmen zur Ersten Hilfe				
10. Personenauswahl				
Bestehen z. B. Beschäftigungsverbote?				
Sind Vorsorgeuntersuchungen erforderlich?				
Ist Gesundheitskartei erforderlich?				
11. Betriebsanweisungen und Unterweisungen				
12. Entsorgung				
Eine detaillierte Prüfliste ist aufgrund der Vielschichtigkeit der damit verbundenen Probleme nicht möglich. Sie ist unter Berücksichtigung der hier aufgeführten Punkte im Einzelfall zu erstellen.				

Anlage 2

Die instanzengebundenen Sicherungspflichten im Betrieb

Ebenen	Allgemein	Bezüglich »gefährlicher Arbeitsstoffe«
– Unternehmer – leitende Angestellte	*Organisations- und Regelungspflicht* – Grundsätzliche Entscheidung über das Einbeziehen des Arbeitsschutzes in Ziele – Teilziele – Aufbau- u. Ablauf-Organisation des Unternehmens *Kontrollpflicht* – angemessene Kontrolle bzgl. der Realisierung der Anforderungen – bzgl. des Arbeitsschutz-Standards des Unternehmens bzw. seiner Teilbereiche – Auswahl, Bestellung und Überwachung (der Arbeitsschutz-Qualifikation) verantwortlicher Leitungs- und Aufsichtskräfte – Genehmigungsinstanz für Sicherungskosten entspr. der Betriebsorganisation	– Vorgabe der Schutzziele, die bzgl. gefährlicher Arbeitsstoffe erreicht werden sollen – Bewilligung der Mittel zur Erreichung der Arbeitsschutz-Teilziele – Einflußnehmen auf Auswahl, Bestellung und Überwachung leitender Fachkräfte unter Berücksichtigung der Aspekte »gefährlicher Arbeitsstoffe« – Anordnen einer »Aktion Arbeitsstoffe« – Treffen von richtungweisenden Einzel-Entscheidungen
– Werks-, Betriebs- u. Abteilungsleiter	*Durchsetzungspflicht* – Im Rahmen der Unternehmens-Grundsätze und originärer Sicherheitsverantwortung Planung/Organisation und Durchsetzung kurz-/mittel-*/langfristiger betriebl. Sicherheitsziele (* Jahressicherheitsplan) *Entwicklungspflicht* – Ständige Anpassung des Betriebes an den »Stand – Arbeitsschutz-Qualifizierung der betrieblichen Leitungs- und Aufsichtskräfte – Regelungen bzgl. gefahrlosen Betriebsablaufs und deren Durchsetzung – Regelungen zur Einstellung, zum Arbeitseinsatz von Neulingen und deren Durchsetzung – Regelungen zur gesundheitlichen Überwachung	– Festlegung der betrieblichen Zielsetzungen bzgl. gefährlicher Arbeitsstoffe – Überprüfung, wo – wann – durch welche Person bereits mit gefährlichen Arbeitsstoffen gearbeitet wird (komplexe Arbeitsanalyse) – Einführung und Durchführung eines Verfahrens, wonach – neue benötigte Arbeitsstoffe geprüft werden – Vorrang der ungefährlichen – Ersatz im Betrieb befindlicher gefährlicher Arbeitsstoffe durch ungefährliche – bei notwendiger Arbeit mit gefährlichen Arbeitsstoffen:

der Arbeitsschutz-Technik«
Kontrollpflicht bzgl. Befolgung der Anforderungen

der Belegschaft
- Regelungen zur Arbeitsschutz-Qualifikation der Belegschaft (Wissen – Wollen – Können) und Durchsetzen des sicheren Verhaltens
- Zurverfügungstellung sicherer Einrichtungen, technischer Mittel und Materialien
- Komplexe Arbeitsanalysen (Belastungen und Sicherheits- bzw. Gefährdungsanalysen dem neuesten Stand entsprechend)
- Regelungen zur Zusammenarbeit mit Sicherheitsorganen und Betriebsrat
- Regelungen zur Ersten Hilfe und zum Katastrophenschutz
- Regelungen zur Verausgabung von Körperschutzmitteln
- Überwachung der Kostenentwicklung (Sicherungskosten sowie Unfall- u. Krankheitskosten)
- Betreiben der eigenen Arbeitsschutz-Qualifikation

- technische und organisatorische Schutzmaßnahmen
- Maßnahmen, die zu sicherem Verhalten beim Umgang führen (u. a. Erlaß entspr. Betriebsanweisungen)
- Maßnahmen zur Ersten Hilfe bei möglichen Unfällen etc.
- arbeitsmedizinische Überwachung
- Qualifizierung der Leitungs- u. Aufsichtskräfte und derjenigen, die mit gefährlichen Arbeitsstoffen umzugehen haben

Ebenen	Allgemein	Bezüglich »gefährlicher Arbeitsstoffe«

– Meister, Vorarbeiter, sonstige unmittelbaren Vorgesetzten von Arbeitsgruppen . . .	– Eignungsgerecht Arbeitseinsatz unterstellter Mitarbeiter
	– Information über Arbeitsschutz-Anforderungen bei Einweisung/Anlernung/Arbeitsanweisung
	– Einbeziehen des Arbeitsschutzes in Arbeitsablauf-Planung
	– Durchführung/Beachtung der Arbeitsschutz-Betriebsanweisungen
	
	Durchsetzungspflicht
	– Im Rahmen der Unternehmens- und Betriebs-Grundsätze und Regelungen *Durchsetzung der* Anforderungen
	  – zu sicherem Arbeitsverhalten
	  – zu sicherheitsgerechtem Arbeitseinsatz
	  – zu sicherheitsgerechter Anleitung
	
	Überwachung/Kontrolle
	– der technischen Einrichtungen und Mittel
	– sicheren Verhaltens
	
	– Überwachen, Kontrollieren der technischen Einrichtungen bzgl. aufgetretener Mängel
	  – Behebung, ggf. Stillsetzung betreiben
	– Kontrolle bzw. Durchsetzung sicheren Verhaltens
	– Untersuchung und Meldung von Unfällen
	– Aufsicht bei Arbeiten, bei denen von sicheren Normen abgewichen wird
	– Körperschutzmittel-Versorgung und Kontrolle der Benutzung
		– Wahrnehmung der Informations- und Kontrollpflicht derart,
		  – daß unbefugt und ungenehmigt keine gefährlichen Arbeitsstoffe eingesetzt werden,
		  – daß mit gefährlichen Arbeitsstoffen nur Mitarbeiter arbeiten, die informiert/unterwiesen, falls notwendig geeignet und ärztlich untersucht sind,
		  – im Zweifelsfall Messung bzw. Überwachung der Konzentration
		– Kontrolle bzgl. der Benutzung der Schutzeinrichtungen, Körperschutzmittel etc.
		– Kontrolle des sicheren Zustandes der Betriebseinrichtungen, bei denen Mängel gefährliche Arbeitsstoffe auftreten können

Die auftragsgebundenen Sicherungspflichten

Abteilungen	Allgemein	Bezüglich »gefährlicher Arbeitsstoffe«
Arbeitsschutz-Abteilung (Betriebsarzt und Sicherheitsfachkraft)	– Unterstützung und Beratung bzgl. Arbeitsschutz bei Planung, Durchführung, Wartungsarbeiten im Betrieb – bei Einführung technischer Arbeitsmittel, Arbeitsstoffen, Arbeitsverfahren, Körperschutzmitteln – bei arbeitsphysiologischen, psychologischen, arbeitshygienischen und ergonomischen Fragen, u. a. Arbeitszeit, Pausenregelung, Gestaltung der Arbeitsplätze, Arbeitsumgebung, Arbeitsabläufe – Durchsetzung der Arbeitsschutzanforderungen bei den Verantwortlichen und den Arbeitnehmern im Betrieb	– Koordinierung von Maßnahmen, um Gefährdungen durch gefährliche Arbeitsstoffe zu vermeiden – Koordinieren, Weitergeben entsprechender Gesetze und neuer wissenschaftlicher Erkenntnisse – darum bemühen, daß neue gefährliche Arbeitsstoffe nicht eingeführt werden – mitarbeiten, daß Vorschriften bzgl. technischer, organisatorischer, informatorischer (Kennzeichnung, Betriebsanweisungen, Unterweisung) Maßnahmen durchgeführt werden – Erfassung, wo im Betrieb mit gefährlichen Arbeitsstoffen gearbeitet wird – Vorschlagen von Schutzmaßnahmen/Überwachung der Durchführung – Messung und Beurteilung der Arbeitsbedingungen bzgl. gefährlicher Arbeitsstoffe – Durchführung von Schulungsmaßnahmen über gefährliche Arbeitsstoffe – Sicherung der Ersten Hilfe bei Unfällen mit gefährlichen Arbeitsstoffen – ggf. Erstellung entsprechender Pläne (Katastrophenschutz-Plan)
nur vom Betriebsarzt:	– Organisation der Ersten Hilfe – Arbeitsplatzwechsel und Wiedereingliederung – arbeitsmedizinische Untersuchung und Überwachung sowie Beurteilung der Arbeitnehmer – Ursachen von arbeitsbedingten Erkrankungen untersuchen	nur vom Betriebsarzt: – Im Einvernehmen mit Betriebsleitern, dem Personalwesen Durchführen der Überwachungsuntersuchungen bei Arbeiten mit gefährlichen Arbeitsstoffen – Auswertung von Unfällen, Sachschäden, z. B. Bränden, Explosionen, sowie von arbeitsbedingten Erkrankungen durch gefährliche Arbeitsstoffe
nur von Sicherheitsfachkraft:	– Betriebsanlagen, technische Arbeitsmittel, Arbeitsverfahren, Arbeitsstoffe vor der Einführung sicherheitstechnisch überprüfen – Ursachen von Arbeitsunfällen untersuchen und Maßnahmen zur Verhütung vorschlagen	

Abteilungen	Allgemein	Bezüglich »gefährlicher Arbeitsstoffe«
Einkauf und Lagerwirtschaft[1]	*Grundsätzlich:* Berücksichtigung der Arbeitsschutz-Anforderungen bei Bedarfsermittlung, Beschaffung sowie Wareneingang und Lagerung – Marktbeobachtung bzgl. solcher Güter, die bei Einsatz den betrieblichen Sicherheitsstandard verbessern – Bei Anforderungen/Angebots-Anforderungen/Bestellungen Einbeziehen der betrieblichen Sicherheitsbedürfnisse, ggf. Abstimmung mit Arbeitsschutz-Fachkräften – Einbeziehen von Zuverlässigkeitswarten und Gewährleistungsklauseln in Bestellungs-/Beschaffungsvorgänge – Vor Bestellung/Beschaffung neuartiger Güter Abstimmung mit Arbeitsschutz-Abteilung – Betreiben einer sicherheitlich sinnvollen Standardisierung – Einbeziehen der Arbeitsschutzanforderungen bei Wareneingangs-Prüfung; an der Abnahme von Investitionsgütern Sicherheitsfachkraft beteiligen – sicherheitsgerechte Lagerung der Güter – ausreichende Bevorratung besonders solcher Verbrauchsgüter, die Einfluß haben auf den Sicherheitsstandard (z. B. Körperschutzmittel) – sicherstellen, daß ausgelieferte Güter den Sicherheitsanforderungen genügen (Ausgangskontrolle); z. B. gefährliche Arbeitsstoffe müssen entsprechend gekennzeichnet sein	– Prüfung bei angeforderten Arbeitsstoffen, ob sie gefährlich sind: Einholen entsprechender Informationen durch ein Sicherheits-Datenblatt für Arbeitsstoffe vom Lieferanten/Hersteller – Information der Arbeitsschutz-Abteilung bei beabsichtigter möglicher Beschaffung gefährlicher Arbeitsstoffe – sicherheitsgerechte Lagerung der gefährlichen Arbeitsstoffe – ausgegebene gefährliche Arbeitsstoffe müssen vorschriftsmäßig gekennzeichnet sein

Personal- und Arbeitswirtschaft[2]	*Grundsätzlich:* Vermittlung, Einstellung, Einsatz geeigneter Arbeitnehmer entspr. dem Arbeitsbedarf	– Veranlassung, daß nur entsprechend geeignete (Testat des Betriebsarztes) Arbeitnehmer mit gefährlichen Arbeitsstoffen arbeiten

– Übertragung der Sicherheitsaufgaben und Verantwortung an Führungs- und Aufsichtskräfte nach Prüfung bzw. Veranlassung, daß diese die entsprechenden Arbeitsschutz-Kenntnisse und Fähigkeiten haben

– Beachtung personenbezogener Arbeitsschutzbestimmungen bei Personalentscheidungen (z. B. besondere Bestimmungen des Jugendarbeitsschutzes, Mutterschutzes, Schwerbeschädigtenschutzes)

– Mitarbeit bzw. Veranlassung einer Arbeitsschutz-Qualifizierung der Arbeitnehmer bei Einstellung/Einarbeitung durch Wiederholung von Schulungs- und Unterweisungsmaßnahmen

– Zusammenarbeit mit Arbeitsschutz-Abteilungen bei der gesundheitlichen Überwachung der Arbeitnehmer bzw. der Wiedereingliederung/Wiederherstellung in der Gesundheit eingeschränkter Mitarbeiter

– Zusammenarbeit mit den Arbeitsschutz-Abteilungen zur Motivierung bzw. Durchsetzung arbeitsschutzgerechter Verhaltensweisen

– Mitarbeit an einer komplexen Arbeitsanalyse, um gesundheitlich schädigende Arbeitsbedingungen zu erkennen zwecks Ableitung arbeitsplatzgestalterischer und arbeitsorganisatorischer Maßnahmen (Arbeitszeit-/Schicht- und Pausengestaltung)

– Auswerten arbeitswirtschaftlicher Daten, um Gefährdungen zu erkennen (z. B. Arbeitsausfall-Analysen)

– Einbeziehen von Arbeitsschutzanforderungen in kollektivrechtliche Normen

– Führung von Unterlagen, die erkennen lassen, an welchen Arbeitsplätzen mit gefährlichen Arbeitsstoffen gearbeitet wird – dort eingesetzte Arbeitnehmer, falls erforderlich, einer gesundheitlichen Überwachung zuführen

---

1 Siehe Rehhahn, Arbeitssicherheit beginnt beim Einkauf, Sicher ist sicher Nr. 6/1977, S. 270–276.
2 Siehe ebenda.

Anlage 3

Allgemeine Checkliste für Arbeitsstoffe

Handelsbezeichnung des Arbeitsstoffes: _____

Name und Anschrift des Lieferanten: _____

Bestimmungsort im Betrieb: _____ Verwendung als: _____

---

1. Der Arbeitsstoff ist:*)

1.1 eine einheitliche chem. Verbindung: ja ☐   nein ☐

– in der Stoffliste (Anhang I Nr. 1.1) aufgeführt: ja ☐   nein ☐
chemische Bezeichnung: _____
Kennzeichnung lt. Anhang I, Nr. 1.1: Symbole _____ R-Sätze _____ S-Sätze _____

– im Anhang II, Nr. 1 genannt (krebserzeugende Stoffe)   ja ☐   nein ☐
(falls ja – siehe Checkliste für krebserzeugende Stoffe – WEKA-Bestell-Nr. 4904)

1.2 eine Zubereitung: ja ☐   nein ☐

– einer seiner Bestandteile ist genannt
  – im Anhang I Nr. 2.1 (lösemittelhaltige Zubereitungen)   ja ☐   nein ☐
    Bezeichnung: _____
  – im Anhang I Nr. 2.2 (Farben, Anstrichmittel, Klebstoffe u. ä.)   ja ☐   nein ☐
    Bezeichnung: _____
  – im Anhang II Nr. 1 (krebserzeugende Stoffe)   ja ☐   nein ☐
    (falls ja – siehe Checkliste für krebserzeugende Stoffe – WEKA-Bestell-Nr. 4904)
    Kennzeichnung: Symbole _____ R-Sätze _____ S-Sätze _____

1.3 Die Zubereitung ist kennzeichnungspflichtig nach:*)

– Anhang I Nr. 2.3 (arsenhaltige Zubereitungen)   ja ☐   nein ☐
– Anhang I Nr. 2.4 (Schmälzmittel und geschmälzte Faserstoffe)   ja ☐   nein ☐
Der Arbeitsstoff ist erfahrungsgemäß mit Krankheitserregern behaftet
Bezeichnung des Arbeitsstoffes _____

1.4 Für die Bestandteile der Zubereitung ist im Anhang I Nr. 1.1 als Kennzeichnung vorgeschrieben

	Stoffname	Symbole	R-Sätze	S-Sätze
1				
2				
3				
4				
5				

1.5 Für die folgenden Bestandteile der Zubereitung sind Grenzwerte festgelegt:

	Stoffname	MAK-Wert	Meßmöglichkeit
1			
2			
3			
4			
5			

---

2. Sicherheitstechnische Kennzahlen

Schmelzpunkt	_____ °C	Siedepunkt	_____ °C
Flammpunkt	_____ °C	Gefahrenklasse VbF	_____
Zündtemperatur	_____ °C	Zündgruppe	_____
untere Explosionsgrenze	_____ Vol %		_____ g/m³
obere Explosionsgrenze	_____ Vol %		_____ g/m³
Dichte bei 20 °C	_____	Dampfdruck bei 20 °C	_____ bar
relat. Dampfdichte (Luft = 1)	_____	Verdunstungszahl (Äther = 1)	_____

---

3. Können beim Umgang gefährlicher Stoffe entstehen:*)   ja ☐   nein ☐
Falls ja, welche: _____
Unter welchen Bedingungen: _____
Welche Eigenschaften haben sie: _____

*) Zutreffendes ankreuzen   bitte wenden

WEKA-VERLAG, Industriestraße 21, 8901 Kissing, Telefon 0 82 33/50 50, Telex 5 33 287 weka d. – Nachdruck und Nachahmung verboten, Urheberrecht!
Bestell-Nr. 4902 – Allgemeine Checkliste für Arbeitsstoffe –

4. Arbeitsschutzvorschriften*)

– Der Arbeitsstoff ist im Anhang II genannt: ja ☐   nein ☐
Falls ja, unter Ziffer _____ .

– Es bestehen weitere Arbeitsschutz- und Unfallverhütungsvorschriften gem. § 12 (1)   ja ☐   nein ☐
Falls ja, welche z. B. TRgA, UVV, (VBG) _____

---

5. Beschäftigungsverbote bzw. -einschränkungen gem. § 14*)

– Pflicht zur Beaufsichtigung Jugendlicher gem. § 14 (1)   ja ☐   nein ☐

bei   leicht entzündlichen Arbeitsstoffen ☐

         entzündlichen Arbeitsstoffen ☐

         brandfördernden Arbeitsstoffen ☐

– Beschäftigungsverbot wenn sie den Einrichungen ausgesetzt sind
bzw. Beaufsichtigungspflicht für Jugendliche wenn sie mindestens 16 Jahre alt sind
und der Umgang für die Ausbildung erforderlich ist § 14 (2)   ja ☐   nein ☐

bei   explosionsgefährlichen Arbeitsstoffen ☐

         hochentzündlichen Arbeitsstoffen ☐

         mindergiftigen Arbeitsstoffen ☐

         ätzenden Arbeitsstoffen ☐

         reizenden Arbeitsstoffen ☐

– Beschäftigungsverbot für Jugendliche, wenn sie den Einwirkungen ausgesetzt sind
– § 14 (3)   ja ☐   nein ☐

bei   sehr giftigen Arbeitsstoffen ☐ ☐ erbgutverändernden Arbeitsstoffen

         giftigen Arbeitsstoffen ☐ ☐ mit Krankheitserregern behafteten Arbeitsstoffen

         fruchtschädigenden Arbeitsstoffen ☐

– Beschäftigungsverbot für werdende und stillende Mütter, wenn
sie den Einwirkungen ausgesetzt sind – § 14 (4)   ja ☐   nein ☐

bei   sehr giftigen Arbeitsstoffen ☐ ☐ fruchtschädigenden Arbeitsstoffen

         giftigen Arbeitsstoffen ☐ ☐ erbgutverändernden Arbeitsstoffen

         mindergiftigen Arbeitsstoffen ☐ ☐ mit Krankheitserregern behafteten Arbeitsstoffen

---

6. Gesundheitliche Überwachung*)

– Eine ärztliche Überwachung ist vorgeschrieben   ja ☐   nein ☐

– gem. § 14 ArbStoffV bzw. Anhang II alle _____ Monate bzw. _____ Jahre

– Eine Gesundheitskartei gem. § 19 ist angelegt   ja ☐   nein ☐

Falls ja: für folgende Mitarbeiter: _____
_____

---

7. Eine behördliche Anordnung gem. § 15 liegt vor*)   ja ☐   nein ☐
Sie betrifft: _____

---

8. Die Benutzung persönlicher Schutzausrüstungen ist vorgeschrieben*)   ja ☐   nein ☐
Falls ja:

☐ Schutzbrille   ☐ Schutzhandschuhe   ☐ Schutzanzug (_____)

☐ Staubmaske   ☐ Spezialschuhe (_____)   ☐ Gehörschutz

☐ Gasmaske mit Filter   ☐ Schutzhelm   ☐ _____

☐ Frischlufthaube   ☐ Schürze   ☐ _____

☐ Sauerstoffgerät   ☐ Schutzmantel   ☐ _____

---

9. Die vorstehenden Angaben wurden überprüft

am _____   am _____   am _____

von _____   von _____   von _____

*) Zutreffendes ankreuzen

DIN-Sicherheitsdatenblatt

Datum:

Firma	

Handelsname

1.1 Chemische Charakterisierung:

1.2 Form: 1.3 Farbe: 1.4 Geruch:

2 Physikalische und sicherheitstechnische Angaben Geprüft nach:

2.1 Zustandsänderung

$°C$
$°C$

2.2 Dichte ($°C$) g/cm^3
Schüttdichte kg/m^3

2.3 Dampfdruck ($°C$) mbar
($°C$) mbar
2.4 Viskosität ($°C$)

2.5 Löslichkeit in Wasser ($°C$) g/l
in ($°C$) g/l
2.6 pH-Wert (bei g/l H_2O) ($°C$)

2.7 Flammpunkt $°C$
2.8 Zündtemperatur $°C$

2.9 Explosionsgrenzen untere: obere:

2.10 Thermische Zersetzung
2.11 Gefährliche Zersetzungsprodukte

2.12 Gefährliche Reaktionen

2.13 Weitere Angaben

3 Transport GGVSee/IMDG-Code: UN-Nr: ICAO/IATA-DGR:
GGVE/GGVS: RID/ADR: ADNR:
Sonstige Angaben:

4 Vorschriften

DIN-Sicherheitsdatenblatt nach DIN 52 900; Verkauf durch Beuth Verlag GmbH, Berlin 30 – Vertriebs-Nr. 11 556

DIN 52 900 – Die im vollständigen Wortlaut dieser Norm enthaltenen Hinweise zum Ausfüllen dieses Formblattes sind zu beachten.
06.83

Handelsname

5 Schutzmaßnahmen, Lagerung und Handhabung
5.1 Technische Schutzmaßnahmen

5.2 Persönliche   Atemschutz: Augenschutz:
     Schutzausrüstung   Handschutz: Andere:

5.3 Arbeitshygiene

5.4 Brand- und Explosionsschutz

5.5 Entsorgung

6 Maßnahmen bei Unfällen und Bränden
6.1 Nach Verschütten / Auslaufen / Gasaustritt

6.2 Löschmittel   Geeignete:

           Nicht zu verwenden:
6.3 Erste Hilfe

6.4 Weitere Angaben

7 Angaben zur Toxikologie

8 Angaben zur Ökologie

9 Weitere Hinweise

DIN 52 900

239

Anlage 4
Merkblätter Gefährliche Arbeitsstoffe (Muster)

Anlage 5/1
Aus Unfallberichten anderer Werke:

Verbrennungsunfall in einem Stahlwerk

Ein Vorarbeiter und drei Schlosser hatten den Auftrag, von der 19,6 m-Bühne oberhalb des Konverters eines Blasstahlwerkes Reparaturen an einem Stetigförderer durchzuführen. Die Schlosser begannen ihre Arbeit, während der Konverter mit 15 t Schrott sowie 0,8 t Molybdänoxid beschickt wurde. Nachdem die Schrottmulde zur Seite gefahren war, wurde mit dem Einfüllen des Roheisens begonnen. Da am Kippgehänge der Roheisenpfanne eine Störung auftrat, mußte der Füllvorgang unterbrochen werden. Die Roheisenpfanne wurde zur Behebung der Störung zurückgefahren und der Konverter wieder aufgerichtet. Unmittelbar nach dem Senkrechtstellen des Konverters trat eine ungewöhnlich große Menge Kohlenmonoxid aus der Konvertermündung aus und entzündete sich. Die Flammen wurden nicht vollständig vom Konverterkamin erfaßt, sondern traten auch zwischen Kamin und Konverter aus. Sie erreichten die 19,6 m-Arbeitsbühne, auf der drei von den vier Schlossern mit der Reparatur beschäftigt waren (Bild 5). Die Schlosser erlitten starke Brandverletzungen, die trotz sofortiger Erste-Hilfe-Leistung zum Tode führten.

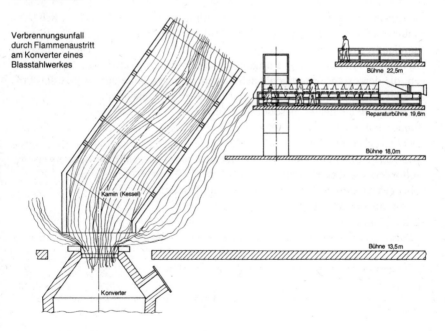

Verbrennungsunfall
durch Flammenaustritt
am Konverter eines
Blasstahlwerkes

Die Unfalluntersuchung ergab, daß beim Aufrichten des Konverters der Kohlenstoff des Roheisens mit dem Sauerstoff des Molybdänoxids spontan reagierte. Die Kohlenmonoxidmenge, die sich bei dieser sehr schnell ablaufenden Reaktion bildete, war so groß, daß sie vom Konverterkamin nicht vollständig aufgenommen werden konnte.

Um in Zukunft solche Unfälle zu vermeiden, wurde sichergestellt, daß sich während des Konverterbetriebes keine Personen oberhalb der Konvertermündung aufhalten. –W–

Aus: Hütten- und Walzwerk-Berufsgenossenschaft, Mitteilungen des Technischen Aufsichtsdienstes, Heft 5/1982, S. 4.

Anlage 5/2

Verpuffung beim Zünden eines Tiegelofens

In der Zinnhütte eines Metallhüttenwerkes sollte der Gasbrenner eines Tiegelofens (Fassungsvermögen 5 t) neu gezündet werden. Nachdem der Tiegelofen entleert worden war, betrug die Ofentemperatur noch etwa 400 °C.

Ein Vorarbeiter versuchte, den Gasbrenner durch Selbstzündung an der heißen Tiegelwand zu zünden. Dies gelang nicht. Als er feststellte, daß das Gemisch nicht zündete, drehte er die Gas- und Luftzufuhr ab. Dann nahm er eine brennende Zündlanze, steckte diese in den Ofen, um die Brenner zu zünden. Dabei ist das im Ofen noch vorhandene Gas-Luftgemisch explosionsartig verbrannt. Arbeitskollegen, die den explosionsartigen Knall hörten, eilten zu Hilfe und fanden den Vorarbeiter im Zündkeller mit Kopf- und Handverbrennungen vor.

Es bedarf wohl keines besonderen Hinweises, daß der Vorarbeiter vor dem Zünden mit der Lanze den Ofenraum entweder überhaupt nicht oder nur unzureichend entlüftete. Er hätte bei geschlossenem Gasventil den Luftschieber hinreichend lange öffnen müssen. Dies besagt auch die vorliegende Betriebsanweisung. Sie fordert vor jedem Zünden:
– bei geschlossenem Gasschieber Ofen mit Primärluft entlüften,
– Luftschieber schließen,
– Lunte anzünden,
– Lunte von der Brennerseite aus in den Ofen oder in die Brennkammer hängen,
– bei geöffneten Türen Gasschieber langsam öffnen. –Re–

Aus: Hütten- und Walzwerk-Berufsgenossenschaft, Mitteilungen des Technischen Aufsichtsdienstes, Heft 5/1982, S. 3.

Anlage 6

Arbeitssystemanalyse

1. Arbeitsplatz-/Arbeitssystembezeichnung	Schl.Nr.

2. Firmenname	**3.** Werk, Betrieb	**4.** Betriebsteil
5. Abteilung	**6.** Tätigkeits-, Stellenbezeichnung	**7.** verantwortlicher Bearbeiter **8.** Datum
9. Beschäftigungsverbot für	**10.** Arbeitsmedizinische Überwachung Zeitraum Untersuchungsprogramm	
11. Eröffnungs-jahr **12.** Datum der letzten Änderung	**13.** Anzahl gleicher Arbeitssysteme **14.** Anzahl Personen	**15.** Arbeitsort

A Arbeitsaufgabe

16. Hauptaufgabe

17. Nebenaufgabe(n)

18. fallweise Aufgabe(n)

19. Arbeitsablauf
① ② ③
④ ⑤ ⑥
⑦ ⑧

20. Art der Arbeitsanweisung

21. Arbeitsgegenstand (Eingabe) **22.** Arbeitsgegenstand (Eingabe) **23.** Arbeitsgegenstand (Eingabe)

24. Arbeitsgegenstand (Ausgabe)

25. Maschinen und Werkzeuge **26.** Maschinen und Werkzeuge **27.** Maschinen und Werkzeuge

28. Maschinen und Werkzeuge

B Arbeitsorganisation

29. Weisungsbefugnis gegenüber **30.** Anordnungen, Weisungen von

31. Art der Arbeit **32.** Technisierungsniveau der Arbeit

33. Arbeitszeitregelung/Schichtsystem   Std./Schicht **34.** Schichtwechselrhythmus

35. Entlohnungsgrundsatz **36.** Pausenregelung   Anzahl der Pausen je Schicht   Gesamtpausendauer je Schicht

37. Bindung an Arbeitsmethode **38.** Bindung an technologisch bedingtes Arbeitstempo   Taktzeit [s] **39.** Kontrolle der Arbeit

40. Kommunikationsmöglichkeiten **41.** Handlungsspielraum - inhaltlich **42.** Handlungsspielraum - zeitlich

43. Belastungstendenz (Arbeitsaufgabe)   körperlich   geistig **44.** Wechsel von körperlich schwerer u. körperlich leichterer Arbeit **45.** Wechsel von konzentrationsintensiver u. konzentrationsarmer Tätigkeit

C Ergonom. Gestaltung

46. Arbeitsmethodengestaltung **47.** Raummaße

48. Maße Steh- Arbeitsplatz **49.** Maße Sitz- Arbeitsplatz **50.** Maße Steh-sitz- Arbeitsplatz

51. Arbeitssitz **52.** Gestaltung Bedienelemente **53.** Anordnung Bedienelemente

54. Gestaltung Informationselemente **55.** Anordnung Informationselemente

243

D	Arbeitsumgebung	**56.** Lärm		Beurteilungspegel	Frequenzbereich mit höchsten Schalldruckpegeln

D Arbeitsumgebung

56. Lärm

Beurteilungspegel $L_r = $ dB(A) Frequenzbereich mit höchsten Schalldruckpegeln $f = $ / Hz

57. Klima

Meßwerte Außentemperatur

$t = $ °C $U = $ % $v = \frac{m}{s}$ $E_{eff} = \frac{W}{m^2}$ $t_{eff} = $ °C $t_a = $ °C

58. Beleuchtung

Arbeitsplatzbeleuchtungsstärke Blendungserscheinungen

$E = $ lx

59. Gase, Dämpfe

60. Gase, Dämpfe

61. Gase, Dämpfe

62. Stäube

63. Stäube

64. Stäube

65. Säuren, Laugen

66. Säuren, Laugen

67. Säuren, Laugen

68. Strahlung

69. Schwingungen

70. sonstige Arbeitsumgebungsfaktoren

E Anforderungen aus der Arbeitsaufgabe

71. Anforderungen an das Muskelsystem

ⓐ Arbeitshaltung: ⓑ Kraftaufbringung:

ⓒ Muskelarbeit: ⓓ Körperteile:

72. Anforderungen an die Sinnesorgane

ⓐ Sinnesorgane: ⓑ Wahrnehmungsart:

73. Anforderungen an die Aufmerksamkeit

74. Anforderungen an die Bewegungssteuerung, -koordination

75. Anforderungen an das Qualifikationsniveau

76. Anforderungen an die Fachkenntnisse

ⓐ Berufsausbildung: ⓑ Zusatzausbildung:

ⓒ Berufserfahrung: ⓓ Weiterbildung:

77. Verantwortung

F Arbeitssicherheit

78. Unfallgefährdung durch

79. Körperschutzmittel

80. Körperschutzmittel

81. Körperschutzmittel

82. Bemerkungen

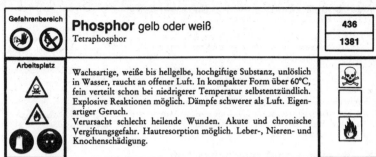

Gefahrenbereich	**Phosphor** gelb oder weiß	**436**
	Tetraphosphor	**1381**

Arbeitsplatz

Wachsartige, weiße bis hellgelbe, hochgiftige Substanz, unlöslich in Wasser, raucht an offener Luft. In kompakter Form über 60°C, fein verteilt schon bei niedrigerer Temperatur selbstentzündlich. Explosive Reaktionen möglich. Dämpfe schwerer als Luft. Eigenartiger Geruch. Verursacht schlecht heilende Wunden. Akute und chronische Vergiftungsgefahr. Hautresorption möglich. Leber-, Nieren- und Knochenschädigung.

A. Hinweise zur Sicherheit

1. Gute Raumentlüftung, Steinfußboden und Waschgelegenheit vorsehen. Auf größte Sauberkeit am Arbeitsplatz achten. Zutrittverbot für Unbefugte.

2. Feuerlöscher der Brandklasse A und Feuerlöschdecke sowie Augenspülflasche oder Augenbrause im Arbeitsraum bereitstellen. Beim Umgang mit größeren Mengen Notbrause vorsehen. Standorte mit Hinweisschildern kennzeichnen.

3. Im Betrieb geschlossene Apparate verwenden. Gefäße nicht offen stehen lassen, mit Wasser abdecken und Phosphor nur unter Wasser bearbeiten.

4. Von offenen Flammen und Funken fernhalten. Brennende Spritzer mit Sprühstrahl oder Sand ablöschen. Rauch- und Schweißverbot im Arbeitsraum.

5. Mit Oxydationsmitteln, besonders mit Chloraten oder starker Salpetersäure, bildet Phosphor brisant detonierende Gemische! Sehr reaktionsfähig mit Schwefel. Bildet mit warmer Alkalilauge Phosphin! Lösungen von Phosphor z. B. in Schwefelkohlenstoff vorsichtig handhaben. Bei Verschütten der Lösung ist nach dem Verdunsten fein verteilter Phosphor bei Raumtemperatur selbstentzündlich! Ausgabe nur an berechtigte Personen vornehmen.

6. Bei der Lagerung Blechbehälter mit Wasserinhalt oder Vakuumverpackung verwenden, luftdicht geschlossen an einem kühlen Ort unter Verschluß aufbewahren. Nicht mit leicht entzündlichen Stoffen zusammen lagern.

7. Beim Transport in Glasgefäßen geeignete Überbehälter benutzen.

8. Beim Ab- und Umfüllen Absaugung erforderlich. Phosphor nur mit Zange aufnehmen und sofort unter Wasser aufbewahren, sonst evtl. Selbstentzündung!

9. Abfälle nicht in Mülltonnen schütten. In mit Wasser gefüllten, verschließbaren Blechbehältern sammeln und der zuständigen Stelle zur Beseitigung senden. Verschmutzte Gegenstände und Fußboden sofort gründlich mit Wasser reinigen.

10. Essen, Trinken und Aufbewahren von Nahrungsmitteln im Arbeitsraum verboten. Kein Alkoholgenuß während der Arbeit!

11. Berührung mit Haut, Augen und Kleidung vermeiden. Phosphor auf der Haut sofort unter Wasser abschaben und mit 1% Kupfersulfatlösung abspülen. Beschmutzte Kleidung sofort ausziehen, ins Wasser legen und erst nach deren gründlicher Reinigung wieder benutzen. Arbeitskleidung nicht mit der Straßenkleidung zusammen aufbewahren.

12. Vorbeugender Hautschutz erforderlich! Nach der Arbeit Hände und Gesicht mit viel Wasser und Seife waschen, danach Hautschutzcreme benutzen.

13. Bei Umgang mit großen Mengen undurchlässige Schutzkleidung, Gummihandschuhe und Gummistiefel tragen, ggf. Schutzbrille und Atemschutzgerät mit Feinstaubfilter (Schutzstufe IIb) einsetzen.

14. Turnusmäßige Belehrung der Beschäftigten mit Eintragung ins Quittungsbuch erforderlich. Beschäftigungsverbot nach ArbStoffV § 14 beachten.

15. **Verpackungskennzeichnung** nach ArbStoffV dauerhaft durchführen mit der Bezeichnung des Stoffes in Druckbuchstaben, den Gefahrensymbolen »Flamme« und »Giftig«, den Gefahrenhinweisen »**R 17** = Selbstentzündlich, **R 26/28** Sehr giftig beim Einatmen und Verschlucken, **R 35** = Verursacht schwere Verätzungen« und den Sicherheitsratschlägen S. 5-26-28-45.

Kühn · Birett	Merkblätter Gefährliche Arbeitsstoffe	Blatt-Nr. P 17

Kühn · Birett - Merkblätter - 14. Erg.Lfg. 5/81 - P 17-1

B. Hinweise zum Brand- und Schadensfall

1. Brennenden Phosphor mit Sand abdecken oder eindeichen und dann vorsichtig mit Wasser abdecken. Kleine Mengen mit Sprühstrahl, auf keinen Fall mit Vollstrahl, bekämpfen, da sonst herumspritzender Phosphor neuen Brandherd bildet Vorsicht! Verbrennungsprodukt P_2O_5 bildet mit Wasser Phosphorsäure!

2. Bei Brand evtl. Atemschutzgerät mit Filter A gegen Phosphorsäurenebel einsetzen. Im direkten Gefahrenbereich umluftunabhängiges Atemschutzgerät und volle Schutzkleidung tragen. Große Sicherheitszone bilden!

3. Wassergefährdender Stoff. Giftwirkung auf Fischer.

4. Nach GGVS ist beim Straßentransport größerer Mengen eine Fahrzeugkennzeichnung durch orangefarbene Warntafeln mit Kennzeichnungsnummern und das Mitführen von Unfallmerkblättern vorgeschrieben.

C. Hinweise zum Gesundheitsschutz

1. **Wirkungscharakter und Toxizität:** Gelber Phosphor kann sowohl akute als auch chronische Vergiftungen hervorrufen und darüberhinaus zu sehr schweren Verbrennungen II. und III. Grades führen, die sehr langsam und schwer heilen. Die Aufnahme erfolgt durch Verschlucken, Einatmen von Dämpfen, besonders in Verbindung mit Wasserdampf und -Nebel oder durch die intakte oder verletzte Haut, besonders in gelöster Form. Er kann im Körper längere Zeit zurückgehalten werden, wird dabei langsam oxidiert und beeinflußt fermentativ gesteuerte Stoffwechselprozesse. Nach akuter Aufnahme durch den Magen schwere gastrointestinale Störungen. Ohne sofortige Behandlung schwere Leber- und Nierenschädigungen. Schock und Kreislaufkollaps möglich. Für die chronische Vergiftung typisch sind schmerzhafte Knochendegeneration mit gleichzeitiger Verdickung. In der Nähe von Schleimhäuten (z. B. Kiefer) führt sie zu Infektionen und Knochenvereiterungen. Letale Dosis unter 100 mg.

2. **Erste Hilfe:** Betroffene Haut sofort mit 1 – 2%iger Kupfersulfatlösung spülen. Bei Augenkontakt die Augen bei gut geöffnetem Lidspalt mehrere Minuten mit Wasser spülen. Nach Einatmen der Dämpfe Frischluft, ggf. Atemspende. Bei Gefahr der Bewußtlosigkeit Lagerung und Transport in stabiler Seitenlage.

3. **Arzt:** Nach peroraler Aufnahme sofort Paraffinum subliquidum (ca. 3 ml/kg) nachgeben, anschließend Magenspülung mit 300 – 500 ml 0,05 – 0,1%iger·Kaliumpermanganat- oder 1%iger Kupfersulfatlösung. Nachgabe von Paraffinöl und salinische Laxantien. Cave Rizinusöl oder Milch. Leberschutztherapie einleiten. Weiter symptomatisch. Lungenfunktion überwachen. Bei hämorrhagischer Diathese Vitamin K_1. Bei starken Schmerzen Analgetika (Vorsicht mit Pethidin, Dolantin und Opiaten). Ggf. Sauerstoffbeatmung! Infektionsprophylaxe. Kohlenhydratreiche, fettarme Kost. Calciumspiegel überwachen! Überwachungsuntersuchungen nach »Berufsgenossenschaftlichen Grundsätzen für arbeitsmedizinische Vorsorgeuntersuchungen« Register G 12.

Literatur: Braun/Dönhardt (1975) S. 300; Ludewig/Lohs (1974) S. 339. Moeschlin (1972) S. 137

Dieses Merkblatt will Sie beraten. Die Angaben sind nach bestem Wissen zusammengestellt, jedoch kann eine Verbindlichkeit aus ihnen nicht hergeleitet werden.
© ecomed Verlagsgesellschaft mbH
Justus-von-Liebig-Straße 1, 8910 Landsberg am Lech
Printed in Germany

Formel:	P_4	**MAK:**	0,1 mg/m³
Molekulargewicht:	124,08		
		Dampfdruck b. 76,6°C:	1,3 mbar
Atomgewicht:	31	rel. Dampfdichte:	4,42
Schmelzpunkt:	44°C		
Siedepunkt:	281°C		
Dichte:	1,82		
Löslichkeit: sehr gut löslich in			
Schwefelkohlenstoff			
Zündtemperatur:	34°C		

D. Weitere Hinweise

IMDG-Code S.4257   U.N.Nr. 1381

VBG 1,1a; 105; ZH 1/119,220,401,570 der BG; BKVO Nr. 14; WHG; Ullmann: (3) Bd. 13, S. 502; Römpp: Bd. 3, S. 4874; TRgA 200; EBKL Merkblatt Nr. A 106; Hommel Merkblatt Nr. 99; CEFIC-Merkbl. 4354; EG Nr. 015-001-00-1.

Anlage 8/1

C II. 4.1 Allg. Erste-Hilfe-Maßnahmen dch. Laien u. Ärzte/Anhang   Handbuch des Rettungswesens

Anleitung zur Ersten Hilfe bei Unfällen *

Rettungsdienst Telefon:

Ersthelfer:

Verbandkasten bei:

Betriebssanitäter:

Sanitätsraum:

Nächste Ärzte für Erste Hilfe:

Nächste berufsgenossenschaftliche
Durchgangsärzte:

Nächstes berufsgenossenschaftlich
zugelassenes Krankenhaus:

Lerne helfen – werde Ersthelfer

Meldung bei:

A Grundsätze

Ruhe bewahren

Eigenen Schreck überwinden

Erst denken, dann handeln

Zusätzliche Schäden verhindern

Unfallstelle absichern

Hilfe herbeiholen

Notruf

Verletztem grundsätzlich nichts zu essen und zu trinken geben

Verletzten möglichst nicht allein lassen

Inhalt des Notrufes

Wo geschah es?
   Möglichst genaue Angabe des Unfallortes

Was geschah?
   Kurze Beschreibung des Unfallherganges

Wie viele Verletzte?
   Angabe der Zahl der Verletzten

Welche Art von Verletzungen?
   Lebensbedrohliche Verletzungen besonders schildern

Wer meldet?
   Angabe des eigenen Namens

---

*) Als Merkblatt herausgegeben vom Hauptverband der gewerblichen Berufsgenossenschaften e. V., Zentralstelle für Unfallverhütung, Bonn. Carl Heymanns Verlag KG, Köln, Bestell-Nr. ZH 1/143; Ausgabe Oktober 1981.
Die Abbildungen wurden vom DRK zur Verfügung gestellt.

Allgemeine Anweisung an die Mitarbeiter für den Brandfall

Meier, Müller, Schulze AG

Verhalten der Belegschaft im Brandfall

1) Wer einen Brand entdeckt, alarmiert *sofort* die Feuerwehr über Feuermelder, Pförtner App. 200.
Bei der Meldung ist es erforderlich, das Gebäude und Stockwerk, die Art des Brandes sowie den Namen des Meldenden anzugeben.
2) Den nächsten Vorgesetzten alarmieren und unverzüglich mit der Brandbekämpfung beginnen. Pförtner oder Telefonzentrale lösen – wenn erforderlich – Hausalarm aus.
3) Oberstes Gebot ist die Rettung von in Lebensgefahr geratenen Personen: »Menschenrettung geht vor Brandbekämpfung!«
4) Personen, deren Kleidung in Brand geraten ist, in Mäntel, Decken und Tücher hüllen, auf den Boden legen und notfalls hin- und herwälzen, um die Flammen zu ersticken. Brandwunden nur vom Arzt oder von in der »Ersten Hilfe« ausgebildeten Personen versorgen lassen. Bei Rettungsmaßnahmen prüfen, ob keine Personen im Gefahrenbereich zurückgeblieben sind, auch Nebenräume überprüfen.
5) Alle Personen, die nicht zur Brandbekämpfung eingeteilt sind, haben den gefährdeten Betriebsteil auf dem kürzesten Wege – Fluchtwege sind durch Hinweisschilder gekennzeichnet – zu räumen und sich auf den Sammelplätzen einzufinden. Keine Fahrstühle benutzen, da sie bei Stromausfall zur Falle werden.
6) Besonnenes und ruhiges Verhalten ist eine Voraussetzung für den Löscherfolg. Das Einatmen von Brandgasen ist gefährlich. Bei starker Rauchentwicklung oder Verqualmung eines Raumes ist in gebückter Haltung und unter Vorhaltung feuchter Tücher vor Mund und Nase an den Brandherd heranzugehen. Dabei ist die rückwärtige Sicherung durch Rufbindung, möglichst jedoch durch Anseilen, sicherzustellen. Zur Vermeidung von Zugluft sind Türen und Fenster geschlossen zu halten. Im Zweifelsfalle den Raum verlassen und auf Feuerwehr warten.
7) Im Gefahrbereich sind sämtliche lüftungstechnischen Anlagen, Transportbänder, Maschinen usw. abzuschalten. Sämtliche Gashähne, vor allem der Haupthahn, sind zu schließen. Druckgasflaschen in Sicherheit bringen, Öl- und Druckluftleitungen absperren, elektrische Anlagen abschalten.
8) Feuerlöscher sind erst dicht am Brandherd in Betrieb zu setzen. Der Löschstrahl ist in das brennende Material und nicht in die Flamme zu richten. Es ist darauf zu achten, daß die Glut beim Abblasen des Löschers nicht aufgewirbelt wird.

9) Der gleichzeitige Einsatz mehrerer Löscher an einem Brandherd ist im allgemeinen wirksamer. Der Brandherd wird zweckmäßig von unten nach oben, von den äußeren Rändern nach innen und im Freien möglichst von der Windseite her bekämpft.

10) Ist die Benutzung der Fluchtwege nicht mehr möglich, sind die Türen im Raum des augenblicklichen Aufenthalts zu schließen und die Fenster zu öffnen. Soweit es möglich ist, sind Räume, die möglichst abseits von der Gefahrstelle liegen, aufzusuchen. Durch Ruf- und Winkzeichen aus den Fenstern der Räume mit abgeschnittenem Fluchtweg lenken die gefährdeten Personen die Aufmerksamkeit der Rettungsmannschaften der Feuerwehr auf sich. Die Anweisungen der Feuerwehr zu evtl. Rettungsmaßnahmen sind zu befolgen.

Anlage 9
Alarmplan Butananlage

Zur Vermeidung von Schäden und zur Information sollen alle Belegschaftsmitglieder darauf hingewiesen werden, daß die Verwendung und der Umgang mit Butan (Flüssiggas) aufgrund seiner physikalischen Beschaffenheit von jedem einzelnen besondere Aufmerksamkeit erfordert.

Aus Leitungen und Behältern austretendes Butan verdampft sofort und bildet Gaswolken, die sich am Boden ausbreiten und nach Mischung mit Luft zu Explosionen führen können.

Solche Gaswolken sind farblos, können aber bei Tageslicht an einem leichten Flimmern erkannt bzw. durch einen schwachen Gasgeruch wahrgenommen werden.

Die Butananlage für das OBM-Stahlwerk, Werk Neunkirchen, erfordert von jedem Beschäftigten, daß er bei festgestellten Schäden an den Entladeeinrichtungen, am Butanlager, der Versorgungsleitung oder am Butanverdampfer unverzüglich und nach Stichworten eine der untenstehenden Stellen telefonisch alarmiert:

bei Unfällen mit Verletzten:
Notruf   Telefon-Nr. 2333

bei Sachschäden bzw. Undichtigkeiten:
Kessel-Leitstand Stahlwerk   Telefon-Nr. 3153
Werkfeuerwehr   Telefon-Nr. 2431

möglichst in der angegebenen Reihenfolge.

Bei Störungen an der Telefonanlage muß der Feuermelder bei Tor 9 oder eine der vorhandenen Sprechfunkverbindungen benutzt werden.
Gasalarm wird durch die Werkfeuerwehr ausgelöst.

Sirenensignal bei Gasalarm:
2 x Dauer-Sirenenton von ca. 30 Sekunden, nach einer Minute wiederholt.

In jedem Fall: Unbefugte aus Gefahrenbereich entfernen bzw. am Betreten hindern.

Alarmstufen und Stichworte

Alarmstufe I:		Undichtigkeiten ohne Brand und Explosion
Hierzu gehören:	A)	Auslaufen von Butan durch Undichtigkeiten oder beschädigte Schläuche bei der Flüssiggasentladung. *Stichwort* »Alarmstufe I – Entladestelle Bahn oder Alarmstufe I – Entladestelle LKW«
	B)	Undichtigkeit oder Bruch einer Leitung im Bereich der Butanbehälter *Stichwort* »Alarmstufe I – Butanlager«
	C)	Beschädigung oder Bruch der Versorgungsleitung vom Butanlager zum Verdampfer *Stichwort* »Alarmstufe I – Versorgungsleitung« mit Angabe der Schadensstelle
	D)	Undichtigkeiten am Verdampfer *Stichwort* »Alarmstufe I – Verdampfer«

Alarmstufe II:		Schäden mit Brand und/oder Explosion
Hierzu gehören:	A)	Brand eines Bahnkesselwagens oder Tank-LKW *Stichwort* »Alarmstufe II – Entladung Bahn oder Alarmstufe II – Entladung LKW«
	B)	Brand im Butanlager *Stichwort* »Alarmstufe II – Butanlager«

C) Brand der Versorgungsleitung vom Butanlager zum Verdampfer
Stichwort
»Alarmstufe II – Versorgungsleitung« mit Angabe der Schadensstelle

D) Brand des Verdampfers
Stichwort
»Alarmstufe II – Verdampfer«

Alarmstufe III: Brand-Explosion-Gaswolke mit Verletzten und großem Sachschaden
Stichwort
»Alarmstufe III – mit Kurzbeschreibung des Ortes, der Unfälle und Schäden«

Jedes Belegschaftsmitglied hat die Anweisungen der für den Gaseinsatz zuständigen Stellen zu befolgen. Die gesamte Einsatzleitung obliegt einem Einsatzleiter. Dieser und die betrieblichen Einsatzgruppen werden von der Zentrale der Werkfeuerwehr nach anliegendem Alarmplan benachrichtigt.
Die Windrichtung kann an den Windsäcken auf dem Dach des Feuerwehrgerätehauses und am Butanlager festgestellt werden.

Neunkirchen, 10. 1. 78

Anlage 10
»Wer« hat »was« zu entscheiden/zu verantworten

Unternehmensleitung
– Verwendungsverbot von Asbest
– Genehmigungspflicht solcher Asbest-Stoffe, für die noch kein Ersatz gefunden wurde (in 2-Jahres-Turnus Wiedervorlage . . .)
– Erteilen entsprechender Aufträge

Betriebsleiter
– Ermitteln aller Asbest-Verwendungsstellen
Einsatz von Ersatzstoffen
– Soweit weiter mit Asbest gearbeitet werden muß:
– *Erfüllung/Gewährleistung* alles *Asbest-Arbeitsschutzvorschriften*

(technische und personenbezogene Überwachung, Betriebsanweisungen, Absaugung, Geräte, Körperschutzmittel, Kennzeichnung)

Meister/Vorarbeiter
- Informieren der Betroffenen
- Durchsetzung der Verhaltensgebote/-verbote

Leiter des Einkaufs
- Asbest-Einkaufsverbot
- Meldepflicht, falls weiterhin Asbest

Sicherheitsingenieur
- Koordination – Planung – Beratung – Unterstützung – Kontrolle aller betriebsübergreifenden Asbest-Probleme

Qualifizierte Mitbestimmung in Theorie und Praxis

Herausgegeben von Rudolf Judith, Friedrich Kübel,
Eugen Loderer, Hans Schröder, Heinz Oskar Vetter

Ziel dieser Buchreihe ist es, sowohl die theoretischen Grundlagen, die politischen Ziele als auch die langjährigen Erfahrungen der Montanmitbestimmung zu dokumentieren und zur Diskussion zu stellen. Es ist das Anliegen der Herausgeber, gerade den umfangreichen Erfahrungsschatz der qualifizierten Mitbestimmung einem breiten Publikum zugänglich zu machen, und in die Diskussion um die Demokratisierung einzubringen. Damit werden Theorie und Praxis der qualifizierten Mitbestimmung erstmalig in einer Buchreihe geschlossen dargestellt. Die Buchreihe wendet sich an Gewerkschafter, Wissenschaftler und Politiker.

Montanmitbestimmung
Geschichte, Idee, Wirklichkeit

Rudolf Judith u. a.
Die Krise der Stahlindustrie –
Krise der Region
Das Beispiel Saarland

Montanmitbestimmung
Dokumente ihrer Entstehung

Adi Ostertag (Hrsg.)
Arbeitsdirektoren
berichten aus der Praxis

Autorengemeinschaft
Sozialplanpolitik in der
Eisen- und Stahlindustrie
Mit ausgewählten Sozialplänen

Adi Ostertag, Klaus Buchholz,
Konrad Klesse, Rainer Schmidt
Mitbestimmung und Interessenvertretung
Unterrichtsmaterial

Walther Kieser,
Kurt Thomas Schmitz
Erkämpft – aber nicht gesichert
Schwerpunkte im Kampf um
Arbeitsplätze und Mitbestimmung:
Das Beispiel Salzgitter
Eine Dokumentation

Gerhard Förster, Günter Geisler,
Günter Gerlach, Heinz-Ludwig Kalthoff,
Heinz Lukrawka, Günther Nagel,
Ernst Viebahn
Ergonomie
Ein Schwerpunkt
praktizierter Mitbestimmung

Bund-Verlag

Theorie und Praxis der Gewerkschaften

Udo Achten
Mehr Zeit für uns
Dokumente und Bilder zum Kampf um die
Arbeitszeitverkürzung
Unter Mitarbeit von Gerhard Bäcker und
Reinhard Bispinck

Ulrich Briefs, Jürgen Krack,
Karl Neumann, Gert Volkmann,
Heinrich Strohauer
**Gewerkschaftliche Betriebspolitik und
Information**
Kennziffern für die Informationsarbeit der
gewerkschaftlichen Interessenvertretung

Werner Fricke, Gerd Peter,
Willi Pöhler (Hrsg.)
Beteiligen, Mitgestalten, Mitbestimmen
Arbeitnehmer verändern ihre
Arbeitsbedingungen

Hans Janßen (Hrsg.)
Perspektiven der Arbeitszeitverkürzung
Wissenschaftler und Gewerkschafter zur
35-Stunden-Woche

Otto Kahn-Freund
Arbeit und Recht
Hamlyn Lecturs Series

Walter Köpping
Die Gewerkschaften
Was sie sind – was sie tun – wofür sie da
sind

Wolfgang Lecher
Gewerkschaften im Europa der Krise
Zur Zentralisierung und Dezentralisierung
gewerkschaftlicher Organisation und
Politik in sechs Ländern der Europäischen
Gemeinschaft

Eugen Loderer (Hrsg.)
Metallgewerkschaften in Südafrika

Herman Rebhan
Gewerkschaften im Weltgeschehen
Aufsätze und Reden des Generalsekretärs
des Internationalen
Metallgewerkschaftsbundes

Solidarność
Die polnische Gewerkschaft »Solidarität«
in Dokumenten, Diskussionen und
Beiträgen
Herausgegeben von B. Büscher, R. U.
Henning, G. Koenen, D. Leszyńska,
Chr. Semler, R. Vetter

Michael Kittner (Hrsg.)
Gewerkschaftsjahrbuch 1984
Daten – Fakten – Analysen

Florian Tennstedt
Vom Proleten zum Industriearbeiter
Arbeiterbewegung und Sozialpolitik in
Deutschland 1814 bis 1914

Heinz Oskar Vetter
Gleichberechtigung oder Klassenkampf
Gewerkschaftspolitik für die achtziger
Jahre

Heinz Oskar Vetter
Mitbestimmung – Idee, Wege, Ziel

Rainer Zoll (Hrsg.)
Arbeiterbewußtsein in der Wirtschaftskrise
Erster Bericht: Krisenbetroffenheit und
Krisenwahrnehmung

Rainer Zoll (Hrsg.)
**»Die Arbeitslosen, die könnt' ich alle
erschießen!«**
Arbeiter in der Wirtschaftskrise

Bund-Verlag